统一的前夜
司马氏鲸吞三国

王智 著

辽宁人民出版社

© 王智　2025

图书在版编目（CIP）数据

统一的前夜．司马氏鲸吞三国 / 王智著．-- 沈阳：辽宁人民出版社，2025．1．-- ISBN 978-7-205-11368-1

Ⅰ．K220.9

中国国家版本馆 CIP 数据核字第 2024H3F110 号

出版发行：辽宁人民出版社
地　　址：沈阳市和平区十一纬路 25 号　邮编：110003
电　　话：024-23284191（发行部）　024-23284304（办公室）
网　　址：http://www.lnpph.com.cn

| 印　　刷：嘉业印刷（天津）有限公司
| 幅面尺寸：160mm×230mm
| 印　　张：22
| 字　　数：292 千字
| 出版时间：2025 年 1 月第 1 版
| 印刷时间：2025 年 1 月第 1 次印刷
| 责任编辑：赵维宁　段　琼
| 封面设计：人马艺术设计·储平
| 版式设计：一诺设计
| 责任校对：吴艳杰
| 书　　号：ISBN 978-7-205-11368-1
| 定　　价：79.80 元

前言

"话说天下大势，合久必分，分久必合。"

这是《三国演义》开篇的一句话。从中平六年（189）董卓入京，到咸宁六年（280）东吴灭亡，整个汉末三国时期，一共有91年，像三顾茅庐、舌战群儒、赤壁之战这些人们耳熟能详的三国故事，几乎全都来自于这段历史"合久必分"的部分，而这本书要讲述的，则是一个"分久必合"的故事。

早在战国时代（前320），孟子的老朋友魏惠王去世，他的儿子魏襄王成为魏国的新任国君，孟子去见他，魏襄王问："天下如何才能安定呢？"孟子回答说："天下统一，便会安定。"魏襄王又问："谁能做到呢？"孟子道："不滥杀无辜的人能做到。"他又问："谁又愿意统一呢？"孟子再说："天下没有人不愿意，统一就像雨后的禾苗在疯长，没有人能阻挡得了。"这便是儒家对于统一的态度，同时，也是中国人对统一的理解——国家统一，就意味着繁荣、安定、富足的美好生活。

因此，乱世中的人们渴望统一，在每一次"分久必合"的故事中，都有一股力量，让我们这个国家走向统一。只是在这一次"三家归晋"的剧本结束时，完成这一切的却不是那几支缔造了三国时代的力量。

统一的前夜：司马氏鲸吞三国

对于蜀汉来说，诸葛亮死后，无论是蒋琬还是费祎，继任的几位诸葛亮门徒都已不再相信蜀汉真的能北伐成功，所以，在蒋琬出屯汉中之后，司马懿离开长安去辽东时，蒋琬没有出兵；曹叡驾崩时，蒋琬还是没有出兵。至于蒋琬提出要沿汉水东进，其实跟魏延当年的子午谷战略一样，归根结底是因为大家都觉得，按部就班地打，是没有可能获胜的。

等到费祎当政时，虽然姜维得到了更大的空间，但这时曹魏的国内却进入了曹爽执政的平稳期。好不容易等到了高平陵之变，夏侯霸来降，姜维终于可以出兵陇西试探一下，费祎却只给了他一万人。至于二人约定的所谓"一旦姜维有所突破，费祎便率大军跟进"更是笑话，一万人怎么可能有什么突破呢？

不过从结果来看，蒋琬和费祎却是对的，因为受限于兵力和粮草，姜维的九伐中原最终也没能取得更大的战果。所以说，诸葛亮死后，汉朝在益州人心中已经灭亡。等到谯周发表《仇国论》时，蜀汉和曹魏的关系，已然变成了小国与大国的关系。既然如此，邓艾兵临城下，小国自然可以投降大国。

对于东吴来说，则是另外一种情况。从孙策意外去世，到东吴覆灭，东吴虽然经历了四位国君，但实际上后面三位，全都生活在孙权晚年昏聩的后果里。

首先是孙权的继任者孙亮。之所以这个位置会轮到他来坐，是因为孙登早逝，并不是因为孙亮自己有什么才干，尽管他后来表现出来的能力可能要比之后的两位强不少。

可就算孙亮有些能力，孙权去世时，他还不到10岁。辅政的大臣中没有陆逊，因为他被孙权骂死；没有张休，因为他被孙权赐死；没有朱据，因为他被孙权流放，之后被中书令孙弘害死。有的只是那个刚愎自用、好大喜功的诸葛恪以及他那些将东吴拽入深渊的滔滔雄辩。

孙权死后7年，东吴经历了一次当朝天子被废、两次损兵折将的大败，

前　言

三次权臣被杀的政变，诸葛氏家族、滕氏家族、吕氏家族、全氏家族、包括孙坚的弟弟孙静的家族，在没有外敌入侵的情况下悉数覆灭。等到孙綝死后，东吴已经奄奄一息，回天乏术。最后，当西晋的大军从扬州、荆州、益州攻过来时，就只剩下"一片降幡出石头"的无奈。

对于曹魏来说，他们本是最有希望统一天下的。不过自从曹操去世，曹家和夏侯家似乎迎来了一个短命的诅咒。尽管历史不能假设，可当36岁的曹叡将自己的养子曹芳交到61岁的司马懿手上时，还是让人不禁想问一句，如果曹家的人能长寿一些，历史会不会改写呢？

曹丕活了40岁，一共有10个儿子，除了东海王曹霖不知何年出生以外，36岁的曹叡已经是最长寿的了。曹叡也有过三个儿子，但全都夭折，之后他收养了两个孩子，曹芳据说是曹彰一系的后裔，另一位曹询则来历不明，且14岁就去世了。等到曹芳被司马师废黜，曹丕的后代之中，只剩下了一个高贵乡公曹髦。

而司马懿活了73岁，长寿让司马懿熬死了怀疑自己的曹操，熬死了提拔自己的曹丕，又熬死了对自己若即若离的曹叡，最终，他面对的是那个在曹叡的托孤病榻前，同为托孤大臣的小胖子曹爽。

司马懿夺权的过程，还伴随着曹家的人才凋零，就在曹丕去世的前一年，扬州有曹休；荆州有夏侯尚；雍州有曹真，这条防线本应留给曹叡，可曹丕去世的前一年，夏侯尚去世。曹叡即位后，将荆州的主将换成了外姓的司马懿。可没想到之后的几年，曹休和曹真相继去世，等到曹叡末期，征伐辽东几次失败后，能完成这个任务的，似乎只剩下了司马懿。

不过，这时的司马懿应该没有夺权的打算。出征之前，在老家温县与乡亲喝酒时，他还在说，等班师后，要"待罪舞阳"。曹爽掌权后，同为辅政大臣的司马懿受到排挤，但他仍然出征去打东吴，仍然提拔像邓艾这样的后进，也仍然在曹爽去打蜀汉时，好言劝阻。最终，当曹爽将太后迁居后，司马懿决定选择另一条路。根据司马懿的性格，一旦他开始做，就表示他已经想好了全部的计划。

夺权之后，司马氏家族开始了和曹魏朝廷的对抗。虽然在司马懿去世后，司马氏的长寿基因开始失效，但司马师和司马昭还是用了14年的时间，摆平了不听话的皇帝，讨平了有异心的武将，诛杀了不配合的朝臣，如王凌、夏侯玄、毌丘俭、诸葛诞等人，走到了灭蜀、灭吴的时刻。动荡近百年的汉末三国，终于迎来了分久必合的结局。当然，也拉开了下一次"合久必分"的序幕。

这本书中的历史跨度有40多年，占整个"汉末三国"乱世的一半，但这段历史在120回的《三国演义》中，只占了16回。所以，希望通过本书，我们能一起重新梳理这一段容易被忽略的历史，分享这一承上启下的时期，那些激动人心的战争与权谋，纵横捭阖的名士与名将，同时，也更清楚地认识我们这个国家，始终趋向大一统的神奇的力量。

目录

前　言　// 001

楔　子
星落五丈原　// 001

第一章
后英雄时代

一、蜀汉的动荡　// 014

二、张昭与顾雍　// 023

三、曹丕的遗产　// 030

第二章
统一的前奏

一、北境往事　// 041

二、公孙渊自立　// 047

三、司马懿征辽东　// 054

四、毌丘俭征高句丽　// 061

第三章
统一的开端

一、明帝治国　// 069

二、托孤：被选择的司马懿　// 077

三、蛰伏：司马懿的隐忍　//085
四、反击：高平陵之变　//091

第四章
东吴大帝

一、性情大变　//101
二、太子魔咒　//108
三、流血的皇位　//114

第五章
蜀汉的困局

一、蜀中三英　//123
二、蒋琬的选择　//129
三、诸葛亮的遗产　//136

第六章
司马氏的危机

一、淮南初叛　//145
二、夏侯玄之死　//153
三、废立天子　//161
四、淮南再叛　//165

目 录

第七章
东吴内耗

一、太傅诸葛恪　//176
二、东兴之役　//182
三、再攻合肥　//187
四、权臣之死　//194

第八章
九伐中原

一、姜维的想法　//205
二、姜维的对手　//211
三、兴汉与仇国　//218

第九章
司马昭之心

一、寿春三叛　//231
二、克定淮南　//238
三、天子之血　//244

第十章
灭国与禅让

一、诡异的前奏　// 258
二、灭国大战　// 265
三、二士争功　// 274
四、曹魏的宿命　// 281

第十一章
东吴覆灭

一、自毁长城　// 293
二、昏君与暴君　// 302
三、羊祜与陆抗　// 312
四、荆州易主　// 321

尾　声
建业降帆　// 331

参考文献　// 340

楔　子

星落五丈原

统一的前夜：司马氏鲸吞三国

公元234年是魏明帝曹叡青龙二年、蜀后主刘禅的建兴十二年、吴大帝孙权的嘉禾三年，就在这一年的开头，发生了一件事——作为上一个时代的象征，已经被封为山阳公14年的汉献帝刘协去世了。他是这个乱世的见证人，也间接促成了这个三足鼎立的局面，毕竟刘备是借着"献帝被曹丕所杀"这个谣言登基的。而实际上的山阳公刘协并没有被杀，反而是在自己的封地过了十几年的太平日子。虽然曹丕当年说的"天下宝物咱俩分"是客气话，但允许他在封地采用汉朝正朔和服色，建立宗庙，祭祀汉朝先祖，这些曹家都做到了，甚至在刘协去世之后，魏明帝曹叡还改穿丧服，为他祭悼，举行大赦，最后以汉天子的礼节将其埋葬在禅陵。而曹家的这个举动，也算是给自己的后代留了福报，等到司马炎接受曹家禅让的时候，曹氏子孙也得到了类似的善待，其封国陈留国的享国时间，甚至比司马氏的晋朝还长59年。

但这一年的主题却并不是纪念，而是战争，这一战，也是许多被我们熟知的三国英雄的最后一战。此战中，魏明帝曹叡亲征东吴，虽然还没等到达战场，孙权便已退兵，但这已经是曹魏最后一位掌握实权的皇帝亲自指挥的最后一战了。同时，这也是东吴的第四代统帅陆逊带兵出战的最后一战，不过在这次战役中，他并不是主角。而对于蜀汉来说，这一年他们永远地失去了鞠躬尽瘁的诸葛亮，以及勇冠三军的大将魏延，从此以后，蜀汉再也没有能力与魏国争雄。

在这场战争之前，蜀汉已经准备了三年，或者说距离上一次诸葛亮出兵北伐，已经过去了三年。这三年之中，诸葛亮推广农耕，充实军备，

楔　子·星落五丈原

训练部队，为了解决山区运输困难，还制造了"木牛""流马"这样的"黑科技"装置，只是为了能将军粮运送到褒斜谷口（今陕西省汉中市西北），同时蜀汉还修复了褒斜谷栈道（今陕西省宝鸡市太白县西南褒河山谷）。蜀汉的百姓在这三年之中得到了充分的休养，蜀汉军队的兵员也得到了补充。

魏青龙二年（234）春二月，54岁的诸葛亮亲率10万人的庞大军团出战——这已经是蜀汉能拿出来的全部家底儿了。大军从褒斜谷进军，第五次向曹魏发动进攻。同时，诸葛亮还派使节前往通知吴国，希望吴国能同时出兵配合。

自从夷陵之战后，两国恢复关系以来，这种互相配合出兵的情况也很常见，但这一次，吴国确实有个被孙权视为眼中钉的目标——合肥新城。合肥城是魏、吴两国对峙的前线，曹休死后，满宠以前将军的身份接替曹休，代理扬州军务。这几年东吴几乎年年都会派水军来骚扰，在跟孙权打了几年交道以后，满宠逐渐发现了问题所在——合肥城。

魏太和六年（232），满宠上书曹叡，说："合肥城南有巢湖，更南方还有长江，却与北方的寿春（今安徽省淮南市寿县）距离很远，东吴如果围攻此处，因为可以得到水军相助，所以非常容易，而我们要想前往救援，却必须先击退他们的主力，然后才能解围。所以臣建议调出城内守军，在合肥城西30里处，地势险峻，据险可守的地方，再筑一座城，东吴再想攻城，就必须上岸，这样我军便可在陆上切断其归路，方为上策。"这件事情在曹魏的朝堂上还一度引起讨论，护军将军蒋济说这是向天下示弱的表现，曹叡也没有同意。但后来满宠再次上书解释，尚书赵咨认为满宠的计划不错，这一次曹叡批准了这个想法。没过多久，合肥新城建成。

转过年来，新城刚刚完工不久，曹魏的军队正在搬东西时，孙权就计划出兵包围合肥新城，但大军从水路，经巢湖，终于到达合肥新城附近的水面时，才发现新城距水边很远，水军根本无法攻击。东吴的舰队停泊了20多天，也没敢下船。

这时，满宠对将领们说："孙权知道我们撤出旧城，一定会以此为由，在军中吹嘘一番，虽然他不敢来攻新城，但为了彰显实力，最后一定会上岸示威。"于是满宠秘密地派出步骑兵6000人，在淝水岸边的隐蔽处埋伏。后来孙权的军队果然登岸炫耀，正好被满宠的伏兵候个正着，东吴军被击杀数百人，还有人掉到水里淹死，只好撤退。之后孙权又派全琮去攻打六安，但也是无功而返。

这次诸葛亮来信之后，孙权马上选择呼应蜀汉，率大军推进到巢湖湖口，号称10万人。同时又派大将军陆逊和左都护诸葛瑾两位老将率万余人进入江夏郡，到达汉水流入长江的入口处，目标直指襄阳城，但很显然，这一路并没有什么实际作用，区区1万兵，还都是水军，是不可能对襄阳构成什么威胁的，这么做主要是为了做给诸葛亮看，孙权实际的目的还是合肥新城。同时，孙权还派将军孙韶、张承，进入淮河，去骚扰广陵（今江苏省扬州市）和淮阴（今江苏省淮安市）。

满宠此时驻扎在寿春，见这一次孙权势大，就打算率军救援合肥新城。这时，殄夷将军田豫上书说："敌军此次入寇，声势浩大，看起来并非是贪图小利之举，而是想通过围困新城，将各路人马都引到此处，所以我们此刻不应救援，而应让吴军放手攻城，以坚城挫其锐气。对方攻城不得，将士们又疲惫不堪，士气必然低落，到那时再出击，一定可以大胜。东吴贼人如果识趣，一定不敢攻城，不久自然退却。如果此时我们进军，那才是正好中了敌人的奸计。"

满宠认可了田豫的计划，因为寿春这个地方，地处淮河以南，曹魏的士兵都是北方人，定期要回家探亲，东吴正是趁着这段时间前来攻击，所以此时满宠手下兵员不足，他上表请求召回探亲的将士，集中兵力来迎战东吴。

曹叡召集百官讨论此事，散骑常侍刘邵建议："东吴此番进击，人数众多，大军一到，便全力攻城，士气正盛。满宠此刻兵力太少，如果贸然出击，必难取胜，所以他才上书求援。臣认为可以先派步兵5000人，精骑3000人，作为先锋，分头行动，一路上多设旗鼓，虚张声势，营造出我军数道并进的感觉，以此震慑敌军。骑兵到达新城后分散，多带旌旗战鼓在城下展示兵威，之后绕到东吴军的背后，作势要切断他们的粮道和退路。东吴军队见到我军势大，骑兵又要断其归路，必定惊慌失措，不战自溃。"

刘邵这个计策，整体上就是虚张声势，但好处就是见效快，因为合肥新城现在的形势不利。满宠现在的处境，兵法上将其称之为"散地"，意思就是诸侯在自己的地盘作战，士卒更容易逃亡溃散。曹叡当然也明白满宠的请求并非胆怯，于是下诏，依刘邵的计策而行。

东吴的作战，可谓成也水军，败也水军。当年赤壁之战，正是靠着周瑜指挥的水军打败曹操，才有了后来三足鼎立的局面；而在这之后，由于战马缺乏，东吴的作战也只能依赖水军，跟曹魏的战争基本上就是水军骚扰，看有机会，再登岸决战，可是面对坚固的城池，东吴军往往缺乏攻城的勇气和能力。

满宠见这次孙权的军队太多，就打算放弃合肥新城，引诱东吴的军队深入寿春（距合肥约100公里）。不过这个建议被曹叡拒绝，他下旨给满宠说："从前，光武帝刘秀派兵占领略阳（今甘肃省天水市秦安县东北），最终攻灭隗嚣。先帝在东方守合肥，南方守襄阳，西方守祁山（今甘肃省陇南市礼县东北），敌军来犯，每次都被阻隔在坚城之下，皆因此三者都为兵家必争之地，决不允许后退，即使孙权围攻新城，也必然不能攻克。下令将士坚守城池，朕要亲自前往讨伐东吴，等我大军赶到，孙权可能已经逃走。"

满宠接到死守的命令之后，便赶紧招募死士，焚毁了吴军的攻城器械，战斗中还射杀了孙匡的儿子孙泰。正赶上此时东吴军中疫病蔓延，东吴便停止了进攻。

这时，御驾亲征的曹叡距离合肥只有几百里的距离，而被派作疑兵的三千精骑此时已到了战场。孙权刚开始觉得曹叡不会亲征，现在得知消息后，顿时信心不足，直接就撤军了。孙权一走，孙韶那一路也跟着撤军，东吴的进攻又一次虎头蛇尾地结束了。

此时的东吴军队与曹魏作战，还算是守有余而攻不足，每一次出兵都是以袭扰为主，顺便看看能不能占到什么便宜，哪怕是上岸炫耀一番，或者斩杀曹魏一员武将，都算是非常好的结果了，也足够孙权回去好好接受一番群臣的祝贺。可一旦曹魏派大军前来，东吴基本上就会退兵——这正是三足鼎立的玄妙之处，任何一方如果不顾一切地与另一方决战，第三方也自然就成了最大的受益者，所以，除了夷陵之战失去理智的刘备，谁也不会傻到直接带着主力去和对方拼命。

此时东吴的三路大军只剩下陆逊这一路还没有撤退。陆逊派亲信韩扁携带奏章去见孙权，中途被曹魏巡逻的军队截获。诸葛瑾听到这件事后非常紧张，赶紧写信给陆逊说："主上已经率军撤回，韩扁又被敌军抓获，此刻敌军已经探知我军的虚实，而且现在眼看到了枯水期，水位下降，我们也应该赶快退军。"

陆逊收到信后并没有做出什么反应，也没回答，反而继续督促部署种植芜菁和豆子这些水军常备的作物，闲暇时就和部将们下棋、射箭。回报的人将情况告诉诸葛瑾，诸葛瑾说："陆逊这样大才之人，这样做一定有他的用意。"于是就亲自来见陆逊询问。

陆逊见诸葛瑾来到，便对他说："曹魏已经知道主上撤军，所以东方已经不足为虑，之后一定会全力对付我们，所有要害之处，想必都已派兵把守。此刻军心不稳，所以我们为将者，必须自己应该先镇定下来，稳住局面，再图应变，然后才能脱险。如果贸然撤军，曹魏看出我军畏战，就会前来逼迫，一旦那样，结局恐怕难以收拾。"于是二人定计，让诸葛瑾率领本部徐徐后退，而陆逊则亲率兵马上岸，向原定目标襄阳进发。

夷陵之战后，天下谁人不知陆逊威名，这次听说陆逊率军前来，各部都很紧张，纷纷抓紧回城，布置防守。诸葛瑾在此时率船队离开港口，陆逊则从容不迫，先是鼓噪一番，以后再步行上船，曹魏军队始终不敢靠近。

等到舰队抵达白围（今湖北省襄阳市西北），陆逊假装停下来打猎，暗中派周峻、张梁等人攻打江夏郡的新市（今湖北省荆门市京山市东北）、安陆（今湖北省孝感市云梦县）、石阳（今湖北省汉川市，一说是湖北省武汉市黄陂区）三城，打了曹魏一个措手不及，一共斩杀和俘虏了1000多人，之后率军返回。

战争，进攻固然重要，撤退当然也很重要，虽然根据史料，我们看不出陆逊和诸葛瑾商议撤军时，究竟在什么位置，但是根据二人的谈话可知，此时想必已经进入曹魏的腹地，撤军一旦有个闪失，后果不堪设想。而就在这样凶险的时候，陆逊还不忘派人去获得一些战果，这也就说明了为何孙权晚年性情大变，却对陆家信任不减的原因。

孙权出击不利，旋即撤军，而西北的诸葛亮，不出意外，再一次与他的老对手司马懿，打成了相持战。

诸葛亮率军出褒斜谷后，抵达郿县（今陕西省宝鸡市眉县），在渭水南岸扎营布阵。此时身在长安的司马懿和诸将讨论，很多人主张在渭水北岸迎战，而司马懿认为，百姓多集中在渭水以南，所以应该在渭水南岸迎敌。于是司马懿率军渡过渭水，背水扎营。

司马懿对诸将说："诸葛亮如果有胆量，应该从武功（今陕西省咸阳市武功县西）出发，顺山势向东进军；如果他要是向西上了五丈原，那我们就可以高枕无忧了。"司马懿说的其实是两个思路，如果从武功进军，那么就意味着全力攻击，而西上五丈原，则是准备向东防守，向西发展，暂且观望，依诸葛亮的谨慎性格，蜀军出褒斜谷之后，果然向西进入五丈原。

这样一来，蜀军的意图也就不难推测，从五丈原渡过渭水，就是北原。雍州刺史郭淮对司马懿说："诸葛亮肯定会争夺北原，我军应该先派兵据守。"一些曹魏的将领还觉得诸葛亮不会渡渭水去攻击北原。郭淮作为常年在西北的将领，对情况很了解，所以他解释道："如果诸葛亮越过渭水登上北原，再进攻北山（汧山），就可以切断长安通往陇西的道路，那样一来，会引起汉人、羌人、胡人的巨大动乱，并非国家之福。"司马懿同意，派郭淮率军进驻北原，郭淮大军刚到不久，正在修筑营垒之际，蜀汉军队也赶到了，郭淮率军迎战，将蜀军击退，稳住了局面。

不过诸葛亮倒是有所准备，因为此前几次出兵，都是因为粮草不济，才仓促退兵，无法取得战果。这次诸葛亮直接分出军队实行屯田，准备长期驻军在此，屯田士兵杂处在渭水之滨的百姓中间，开垦荒田，当地百姓也乐于接受，蜀军军纪严明，战士奉公守法，屯田的过程中，没有什么冲突发生。

另一边孙权动手之后，曹叡很担心，决定先稳住诸葛亮，便派征蜀护军秦朗率步骑兵2万人增援，接受司马懿的调度。同时曹叡下诏说："只要死守营垒，挫败蜀军的士气，让蜀军想进攻又不能进攻，想撤退又没有机会与我军交战，停留久了，粮草耗尽，劫掠又没有收获，则蜀军必退，到那时我军再行追击，这才是全胜之道。"司马懿也依计而行，屯兵不出。

等到孙权退兵之后，曹魏的文武官员认为司马懿正跟诸葛亮在西北对峙，建议曹叡御驾前往长安（今陕西省西安市），曹叡不以为然，说："孙权败走，诸葛亮势必胆寒，司马懿足以克敌，用不着我再去了。"于是曹叡进驻寿春,按照诸将功劳,为与东吴作战的有功之臣封官加爵。

而此时司马懿跟诸葛亮在五丈原已经对峙僵持100多天。其间诸葛亮不断派人挑战,但司马懿就是坚守营垒,拒不出战。后来诸葛亮派人将女人用的首饰衣服等物送给司马懿——这已经是明显的侮辱,说司马懿如女人一般怯懦。司马懿佯装大怒,上书给明帝曹叡,要求出兵与诸葛亮决战。曹叡见奏章之后,就派卫尉辛毗手持天子符节,担任司马懿的军师,并前往大营宣旨,严厉制止司马懿出兵。

蜀汉的护军姜维对诸葛亮说:"辛毗带着皇帝符节前来,司马懿再不可能不出来应战了。"

诸葛亮苦笑着说:"司马懿根本无心出战,所以才这样大动干戈,这些都是给诸将看的,辛毗前来,无非是想用曹叡的权威,震慑住那些叫嚣出战之人。所谓将在外君命有所不受,如果司马懿真的想和我们决战,哪里还用得着远隔千里,去向曹叡请求出战呢?"

虽然司马懿最后还是没有出战,但他大概是最关心诸葛亮的人了。他先是看见有彗星坠入到诸葛亮的大营之中,两起两落,终于消失不见;后来又在给弟弟司马孚的信中,评价诸葛亮,说:"诸葛亮志向远大,却没有机遇,善于谋划,但总是难以决断,喜好用兵却又没有权力,虽然率领十万士兵,但其已经落入我的圈套之中,这一仗我们必胜无疑。"

诸葛亮派使节到司马懿军营下战书,司马懿所关心的并不是军务,而是诸葛亮吃了多少饭、睡了多少觉以及每天处理多少事等细节,言谈从不涉及军情。使节回答说:"我们丞相一早便起床,很晚才就寝,罚二十板以上的军法处分,都要亲自过目、裁决,丞相的饭量不过数升。"司马懿听罢,对左右人说:"诸葛亮吃饭少而事务繁剧,这样怎么能长寿呢!"

司马懿猜对了。

此时的诸葛亮病情沉重,已经起不来床了。消息传回蜀地,八月,刘禅派上书仆射李福,到前线探望诸葛亮的病情,其实更主要的目的是询问诸葛亮的身后之事。李福到了之后，见到诸葛亮，二人相谈一番之后，李福得到了明确的指示，告辞返回京城。

不过走了几天，李福又匆匆赶回。诸葛亮见他回来，说道："我知道你返回的用意。你我虽长谈一日，仍有诸事未曾言及，你回来是想要我决定这些。你欲问之事，蒋琬可以胜任。"

李福道歉说："之前是我的疏漏，未及请示，我想问的是您百年之后，国家之事应该托付给谁？所以才匆匆返回，那么在蒋琬之后，谁可以接任他呢？"

诸葛亮回答："费祎可以。"李福再问，诸葛亮闭上双眼，没有再回答，李福便带着这份答案，回成都复命去了。就在李福走后不久，诸葛亮在五丈原的军中去世，享年54岁。

诸葛亮死后，长史杨仪率军撤退。当地居民有人跑去向司马懿报告——蜀汉撤军，司马懿马上率军追击。此时，姜维命杨仪采取紧急对策。只见蜀汉大军忽然调转旌旗的方向，军中战鼓雷鸣，直指司马懿的魏军。司马懿急忙收兵后撤，不敢再追。

于是杨仪指挥蜀军结阵，徐徐后退，直到进入褒斜谷之后，才为丞相诸葛亮发丧。后来当地的居民中都流传着一句话："死诸葛吓走活仲达。"司马懿听到后，笑着说："我能想到诸葛亮活着时的事，却不能料到他死后的事啊。"

蜀军离去后，司马懿视察了诸葛亮留下的废弃营垒，感叹道："诸葛亮真是天下奇才！"随后魏军象征性地追到赤岸（今陕西省汉中市留坝县北），发现追不上了，只好撤回。司马懿也凭借着这一次成功的防守，在第二年从大司马被提拔为太尉。

蜀汉大军成功撤回成都之后，后主刘禅下诏大赦，追赠诸葛亮谥号为忠武侯。之前，诸葛亮曾经在给刘禅的上书中说："我在成都，有桑树800棵，耕地15顷，如果以此供给子弟饮食衣服，已经绰绰有余了，臣没有别的收入，所以财产也不会增加，臣死之日，绝不让家里有多余的布帛，也不让外面有多余的钱财，更不会辜负陛下。"诸葛亮去世后，果然一切都如他所说。

诸葛亮对于蜀汉来说，意义非比寻常。因此，他的死在蜀汉内部，引起了一系列的连锁反应，蜀汉的实力，也就此衰落下去。

第一章

后英雄时代

统一的前夜：司马氏鲸吞三国

从古至今，每当提起"汉末三国"，人们总会说那是一个"英雄辈出"的年代，可当诸葛亮死后，我们盘点一下魏、蜀、吴三国还在世的文臣武将，耳熟能详的名字已经寥寥无几。

此时的曹魏，还有一位领先于这个时代的能臣——司马懿。魏明帝曹叡已经是司马懿服务的第三位曹家掌门人了，但曹家人一代不如一代，最终自己成为三国中最先被司马氏吞并的势力。

此时的东吴，还有当年火烧连营、大破刘备的名将陆逊，只是在和诸葛瑾配合攻打襄阳之后，东吴内部出了个玩弄权柄的特务头子吕壹，内部倾轧严重，后来吕壹覆灭，陆逊又接替顾雍做了丞相，襄阳之战竟成了陆逊统帅生涯的最后一战。

最惨的蜀汉，在诸葛亮死后更是后继无人，姜维也好，蒋琬、费祎也好，他们或许有些才干，但他们没有人具备诸葛亮的人望与手段，更不要说对于后主刘禅的影响力了。

所以，当五丈原上的那颗将星陨落之后，整个三国进入了一个后英雄时代，三国暂时都没有并吞他国的能力，而是纷纷转向他处，机缘巧合，曹魏注意到了辽东，东吴开始重用江东士族，而蜀汉则需要平稳地过渡到"后诸葛亮"时代。

一、蜀汉的动荡

蜀汉建兴九年（231）十月，也就是诸葛亮去世的三年前，曾有人看到在江阳到江州这一段的长江上，有鸟群要从江南向江北飞，却在中途全都堕水死去，最终也没到对岸。这件事后来被史书记录，成为预示蜀汉国运衰微的不祥之兆。

也就是在这一年，和诸葛亮同时接受刘备托孤的重臣李严被后主刘禅下诏免职，并褫夺爵位，软禁在梓潼郡（四川省绵阳市梓潼县），这件事与诸葛亮执政后期的用人原则密切相关，这样的原则，也造成了诸葛亮死后，蜀汉短暂的动荡。

建兴五年（227），诸葛亮在平定了南方之后，向后主刘禅上了闻名天下的《出师表》，随后率军进驻汉中，将丞相府也整个搬到了这里，开始筹划"北伐"事宜。

此时成都的原丞相府便成为"留府"，张裔为留府长史，蒋琬为留府参军，其中张裔为益州本地士族，蒋琬则是诸葛亮的心腹。三年之后，张裔去世，蒋琬继任为长史，诸葛亮又提拔了本地士族马忠为参军，由此不难看出，诸葛亮虽说在"老班底"和"益州派"之间搞平衡，但蒋琬的地位一直未变，深受信任，等到诸葛亮病重时，他也推荐蒋琬接替自己的位置——这就是诸葛亮北伐时期最重要的用人原则，留守成都者重德，随行汉中者重才。

《出师表》中所提到的"侍中、侍郎郭攸之、费祎、董允等，此皆良实，志虑忠纯……将军向宠，性行淑均，晓畅军事……"这些留在后主刘禅身边的大臣都是德才兼备，同时忠贞不贰的纯臣。而被诸葛亮带在身边的向朗、杨仪、魏延等人，都属于或私德有瑕，或恃才傲物，除了诸葛亮谁也不服的"刺儿头"。

这样安排的好处是人尽其用，同时还能兼顾后方朝政，但这样做的要求也很高，那就是所有人，必须全力支持"北伐"大业，并且无条件地服从诸葛丞相的调度和安排，只有这样，蜀汉才能倾尽全力备战北伐，去追求"兴复汉室"的理想。李严就是在诸葛亮塑造蜀汉政权的过程中，必须清除的绊脚石。

李严字正方，是南阳人。南阳作为光武帝刘秀的老家，一直是盛产士族的地方，李严年轻时据说很有才干，在本地担任官职。刘表入主荆州时，曾派他到各郡县摸情况，李严才算是正式登上了历史舞台。

后来，曹操率大军南下入荆州时，李严正主管屈原的老家秭归县，听到消息直接向西入蜀，投靠了益州牧刘璋，刘璋命他担任成都令，李严再次得到了施展才能的机会，广获才名，但是等到了建安十八年（213），李严奉命做代理护军，去绵竹抵抗刘备时，他再次率人马投降刘备，从此进入了刘备的阵营。

在刘备手下的这些年，李严凭借镇压蜀中叛乱的功劳，累官升至辅汉将军，尚书令。并且在刘备夷陵大败、永安托孤之际，成为和诸葛亮共受遗诏辅政的重臣。之后，李严担任中都护，统管内外军事，留守永安。

此时的蜀汉，主要有两个战略防御的要地，其一是汉中郡，这里后来也成为蜀汉与曹魏争夺的前线；其二便是永安，这里处在巴东郡的东侧，扼守三峡，在吴蜀两国关系正常化以前，这里是防备吴国的前线。

后来吴蜀两国虽说联盟，可一旦两国中一方有大事发生，双方便会在此处增兵，以此来确保不会发生意外。比如诸葛亮病故的消息传到东吴，孙权便向巴丘（今湖南省岳阳市巴陵县）增兵1万人，一则可以适时援助蜀汉，同时也能防备一旦蜀汉瓦解，好趁势分一杯羹。

蜀汉得知消息，也向永安方向增兵。后来，蜀汉的右中郎将宗预出使东吴，孙权就问他："东西两国亲如一家，但听说你们向永安增派了守军，这是为何？"宗预马上回答："大王增加巴丘的军队，和我们增加永安的守军一样，是顺势而为，不必深究。"孙权听罢大笑，认为宗预所言得体，可见两方都对这种情况心照不宣。

所以说永安这个地方的官员，必须要懂得审时度势，灵活判断局面，同时还得有足够的权力去做出应对，因此李严在建兴元年（223）获封都乡侯，并被授予符节，加光禄勋，坐镇巴东。可这时的蜀汉，在诸葛亮主政下，正在调整国策，李严的问题便逐渐显露出来。

诸葛亮要兴复汉室，必须北伐，所谓"汉贼不两立，王业不偏安"。要想北伐，就必须实践当初诸葛亮为刘备设计的"联吴抗曹"的国策，因此，刘备死后，诸葛亮旋即派邓芝出使东吴，修复关系，之后又亲自主持朝政，恢复经济，并率军平定南方，之后，诸葛亮便将丞相府迁往汉中，开始了"北伐"的生涯。

诸葛亮知道"北伐"很难成功吗？这问题很难回答，但我猜他是知道的，至少从史实来看，诸葛亮一直都是两手准备，后来继任尚书令的蒋琬、费祎、董允等人都是留守成都的大臣。不过在诸葛亮"北伐"时，像李严这样阻碍北伐之人又是他绝不能容忍的。

李严第一次被调往汉中是在建兴八年（230），曹魏的大将军曹真率军入侵，诸葛亮将大军集结在汉中东侧的成固和赤坂两地，严阵以待。另征调李严率军两万来汉中增援，同时推荐李严的儿子李丰为江州都督，接替李严的工作。这很明显是作为对李严的补偿。不过这次战争因曹魏撤军，并没有真的打起来。

第二年，也就是建兴九年（231），诸葛亮率军伐魏，命李严以中都护的身份代管丞相府事务。战争开始很顺利，大军包围祁山（今甘肃省陇南市礼县东北），就是在这次北伐中，诸葛亮推出了自己的运粮"黑科技"——木牛流马。不过也正是在这一次，诸葛亮的对手发生了变化，曹魏的大司马曹真病重，一直在曹魏隐忍的大将军司马懿，成为曹魏的主帅，进驻长安。

司马懿之所以能够成为诸葛亮的劲敌，就是因为司马懿从心底认为自己打不过诸葛亮，所以这一次他接替曹真，本想固守相持，但手下将领频繁请战，最终司马懿无奈，只好派张郃奇袭王平所部，而自己则率大军与诸葛亮正面对峙，最终曹魏正面的军队被蜀汉的魏延、高翔等人击败，而奇袭的张郃则中伏身亡。

可是正当诸葛亮前线胜利之际，后方的粮草保障却出了问题。夏秋之际，汉中降雨不断，通往汉中的道路本来就很狭窄，降雨后更是泥泞不堪，粮食供应不上，于是李严（此时已改名为李平，改名原因不详，此处为叙述一致仍称李严）派参军狐忠（即马忠）、督军成藩传后主圣旨，命诸葛亮班师，诸葛亮只好奉命退军。

等大军撤回，李严却反咬一口，吃惊道："军粮充足，为何班师？"甚至还想杀掉督运粮草的岑述。不仅如此，他还上表刘禅，说什么"军伪退，欲以诱贼与战"。其实李严这么做，无非就是想推卸责任。但丞相的眼里不揉沙子，此时，诸葛亮将李严前后亲笔写的信件、奏疏全都拿了出来，力证其罪，李严理屈词穷，只好认罪。

于是诸葛亮上书刘禅，历数李严的种种罪状，大致的内容为："李严安身求名，喜欢小恩小惠，朝廷北伐，调他去汉中镇守，他却百般推托，还要朝廷以五郡之地合为巴州，由其充任刺史；后来大军西征，李严又想捞好处，我便推荐其子李丰主管江州，当时我这么做是考虑到大局为重，觉得满足了他的私利，他就可以做事，没想到此番又做下如此颠倒黑白之事，如果不有效处置，必将祸起萧墙。"

这份奏疏宣告了李严政治生涯的结束，他也被软禁在了梓潼郡。但虽说如此，诸葛亮还是提拔李严的儿子李丰做了中郎将参军事，并写信安慰李严，同时暗示未来要恢复他的官职。而另一方面，诸葛亮又写信给蒋琬、董允，检讨了自己没有听尚书令陈震的劝告，任用李严，招致大祸。

从李严的事件，我们可以看出诸葛亮执政的三个特点：第一，对诸葛亮来说，他可以容忍李严追求私利，却坚决不能容忍其破坏北伐大业。因为"北伐"的目的在于以攻代守，是蜀汉的基本国策，也是诸葛亮"兴复汉室"的法统来源，这件事也成为后来几任蜀汉执政者共同追求的"政治正确"。

第二，因为"北伐"这个前提，蜀汉上下必须勠力同心，团结在以诸葛亮为核心的领导者周围，正所谓蜀中"政事无巨细，咸决于亮"，诸葛亮虽无篡位的野心，但他也不能允许有人以皇帝的名义来掣肘他，所以李严借圣旨诏诸葛亮退兵，可以说已经触及诸葛亮底线，所以其必须离开朝廷。不过李严也知道，整个蜀汉也只有诸葛亮有这个气魄再次起用他。当诸葛亮去世的消息传到梓潼郡，李严知道自己将再无出头之日，继而忧愤而死。

第三，也是诸葛亮最为让人唏嘘的地方，那就是他的用人。刘备集团虽然占据益州，但由于种种原因，蜀汉政权和益州本地的士族关系并不好，核心团队得不到本地士族的补充，直接导致了蜀汉后期人才凋零的问题，想想当年刘备初到益州之时，文有诸葛亮、庞统、法正等名士，武有张飞、黄忠、赵云等名将，等到诸葛亮的时代，这些都已不复存在，诸葛亮只能团结可以团结的一切力量，哪怕他知道有的人在性格上有着明显的缺陷，比如魏延和杨仪。

魏延是刘备军中资历仅次于关羽、张飞的将军，在刘备活着的时候就曾得到过重用，刘备入主成都后，当时的人都以为刘备会用张飞留守汉中，连张飞自己都这么认为，但最后这个人选却是魏延，大家都很吃惊。

之后刘备还特意大会群臣，问魏延说："现在将军重任在肩，你可有何话说？"魏延回答道："如曹操举天下之兵而来，我愿为大王守住汉中；如曹操手下偏将率10万人来犯，末将愿为大王一举歼之！"刘备十分认可魏延的气概，还称赞了他。所以从为将的角度来说，魏延可以算是一个"低配版关羽"——有能力，有决心，且极度自负。这样的人，最怕遇见另一个自负的人。

杨仪最初是荆州刺史手下的主簿，后来投靠了襄阳太守关羽。关羽不但任命他做了功曹，还派他去见刘备。刘备与杨仪交谈之后，十分欣赏，便留他做了左将军兵曹掾。等到刘备做了汉中王，杨仪便担任尚书，可后来他因为与尚书令刘巴不和，被贬为弘农太守。建兴三年（225），诸葛亮任命杨仪为参军，在诸葛亮南征时，代管丞相府，两年之后，杨仪又跟随诸葛亮到了汉中。建兴八年（230），杨仪升任长史，和魏延一起，成为蜀汉在汉中前线的中坚力量。

此时魏延的身份是前军师，加上他勇猛过人，善待部下，在军中很有威信，是诸葛亮后期蜀汉的第一名将。诸葛亮每次北伐，魏延都会提出愿意效仿当年韩信与刘邦分兵的先例，自己带1万人，出子午谷，直捣长安。但诸葛亮认为这样做过于冒险，所以不予批准，魏延也因此常感叹诸葛亮胆怯，抱怨自己才华难以施展，但对于诸葛丞相的命令，魏延还是绝对服从的。

而杨仪在做事方面也很有才干，筹划粮草，总抓全局，非常熟练而高效，也正因如此，汉中的军事调度，很多都由杨仪决定。所以杨仪和魏延，本质上都属于有才但心眼小的人，魏延资格老，大家都让他三分，只有杨仪完全不把他放在眼里。魏延也对杨仪非常愤怒，二人势同水火。

有一次喝酒，魏延甚至拿刀对着杨仪，把杨仪吓得流泪不止，最后还是费祎从中调停。可如果反观此时留在成都的蒋琬，以及多次出使东吴的费祎等人，不难发现，诸葛亮正是把最难驾驭的人留在身边，这么做一方面是爱才，另一方面也是为了保证后方的稳定。

后来，蜀汉前线魏延和杨仪的矛盾，就连东吴盟友都看出来了。有一次费祎出使东吴，在招待宴会上，孙权借着酒劲儿对费祎说："杨仪、魏延不过是两个身份卑贱的小人，虽然有些鸡鸣狗盗的小本事，但既然要任用此二人，有些情况就不能轻视。如果一旦诸葛亮不在了，此二人必定引起祸端，你们这些糊涂蛋，连这都看不出来，这难道就是你们所谓的替子孙考虑吗？"

孙权此时醉了，但道理说得很清楚，况且二人的矛盾恐怕没有几个人比费祎更清楚，但家丑不可外扬，孙权毕竟是外人，费祎便回答说："外间传闻杨仪、魏延的所谓不和，只不过是一些小矛盾，二人都没有当年英布、韩信那样的野心，如今正在攘除奸凶、一统天下之际，建功立业都需要人才，如果捕风捉影，以防备后患为由，使此二人得不到重用，那就像为了防备风浪，而放弃了舟楫之便，实非良策。"费祎不愧为外交使臣，这番话可谓滴水不漏，既没有巧言争辩，也没有撒谎求全，同时，委婉地表示了对此二人情况的了解，之后孙权果然也就没再说什么。

等到诸葛亮病重之际，与杨仪、费祎等人共同商议，一旦自己病故，蜀汉大军要有秩序地撤退。会议决定命魏延断后，为了以防万一，又命姜维为副将，如果魏延不服从命令，大军便自行出发。

之所以这样决定，归根结底还是在于诸葛亮的战略思想——保存实力，避免决战。这其中最大的变数，当然就是总嚷着要直取长安的魏延。果然，诸葛亮去世后，杨仪秘不发丧，派费祎去探听魏延的口风。魏延说："丞相虽死，我魏延还在，丞相府的亲信官属足以送丞相灵柩归葬。我当亲自统率全军去攻击贼寇，怎能因一人之死而废天下之事！况且我魏延是何等人，怎能被杨仪约束，做什么断后的将军呢？"

就这样，魏延不由分说，将费祎留下，与他共同商议接下来的安排，确定护送灵柩南下以及留在前线作战的人选，还让费祎亲笔写信，并署上自己的名字，准备昭告全军。

费祎见势不妙，便骗魏延说："我应该回去替将军向杨长史解释，杨仪毕竟是个文官，对军中之事了解得少，一定不会违逆将军的意思。"说罢费祎出营上马，狂奔而去。费祎刚走，魏延便回过味来，连叫后悔，但已经追不上了。

既然失了先机，魏延只好派人盯住杨仪的行动。结果发现杨仪正按照诸葛亮生前的指示，组织各营有序撤退。魏延听说后暴跳如雷，亲率所属部队抢在杨仪之前，进入褒斜谷，并纵火烧毁栈道，想要阻断杨仪南归的去路。

这样一来，双方矛盾公开，魏延、杨仪各自向刘禅上表，指责对方附逆谋反，一天之内，加急的羽书分别到达成都。刘禅看后大惊，赶紧找来相府留守长史蒋琬、侍中董允等人商议，这二人深知诸葛亮的战略，所以纷纷表示杨仪不会谋反，但魏延却不敢保证。于是刘禅命蒋琬率领宿卫成都的驻军北上，接应杨仪。

而此时褒斜谷的栈道被毁，杨仪命手下士兵凿山开道，大军日夜急行，紧随魏延之后。魏延带人先出褒斜谷南口，再派兵堵截杨仪等人。杨仪命将军王平应战，两军阵前，王平呵斥先登上褒斜谷南口的士兵们说："丞相刚刚去世，尸骨未寒，你们怎敢如此妄为！"

要说王平这人，应该是蜀汉中后期最为持重的将领，尤其擅长据守城池和稳定局面，当年街亭之战要没有他，恐怕，马谡造成的危害会更大。此时魏延手下的士兵本来就知道理亏，再被王平这样的正直将领呵斥，便一哄而散。魏延见大势已去，带着儿子和亲随数人逃往汉中。这时，杨仪改派马岱追击，并将魏延斩杀，之后，魏延的三族也都被诛灭。而蒋琬的军队刚刚走出几十里，就得到了魏延被杀的消息，也就退回了成都。

如果盘点这件事，其实不难发现，整件事特别像是杨仪一手策划的对魏延的阴谋，而诸葛亮似乎是默许了这件事的发生。因为毕竟连《三国志》的作者陈寿，都在魏延的传记后强调了魏延只是想代替诸葛亮辅政，并干掉杨仪，并没有谋反之心。

大军退回成都后不久，诸葛亮的职权暂时被一分为二，左将军吴懿被升任为车骑将军，持符节都督汉中诸军事；丞相长史蒋琬出任尚书令，后又加益州刺史，总管国政——这是之前已经定好的预案，诸葛亮认为杨仪心胸狭隘，性情急躁，更倾向于蒋琬接任自己。此时大军失帅，军心不稳，蒋琬出任尚书令后，面上无悲无喜，举止从容，一如平日，这样蜀汉的人心才渐渐稳定下来。

而杨仪到达成都之后只担任中军师，并没有具体的工作，成了个闲人，他因此十分不满。当年杨仪在刘备手下出任尚书之时，蒋琬还只不过是一名尚书郎而已。虽然后来二人都担任过相府的参军、长史，但杨仪分管的事务远比蒋琬的多，所以他觉得自己无论从资历还是才干上，都超过蒋琬。于是诸葛亮预言的都实现了，杨仪开始抱怨，而且话说得很重，以至于朝中之人怕惹祸上身，都没有人敢跟他来往。

关键时刻，来看他的还是费祎。很明显，费祎来就代表了蒋琬，杨仪如果识趣，应该跟费祎表下忠心，多说些"正能量"的话，或许并不会招来祸事。可偏偏杨仪把之前所有的牢骚又发了一遍，这还不算，杨仪还对费祎说："当初丞相新丧，如果我率大军投靠曹魏，怎会有今日之落魄？真是追悔莫及。"这些话一出，事情已无可挽回，费祎未动声色，只是暗中记下，并将杨仪之言上表。刘禅直接将杨仪贬为平民，流放到汉嘉郡（今四川省雅安市芦山县）。而杨仪此时已经破罐子破摔，到了流放之地后，再次上书诽谤朝廷，言辞还更加激烈，于是刘禅下令将其逮捕，杨仪闻讯自杀。

至此，诸葛亮身后的乱局基本平息，而此时作为蜀汉的盟友，东吴也有一位前朝的托孤老臣去世，那就是张昭，而他的死，也象征着东吴一个时代的终结。

二、张昭与顾雍

诸葛亮死后一年多，东吴的辅吴将军、娄侯张昭也去世了。张昭晚年的遭遇，也正是东吴，或者说是孙权主导的国策转向。

东吴政权和蜀汉政权内部，长久以来都存在着两股势力，就是军阀的私人部曲和他们所在州郡的豪族势力。从刘秀开创东汉以来，察举制已经逐渐沦为地方豪强垄断仕途的工具，到了东汉末年的三国时代，天下除了有许多名震寰宇的世家大族之外，几乎每个地方都存在着许多本地士族，这些人往往在本地读书人之中很有影响力，也是统治者拉拢的对象。

蜀汉政权的核心力量是刘备的私人部曲和以诸葛亮为代表的荆州士族，从始至终，益州本地的士族对于刘备这个集团都没有什么好感，但益州作为当时比较落后的一个地方，本地士族的力量并不强大，所以蜀汉的政权一直比较稳固。

可东吴所在的江东士族就不一样了，作为代表的吴郡四族——顾、陆、朱、张，东汉时期就在当地颇有人望，因此孙策、孙权都必须和江东的几大家族搞好关系。

不过跟刘家相比，孙家有个优势——他们是江东人。孙坚的祖籍是吴郡富春（今浙江省杭州市富阳区），虽然他混出名堂的地方主要是在江北，所积累的班底也大多是北方人，但毕竟孙氏家族世居江东，这也让孙家在政治上有了"人和"的可能。

孙坚奉袁术之命南征刘表，被刘表部将黄祖的手下射死。之后，孙策先是投奔舅父丹杨太守吴景，还将母亲留在了舅舅这里，后又归附袁术，袁术觉得孙策很有才能，便将孙坚的旧部交给了他。之后孙策率部击败刘繇、王朗等人，平定江东。

这时孙策手下的人基本都是从北方追随而来的，因这些人大多老家在淮水和泗水之间，因此被称为"淮泗集团"，包括当时还很年轻的庐江人周瑜、临淮人鲁肃以及琅琊人诸葛瑾、诸葛恪父子，再有就是彭城人张昭。

建安五年（200），北方正值官渡大战之际，孙策准备趁机偷袭许昌，却意外身亡。在《三国演义》中，孙策让孙权"内事不决问张昭，外事不决问周瑜"，可在《三国志》中，记载的只是："创甚，请张昭等谓曰：中国方乱，夫以吴、越之众，三江之固，足以观成败。公等善相吾弟！"而此时的周瑜刚刚平定了豫章、庐陵等地，正率部在巴丘（今湖南省岳阳市巴陵县）镇守。也就是说，在最后时刻，孙策是将孙权托付给了张昭。

张昭本是徐州人，汉末大乱之际，徐州士人、百姓纷纷南下扬州避乱，张昭就是在此时加入了孙策的阵营。孙策对其十分器重，还曾将张昭比作自己的管仲。张昭比孙策大 19 岁，比孙权大 26 岁。

孙策刚死，孙权悲痛欲绝，无法理政。张昭便在此时对孙权说："身为继任者，贵在负重前行，以成霸业，当今天下犹如锅中沸水，盗贼满山，您怎能埋头哭泣，发泄匹夫之情呢？"说罢，44 岁的张昭亲自扶着 18 岁的孙权上马，列队而出，这样总算是稳住了众人的心。

孙权年少，继承了孙家的"威猛"基因，喜欢骑马射虎。一次，一只老虎突然冲出，甚至扑到了孙权的马鞍上，张昭见后马上"变脸"，带着责备的口气说："将军身为人主，如何能干这样的事，一旦有个闪失，不怕天下耻笑吗？"孙权虽然谢罪，却并没有改。

后来又有一次，孙权在武昌的钓台宴请群臣，喝得大醉，命人用水泼洒群臣，还说："今日畅饮，只有醉堕台下，这泼水方能停止。"此时张昭面色凝重不语，径直离席回到自己的车中。孙权派人叫他，还传话说："今日不过是大家开心而已，您为何生气啊？"张昭回答说："过去纣王造酒池肉林，昼夜宴饮，当时也只觉得是图开心，并不认为那是恶行！"孙权听罢沉默，面露愧色，随即命人撤去酒席。

从这几件事，我们不难看出，张昭跟孙权的关系，更像是长辈和晚辈，而不是君臣。可孙权不是刘禅，张昭也不是诸葛亮，孙权的才干、见识，尤其是对事物的判断能力，并不在张昭之下，所以随着孙权年龄的增长，他自然越来越对张昭敬而远之。东吴黄龙元年（229），孙权称帝之后，任命的第一任丞相是孙邵。

孙邵虽说姓孙，却是北海人，也没有证据表明他是孙家的亲戚，甚至在《三国志》中连孙邵的传都没有。之所以有这个任命，除了孙邵曾担任过孔融的"北海相"，在士人中有点儿名气以外，想必这个人选更多的还是各方平衡的结果。

当初要选这个丞相时，大家根据资历、人望，一致举荐张昭。孙权安抚大家说："现在国家正值多事之秋，位高者事务繁剧，并非优待重臣的方法。"可等到孙邵去世，百官再次推举张昭，孙权又再次做了说明，这一次的理由还是，丞相这工作实在是太累太忙，张昭年纪已经大了，除此之外，孙权还说了一点——张昭为人性格太过强势，他说了什么，如果自己不照办，就会与张昭发生龃龉，这样对张昭来说实在不是好事儿。

孙权说的是实话，此时的孙权早已不是那个要靠张昭扶着才能上马的稚嫩少年，而是裂土而居的东吴大帝，以张昭的资历，一旦做了丞相，朝廷难免出现"政出多门"的局面。所以，孙权选择了太常顾雍，这位顾雍又是谁呢？

顾雍是吴郡吴县人，据说年轻时还跟随蔡邕学习过，是从县长、郡守这样的职务一路升上来的官，为人十分低调，据说他被孙权封侯后回家，家人都不知道这件事。同时，顾雍不喝酒——要知道孙权本人最爱喝酒，许多人都靠着陪酒巴结孙权，顾雍这一点足以说明，他是一个"另类之人"，且除了不嗜酒之外，顾雍话也不多，行为举止都可以称得上楷模，只要有顾雍在场的宴会，很多人就不敢多喝，孙权曾说，"顾公在坐，使人不乐"，这些品质基本上都和孙权"互补"，同时，更重要的，顾雍还是江东四大家族顾、陆、朱、张的代表人物。

孙坚虽说是吴郡人，但当年之所以投奔袁术，其中一个重要的原因就是江东士族看不起他，他年轻时想娶吴夫人为妻，但吴家人嫌弃孙坚"轻狡"，还是吴夫人自己"牺牲"，选择嫁给了孙坚。后来孙坚凭借战功做了长沙太守，正赶上董卓把持朝政，孙坚起兵讨伐董卓，顺便杀了两个人：一是向来轻视自己的荆州刺史王叡；二是没有供给军需的南阳太守张咨，从这件事我们可以推断，孙坚并没有什么家族背景，所以这些人也没拿孙坚当回事。可被杀这两人却不同，王叡出身琅琊王氏，张咨出身颍川张氏，二人一死，孙家从此落下了一个"杀士"的名声。

除了孙坚"杀士"的名声之外，孙策还曾经奉袁术之命攻打过庐江太守陆康，陆康是陆逊的祖父辈，也是江东士族的代表。等到孙策从袁术那告辞，在江东六郡占地盘的时候，江东士族可谓高度警惕，生怕孙策不顾一切，大杀四方。

可孙策对待江东士族还算是比较客气，采取的策略还是以拉拢为主，但同时，为了保证权力集中，孙策选择重用的都是跟随他父亲的旧部，比如程普、黄盖等人，以及更主要的"淮泗集团"成员——在军事方面，有周瑜、太史慈、蒋钦、周泰，等等，在文臣方面，则有张昭、张纮等人，这些人大多数都是孙策自己的班底，后来也都传给了孙权。

不过孙权继位之后，整个江东的形势发生了变化，面对"投降曹操"和"联刘抗曹"这两个选择。在周瑜、鲁肃等人的建议下，孙权选择了武力对抗曹操。关于抗曹，以张昭为首的一批人是反对的，后来孙权在登极为帝时，还曾半开玩笑地对张昭说："当初若听了先生之言，我还会有今天吗？"

但其实张昭所说的"降"，并不完全是周瑜所说的"战"的反义词。张昭主张投降的不是曹操，而是曹操所代表的东汉朝廷；而周瑜主张对抗的则是曹操手下的军队，换言之，张昭是政治家，负责判断仗该不该打；周瑜是统帅，研究战争能不能打赢。

对于张昭来说，与曹操开战，对手强大固然是投降的理由，但更重要的原因，则是曹操"挟天子以令诸侯"，贸然跟曹操开战，可能会承担非常大的政治风险，而且一旦战败，江东这伙人恐怕连立锥之地都没有了……可此时年轻的孙权在权衡利弊之后，选择与曹操决战，原因可能就像鲁肃说的——投降之后，张昭等人还是高官厚禄，而孙家几代人的家业，恐怕就要毁于一旦了。

所以也可以这样说，当孙权决定与曹操大军一决雌雄的时候，张昭和他所代表的那一套价值观就已经基本被抛弃了，而随着淮泗集团的人才渐渐凋零,"天下三分"的大趋势越来越明显,江东士族开始成为东吴朝堂上的主角,这已经是一股势不可当的时代洪流。

孙权与江东士人合作的方式就是联姻。不单他自己娶了步家的女子步夫人,还将兄长孙策的三个女儿分别嫁给了江东四大家族中的三家,其中孙策长女嫁给了顾雍的儿子顾邵;次女嫁给了陆逊,别忘了陆逊只比孙权小1岁而已;孙策的小女儿则嫁给了朱治的次子朱纪。后来步夫人生的女儿孙鲁育嫁给了朱据。

这样的联姻方式,加上对陆逊、顾雍、步骘等人的重用,说明此时的孙权已经把江东看成了自己的基本盘,稳住基本盘的方式,就是与江东士族进行深度合作,所以,张昭这些淮泗集团的士人,基本已经离开了中枢权力的核心。

事实上张昭也似乎有所察觉,所以在孙权称帝之后,张昭便以身体不好为由请辞,同时还交还了自己的兵权。孙权也改封张昭为辅吴将军、娄侯,让张昭享受"班亚三司"的待遇,但很明显,孙权不希望张昭从此彻底淡出朝堂。

后来辽东太守公孙渊派人渡海,表示愿意向孙权称臣,孙权大喜,想派人去册封公孙渊为燕王。此时张昭已经快80岁了,对此坚决反对,并对孙权谏言说,一旦公孙渊出尔反尔,转投魏国,必然会杀害我们的使者,到那时丢人就丢大了。

此刻的孙权正需要有人臣服自己,来满足自己皇帝的身份,因此和张昭爆发了激烈的争吵。最后孙权忍无可忍,以手按剑,对张昭说:"吴国士人入宫则拜孤,出宫则拜君,我对您更是尊敬有加,可您总是当众羞辱我,我真怕自己失了手!"听完孙权的话,张昭呆呆地望着这个曾被自己扶上马,此时也已经50多岁的东吴大帝,缓缓地说:"我知道您不愿采用我的意见,但太后临终之言如在昨日……"说罢,君臣二人相对而泣。可最终,孙权还是按原计划做了。

这次张昭可能是心灰意冷，回家后便称病不朝，孙权一气之下用土封了张昭的门，张昭不甘示弱，在门内也用土封住。可最后果然不出所料，公孙渊杀死了传旨之人，而等到孙权再去找张昭道歉时，张昭干脆拒不出门，孙权派人放火烧宅，但张昭就是不出来，孙权只好命人灭火，后来还是在儿子的搀扶下，张昭才见了孙权，孙权一再道歉，张昭只好再次参加朝会。

对于孙权来说，张昭是老臣，是跟随兄长创业的淮泗集团的代表，因此让张昭出来做事可以让那些淮泗集团的人看到自己重情重义。可同时，顾雍所代表的江东士族才是孙权得以立国称帝的中坚力量，所以丞相还是要由江东士族担任，况且丞相顾雍又是个难得的替孙权分忧的人选，孙权曾评价顾雍说：

顾君不言，言必有中。

顾雍说话一般都比较温和，但对于自己认为正确的事，总是坚持到底，而且顾雍还有个难得的特点——不喜欢对朝廷政事过多的评论，但不评论并非表示顾雍没有自己的想法，孙权一旦有事想跟顾雍商议，就派人去顾雍府上咨询，如果该人被顾雍留下吃饭，那就表示赞成；反之，如果顾雍默不作声，就表示保留自己的意见，而且事情成功了，顾雍都会将功劳归于孙权，如果失败，顾雍也能守口如瓶。这样的性格，实在是孙权这样的君主最需要的。

另外，对于孙权来说，最难以处理的便是"伐魏"的问题。自从秦汉统一以来，凡称帝者，一统天下几乎是标配，东吴明显没有能力也没有必要伐魏，可沿长江驻守的将军却都渴望立功受赏，因此经常有一些上书，内容无非是"认为魏国有机可乘，要求出战"云云，这些要求经常会让孙权陷入犹豫，军队要维护士兵的士气，可打了又没有什么实际的作用。因此，顾雍的态度十分重要，要有人替孙权说出不打的理由，对于这个问题，顾雍的回答堪称典范：

　　臣闻兵法戒于小利，此等所陈，欲邀功名而为其身，非为国也。
　　陛下宜禁制，苟不足以曜威损敌，年不宜听也。

这番话的道理，孙权未必不知道，却没法明说，顾雍这样做，解决了孙权很大的问题。

其实不管是张昭还是顾雍，孙权对待他们都很好，他们的儿子在他们活着时就封了侯，家族也都得到了应有的任用。至于张昭晚年不受重用，而顾雍却担任丞相19年有余，则基本可以认为是孙权和东吴政策转向的结果。团结江东士族，是东吴的基本国策，再加上经营水军与江防，目的已经很明确了，那就是守住江东，守住这得来不易的三分之一的天下。

至于魏国，恐怕只有等到它自己出问题，东吴和蜀汉才会有机会做点儿什么。

三、曹丕的遗产

就在张昭死的同一年，曹魏的司空、颍阴侯陈群也去世了。此时距离曹丕去世已经过了10年，而他留给曹叡的四位托孤老臣曹真、曹休、陈群、司马懿，现在已经只剩下了司马懿一人。

曹家跟刘备和孙权都不一样，由于曹魏地盘广大，人口众多，且占据的都是经济文化比较发达的地区，因此在曹魏的班底中，从来就不缺乏人才，但从曹操起兵开始，有一支力量始终是曹魏军中的核心，那就是曹氏和夏侯氏子弟。

其中的代表莫过于在《三国志》第九卷中的"八虎骑",分别是夏侯惇、夏侯渊、曹仁、曹纯、曹洪、曹休、曹真和夏侯尚。这其中前五位都和曹操平辈,后三位则与曹丕平辈,这些曹氏和夏侯氏的将领,由于和曹操同宗,所以备受重用。

曹操死后,曹丕接受了汉献帝的禅让,做了皇帝。这时的曹魏与东吴、蜀汉的边界很长,而且蜀汉在刘备去世后与东吴达成和解,两国动辄一齐出兵,所以曹魏不得不在一条很长的战线上同时防守两个国家。

三国展开激烈争夺的有三个主要战场,分别是曹魏与蜀汉的雍、凉二州战场;曹魏与东吴的荆州—豫州战场及扬州—徐州战场。蜀汉的军队以陆战为主,在诸葛亮的亲自指挥下,几乎每次都能攻陷城池;而东吴的水军沿着长江及其各个支流的水道四处骚扰,因此,这三地都得屯驻重兵,而且需要灵活应对,必须得是有能力且值得信赖的将领。

首先是和蜀汉的前线。建安二十四年(219),夏侯渊被黄忠斩杀死在阳平之后,曹操一度对西部的战场非常担心,这时的曹真临危受命,担任征蜀护军,和徐晃等人一起击败了刘备的手下大将高翔。后来曹丕继位,命曹真为镇西将军,都督雍凉诸军事,并赐爵东乡侯。

其次是与东吴争夺最为激烈的扬州—徐州一线。曹操去世后两个月,夏侯惇也去世了。曹丕封曹休为镇南将军,还亲自为曹休送行。曹休到任后,取得了一系列的战功,又被加封为征东将军、扬州牧。黄初三年(222),曹丕御驾亲征讨伐孙权,虽然整个战役失败了,但曹休表现突出,率领张辽,以及各地的杂牌军在洞浦奇袭孙权手下大将吕范,取得大胜,基本上守住了合肥东侧的长江防线。

再有就是襄阳和荆州的战场,襄阳这个地方历来被称为"天下之腰膂",地理位置十分重要。曹丕登基后,用夏侯尚做了荆州刺史,黄初三年,曹丕伐吴,夏侯尚率领荆州的军队与曹真配合,包围江陵。

与二人对峙的,正是东吴的"常败将军"诸葛瑾,夏侯尚趁夜用小舟装了油，烧毁了诸葛瑾的战船，同时水陆并进，击败了诸葛瑾，但由于主力曹仁所部在濡须口战败，加上夏侯尚军中暴发瘟疫，只好被迫撤军。但这次战役，让曹丕看到了夏侯尚的才能，于是将其晋封为荆州牧，并赐给斧钺，全权负责荆州一线的防务。

至此，曹家和夏侯家的三位优秀的二代将领组成了曹魏对蜀汉、东吴的三条防线，曹魏的军权和边防命脉都牢牢掌握在曹家的手中。但计划没有变化快，夏侯尚最先出了问题，而且是因为一个荒唐的原因。

从黄初三年（222）到黄初五年（224），两年左右的时间，夏侯尚对荆州的治理颇见成效。荆州这个地方是光武帝刘秀的老家，东汉建立以来一直是天下士族的"核心产地"之一，但自从东汉末年以来，由于连年征战，荆州早已破败不堪，魏、吴两国以汉水为界，百姓多数住在汉水以南的东吴一侧。夏侯尚管理荆州期间，前后有几千户百姓搬到了汉水以北，同时夏侯尚开发上庸以西的地区，还收服了许多山民，因此黄初五年，曹丕晋封夏侯尚为昌陵乡侯，意外也就在这个时候发生。

大约就在治理荆州期间，夏侯尚得到了一个小妾，很是喜爱，百般宠幸。这下就冷落了自己的夫人，本来这也没啥，但偏偏夏侯尚的夫人是个醋坛子，再加上是曹真的妹妹。曹丕听说这件事之后，就派人绞死了那个小妾，没想到夏侯尚竟然悲伤得重病不起，一蹶不振，甚至在小妾已经埋葬的情况下，还将尸身挖出来看。这些虽然让曹丕很不满，但毕竟是本家，曹丕也没说什么，可又过了一年多，夏侯尚竟然去世了。

黄初七年（226）五月，曹丕去世，夏侯尚的死应该在曹丕之前。得知曹丕去世的消息，孙权马上御驾亲征，攻击江夏郡。但由于江夏郡守文聘死守，加上孙权本身也没啥信心，东吴很快就撤军了。

不久，"送军功小天使"诸葛瑾再次率军攻击襄阳，这时司马懿率军迎战，大败诸葛瑾，同时斩杀东吴的将领张霸。这是司马懿率军打的第一场真正的战役，这场战争可谓是"刷战绩"的最高境界——兵力、兵种都占优势不说，对手竟然还是诸葛瑾。也就是在这一战之后，司马懿被刚继位的曹叡委以重任，以骠骑大将军的身份都督荆州、豫州诸军事，接管了原本属于曹家的军事大权。

从这时开始，司马懿成为曹丕称帝以来第一个率军独当一面的外姓大臣，曹家也终于在第三代统治者曹叡在位时迎来了最大的问题——人才凋零。可曹家的困局还不只是这些，在曹丕死后短短五年，曹休和曹真相继去世，曹家的子弟们到底没能享受像司马懿那样的高寿。

曹休死在太和二年（228），整件事起初是一个不起眼的计谋。孙权命鄱阳郡守周鲂找一个山越的首领，最好是曹魏也认识的，让其诈降，引诱曹休上钩，周鲂马上表示，啥山越首领，根本靠不住，这事还得是我亲自上。

于是，苦肉计上演，孙权不断派出官员到鄱阳湖明察暗访，周鲂假装害怕，自己给自己来了个"髡刑"——剃光头发，请求孙权宽赦，同时，周鲂还暗中给曹休写了多封投降书。曹休收到情报，同时又见到投降书，马上率步骑兵10万，准备去接应周鲂。

之所以曹休这么自信，重要的原因就是前一年东吴大将韩当的儿子韩综刚刚带着自己的家眷和私兵投降，曹休认为，这周鲂受辱必定与韩综一样，于是就向曹叡上书说明，曹叡接到消息后，命主管荆州的司马懿去攻江陵（今湖北省荆州市江陵县），豫州刺史贾逵进攻东关（今安徽省马鞍山市含山县），策应曹休的行动。

豫州刺史贾逵认为东关根本没有多少东吴的守军，说明大军应该都在皖城（今安徽省安庆市潜山市），曹休这样孤军深入，恐怕凶多吉少。贾逵这人还算不错，其实他跟曹休关系很不好，这次判断曹休有事，贾逵并没有袖手旁观，而是选择率军去接应曹休。

这一战的曹休犯了兵家大忌——轻敌，其实曹休出兵后不久就知道了这是个圈套，但在曹休看来，自己所率10万兵马，就算与孙权决战，应该也有几分胜算。于是曹休并没有调整，而是选择继续进军。

这时，东吴的大军已经在皖城集结，孙权也到了前线，亲自任命陆逊为大都督，并授之黄钺，同时任命朱桓和全琮担任左右都督，各率3万大军，共同等待决战。从这个兵力部署来看，孙权应该是把家底都掏了出来。

曹休大军行至石亭（今安徽省桐城一带），与吴军遭遇，陆逊亲统中军与曹休对战，朱桓和全琮则在两翼策应，曹休见打不赢，便退守石亭安营，没想到，晚上大军遭遇了"炸营"事件——"炸营"是指大军驻扎期间，士兵晚上做噩梦或者有人传谣造成的混乱。曹休的军队炸营，造成大军溃退，丢失了许多后勤给养。东吴军趁势进击，三路齐发，直接将曹休赶到了夹石（今安徽省淮南地区），还斩杀了许多魏军士兵。

这时正赶来的贾逵听说曹休战败的消息，对部下强调："曹休战败，现在正是危急存亡之时，以东吴现有的兵力，最远也就追到夹石。我们要是急行军赶到战场，东吴必定认为我们还有援兵，如果我们在此地待援，恐怕曹休就危险了。"说罢下令部队昼夜兼程，并在沿途布置旗鼓，壮大声势。东吴军见魏军有援兵，害怕被伏击，也就撤军了。贾逵赶到时，曹休的军队几乎断粮。

这件事之后，曹休可谓是颜面扫地，中计不说，还战败了，而且又是靠老对头贾逵的救援才得以脱险，便上书请罪，但曹叡此时应该是想团结皇族，所以并未治曹休的罪，曹休反而因此更加惭愧，几个月后竟然忧愤而死，曹休的继任者就是我们之前说的前将军满宠。

满宠这人很有见识，早在曹休进兵之时，满宠就上书指出，曹休此去，背湖面江，这样的地形，正是兵法所说的"挂"——《孙子兵法·地形篇》中说："挂形者，敌无备，出而胜之，敌若有备，出而不胜，难以返，不利。"意思就是，曹休此行如果无法速胜，恐怕没有退路。满宠认为大军只要到了无强口（今安徽省庐江县西侧），就应该提高警惕了。满宠的上书曹叡还没等批复，曹休已经在石亭战败了。

满宠守扬州守了10年，孙权拿他毫无办法，但遗憾的是，满宠依然不姓曹或夏侯，此时曹魏的三条防线，已经有两条任命了外姓大臣防守。2009年，在河南省洛阳市孟津县发现了曹休的墓葬，根据对其中男性各处骨骼的检测，确定曹休去世时，年龄应该在50岁左右。这个信息比较重要，根据三国志的记载推测，曹真的年龄应该比曹休小，可是曹休死后不到三年，曹真也病死了。

从公元223年刘备去世开始，到228年诸葛亮第一次伐魏，在这5年间，诸葛亮的重心有3个，一是修复与东吴的关系；二是整肃蜀汉的内政；三是征讨南方，蜀汉与曹魏之间并未有什么战事，所以曹真作为雍、凉地区的主将，一直在京城洛阳办公。

可当太和二年（228），诸葛亮第一次伐魏的时候，曹魏才发现，比起孙权的骚扰战术，蜀汉伐魏的声势要大得多。见蜀汉来势汹汹，曹叡命曹真都督关右诸军，在郿县（今陕西省宝鸡市眉县）驻守。

开始时曹魏没有防备，蜀汉大军一来，南安、天水、安定三郡就望风投降，曹叡派大将张郃在街亭大败马谡。这时，投降的三郡中，有个安定人叫杨条，趁混乱之际劫持地方官，占据了月支城（今宁夏回族自治区固原市隆德县），曹真率军包围月支城，杨条将自己捆绑，出城投降，再加上诸葛亮撤军，三郡得以平定。

但曹真认为诸葛亮定会卷土重来，便命郝昭驻守陈仓，以防蜀军偷袭。太和三年（229）春，诸葛亮果然进攻陈仓，郝昭早有防备，蜀军见占不到便宜，再加上粮尽，也只好退兵。后来由于曹休去世，太和四年（230），曹叡封曹真为大司马，值得一提的是，曹真原来的大将军一职，由司马懿接任，曹魏的武职中，最大的是大司马，其次便是大将军，而且二者的地位都在三公之上，也就是说，现在在曹魏的军中，司马懿已经不知不觉地成了2号人物。

成为大司马的曹真决定改变曹魏一贯的防守策略，主动出击，多路大军并进,希望能获得大胜。所谓"蜀道之难难于上青天,"要想进攻蜀汉,第一步便是跨越秦岭,当时从雍州出兵翻越秦岭主要有四条路,由西向东,分别是故道、褒斜道、傥骆道、子午道。

故道又称陈仓道,这条路是这一时期比较好走的一条路,地势相对平坦,但缺点是绕远,而且从散关出来,就要遇到一个比较难打的城市陈仓(今陕西省宝鸡市),陈仓位于关中平原西侧,比较适合骑兵作战,蜀汉军队马匹短缺,以步兵为主,在此野战风险实在太大,所以诸葛亮只攻了一次陈仓,因为郝昭死守,并没有攻下来,而魏军此次出兵,这条绕远的路压根没被考虑。

第二条是褒斜道,这条路是沿着武功水和堡水中间的斜谷进军,这条路的好处是近,但沿途地势险峻,有许多路都得走栈道,只要遇上天气问题,就会变得既危险又难走。这次伐蜀的1.0版本,就是曹真自己选择从这条路进军,但后来陈群认为粮草供应不上,所以曹叡没有同意。

第三条路是傥骆道,是沿着骆谷直达汉中东侧的成固县(今陕西省汉中市城固县)。这条路在秦岭主峰太白山东侧,沿途要翻越好几座山,路途难走,后来经过修缮经营,成为三国后期蜀汉和曹魏的重要战场。

第四条路就是魏延多次要求进军的子午道。这条路是几条路线中最为艰险的,好多地方的栈道都修在崖壁上,但这条路也是关中到汉中的快速通道。在第一次上书之后,曹真很快又上了一个2.0版,这次曹真决定从子午谷进军。陈群虽然又上书反对,但这一次曹真没有理会,直接命大军出发。

虽然大军几路出击,但主力肯定是从子午谷进军的曹真。除此之外,驻扎宛城的司马懿也被要求率军沿汉水逆流而上,从魏兴郡(今陕西省安康市及湖北省十堰市的郧阳区和郧县)向西进攻。诸葛亮得到消息,也将军队调集到赤坂和成固两地——这两个地方都在沔水沿岸,一方面可防荆州来的司马懿,另一方面也可以抵御子午谷曹真的大军。

但这一战根本没打起来，曹真和司马懿出兵后，秦岭地区连下了30多天大雨，导致子午谷的栈道损坏，道路中断，此时已经无法进军。这时，包括杨阜、王肃等一系列的官员都给曹叡上书，认为不宜继续伐蜀，所以曹叡顺着太尉华歆的建议，以"武王伐纣尚可中途而返"来自我解嘲，命令大军撤退。

太和五年（231），诸葛亮率军伐魏，这次大司马曹真患病，不久就去世了。虽然曹叡明白这其中的利害关系，没有加封司马懿做大司马，但是在具体事务中，司马懿无疑已经成为曹魏最能带兵独当一面的将领了。于是在第二年，诸葛亮进犯天水时，司马懿从荆州调防到了长安，都督雍、凉诸军事。

过了几年，荆州防线又来了一个将军，名叫王昶。王昶和王凌都是太原郡晋阳县人，当年与吕布合谋杀死董卓的司徒王允是王凌的叔叔，太原王氏在当时，乃至到两晋时期，都是显赫的家族。但在此时，更关键的是，这个王昶是司马懿推荐的。

到这里，我们可以回顾一下，曹丕当年给儿子设计的三大防线的人事安排，先以夏侯尚的意外身亡，而不得不交给司马懿，但此时还不要紧，因为荆州防线历来不是东吴最主要的进攻方向，几次战役对上的都是诸葛瑾，哪怕是陆逊来这里，都是作为牵制力量出现。

但从黄初七年（226）曹丕去世开始，到太和五年（231）曹真去世，不到6年的时间，曹魏两大托孤将领相继去世，曹休应该是50岁左右去世，而曹真则不到50岁，这样的形势，让曹叡不得不把四处作战的任务交给司马懿，而在军中，最能服人的便是"军功"，司马懿为朝廷东征西讨，等到曹叡去世的时候，司马懿几乎已经成了托孤辅政的不二人选。

而此时，统一的序幕已经逐渐拉开，一个曹操、曹丕都没有彻底解决的问题，浮出水面——辽东的公孙氏，自立为王了。

第二章

统一的前奏

统一的前夜：司马氏鲸吞三国

"辽东"原指辽河以东的地区，在战国时期，燕国在这里设置了五个郡，包括上谷、渔阳、右北平、辽西和辽东，其中辽东郡的治所在襄平，大概就在今天辽宁省辽阳市老城区的位置，后来秦和西汉，基本都延续了这个建制，只不过西汉初年分封异姓王时，辽东地区成为燕王卢绾的封地。

卢绾是刘邦的发小，在刘邦死后投降匈奴。就在这一时期，燕国人卫满越过浿水（今朝鲜清川江），进入到朝鲜。据《史记》记载，朝鲜政权是由商纣王的叔叔箕子建立的政权，史称"箕氏朝鲜"，当时的执政者叫箕准，收留了卫满，并接受卫满的请求，让其在朝鲜西部边界镇守，收络汉朝的散兵游勇。

几年之后，卫满招募了一支大军，攻占了王险城（今朝鲜首都平壤），驱逐了国王箕准，并且利用汉朝无暇东顾的机会，打着汉朝的旗号在朝鲜半岛北部扩张，成为这一地区的强国。

卫满死后，他的孙子卫右渠继位。这位国君对汉朝比较强硬，不光阻碍小国国君去长安朝见天子，还明确地拒绝了汉朝使臣的谈判，可此时的汉朝已经到了汉武帝时期，国力强盛，汉武帝直接两路派兵，楼船将军杨仆从海路出发，越过渤海湾；左将军荀彘走陆路，越过马訾水（今鸭绿江），进攻王险城。

虽说战事算不上顺利，但最终汉军还是灭掉了朝鲜。汉武帝下诏，在原来朝鲜的地盘上设置了四个新的郡，分别为：乐浪郡、临屯郡、玄菟郡、真番郡，这四个郡的具体位置在学界还存在一些争议，但总体上应该都在辽东郡以东。

东汉时期，行政区划发生了一些变化，汉安帝时，汉朝为了更好地管理辽河流域的少数民族，设置了辽东属国，位置在辽东和辽西两郡之间，除此之外，东汉还在朝鲜半岛北侧设置乐浪郡（治所在今朝鲜首都平壤市），在辽东郡以北，还设有玄菟郡（治所位于今辽宁省沈阳市东南），到了东汉末年，经过一系列的调整，辽东郡已经成为幽州地盘最大的郡。

一、北境往事

秦汉相交之际，漠北草原上出现了一位"鸣镝弑父"的冒顿单于，统一了匈奴各部，之后率军东进，将不断挑衅的东胡灭国。东胡的残部分为两支，一支留在了东胡原先的土地上，因其地位于乌桓山，所以这一支被称作乌桓（或乌丸）；而另一支退到鲜卑山的东胡人，也从此自称鲜卑。

西汉时期，匈奴强大，乌桓只有臣服于匈奴，而鲜卑则因为退到了更远的地方，在很长一段时间消失在中国典籍之中，后来汉武帝时期对匈奴连续作战，骠骑将军霍去病将乌桓迁到了幽州五郡（上古、渔阳、右北平、辽西、辽东），让他们为汉朝监视匈奴的动静。直到东汉初年，乌桓重新臣服于光武帝刘秀，鲜卑才再次与汉朝取得联系。

东汉初年，刘秀调整了王莽时期对少数民族的歧视性政策，乌桓基本上能与汉朝和睦相处，但随着窦宪北击匈奴，燕然勒功，匈奴的势力逐渐被赶出了辽河地区，再加上东汉内部动荡，乌桓和鲜卑逐渐占据了匈奴走后留下的地盘，开始和一些残余的匈奴势力彼此攻讦，并且时不时地寇掠边境。

东汉末年，随着东汉政权的多年内耗，乌桓势力逐渐坐大，趁着天下大乱，各路首领纷纷造反——辽西郡丘力居，有部众5000余帐；上谷郡难楼，有部众9000多帐，这两位都自称"王"；辽东属国的苏仆延，有

1000多帐，自称峭王；右北平的乌延，手下有800余帐，自称汗鲁王。后来，东汉的中山太守张纯投入丘力居麾下，自封"弥天安定王"，也正是在这一时期，这几郡的乌桓开始走向统一，因为乌桓各部主要位于辽西、辽东、右北平三郡，所以也被称作"三郡乌桓"。

丘力居死后，他的儿子楼班年幼，所以由丘力居的侄子蹋顿代替其为三郡乌桓的首领。这一时期，乌桓迎来了第一个机会——袁绍大战公孙瓒。正当双方激烈对峙时，蹋顿派人去请求与袁绍和亲，随后，三郡乌桓便派兵协助袁绍，击败了公孙瓒。

击败了公孙瓒的袁绍，一人独占幽、冀、青、并四州之地，成为当时最强的军阀。因此袁绍投桃报李，伪造皇帝诏令，封赏了前面说的"乌桓四王"，还以皇帝之名授予了蹋顿等几人"单于"的印绶。后来，乌桓内部讨论，几位首领公推楼班为单于，同时蹋顿则成为实际掌权的"乌桓王"。

袁绍此时的注意力并不在北方，所以对于乌桓基本采取了能安抚则安抚的态度。有个叫阎柔的广阳人，年轻时就在乌桓和鲜卑的地盘上混，后来借鲜卑人之手，杀了辽东的护乌桓校尉，此时正值官渡之战前夕，袁绍也无暇北顾，只能对阎柔好言相劝，让他稳住自己后方的乌桓和鲜卑。

建安五年（200），官渡之战爆发，阎柔派人联系，并表示支持曹操，因此被曹操封为护乌桓校尉，不久曹操击败袁绍，阎柔更是献上名马归附。袁绍死后，袁绍的长子袁谭和三子袁尚争位，后来都被曹操击败。建安十年（205），曹操攻下南皮（今河北省沧州市南皮县），平定河北，袁谭战死，袁尚和二哥袁熙逃往辽西，投靠了乌桓王蹋顿。

接下来的两年，曹操没有率军北进，而是选择先平定了并州。建安十二年（207），曹操向位于河北北部的三郡乌桓发动了攻击。其实当时曹操的选择还是有两个，第一是先去打荆州，许多将领害怕在曹操北征乌桓之际，背后被刘表偷袭。

关键时刻，郭嘉为曹操分析，他认为刘备的才能高过刘表，刘表担心自己无法控制刘备，所以根本不会重用他。所以还是应该选择先打乌桓，因为袁家哥俩看似丧家之犬，但汝南袁氏的威名还在，一旦二人振臂一呼，原来袁绍的四州之地又会产生许多麻烦。最终，曹操还是选择接受了郭嘉的建议。

事实上郭嘉的建议十分正确，因为乌桓在之前趁着天下大乱之际，已经陆续抢掠了许多人口，据说有十多万户，而蹋顿也受过袁家的许多好处，此时正打算帮助袁尚恢复势力。

虽说郭嘉建议曹操先打乌桓，但郭嘉也在大军抵达易县（今河北省保定市雄县西北）时，告诫曹操，大军远征，务必要速战速决，这一点也是后来司马懿征辽东时采取的战略。

大军进抵无终县（今天津市蓟州区），正值盛夏，天降大雨，沿海的地方道路泥泞不堪，根本无法行军，这时无终隐士田畴认为，曹操应该佯装班师，再向西走卢龙口（今河北省唐山市一带），从白檀（今河北省承德市滦平县）进军，然后再向东直取柳城（今辽宁省朝阳市），曹操采纳了田畴的建议，而乌桓的斥候果然回报蹋顿，认为曹军已经撤退。

等到蹋顿等人再次发现曹操的军队时，双方距离已经不足200里。蹋顿还算冷静，率领袁熙、袁尚以及辽西郡单于楼班、右北平郡的能臣抵之等人迎战。八月，双方在白狼山（今辽宁省朝阳市喀喇沁左翼蒙古族自治县）遭遇，此时曹军按郭嘉的建议，轻装简从，只有为数不多的战士披了甲，仓促之间士卒都非常恐慌。但曹操登高观察后，发现乌桓军队人数虽多，但队形散乱，于是曹操派张辽为先锋，曹纯、张郃等众将配合，与乌桓展开决战。

曹操手下将领无不奋勇争先，乌桓联军不能抵挡。张辽在阵前击斩了敌军首领蹋顿，俘虏了20多万人。袁尚、袁熙以及原辽东属国的单于苏仆延，一起去投靠了辽东太守公孙康。

这时有人建议曹操应该直接去打辽东，但曹操认为这样做只会让这些人联合起来，于是干脆撤军，不久，公孙康果然将袁熙、袁尚及苏仆延的人头送到了曹操帐下。后来曹操将幽州、并州的许多乌桓部落都迁往中原，并选出精锐，组建了乌桓骑兵，为曹操作战。

曹操北征乌桓这一战，标志着其完成了北方的统一，虽然在建安二十二年（217），乌桓曾经联合鲜卑，有过一次叛乱，但也很快就被曹彰平定，至此，乌桓的势力几乎消亡，幽州地区只剩下辽东郡的公孙氏政权。

自从战国时期的燕国经营辽东以来，整个辽东半岛基本上就纳入了中原王朝的版图，但实际上除了之前提到的几次战争之外，辽东郡一直是中央王朝的边缘地带。究其原因一是人口稀少，二是少数民族众多，三则是气候恶劣，曹操之所以不打辽东，除了不想刺激公孙康之外，可能也害怕刘表或孙权在南方偷袭，抑或者就是因为辽东这个地方的价值实在不高。

此时占据了辽东郡的公孙氏家族跟之前在冀州的公孙瓒并无联系，这一支公孙氏是辽东郡襄平县（今辽宁省辽阳市）人，闯出名堂的人名叫公孙度。

公孙度最初做官时在玄菟郡，玄菟郡本来设在朝鲜半岛的北部，但在东汉时期，已经调整到了辽河中游地区，主要包括今天的沈阳、铁岭、抚顺几个地方，之所以到这里，是因为公孙度的父亲犯了罪。

当时的玄菟太守叫公孙琙，他的儿子公孙豹18岁就去世了，公孙度小时候也叫公孙豹，而且和太守的儿子年龄相仿，又恰巧同姓，因此，公孙度得以在太守的资助下求学娶妻，后来官至冀州刺史，不过后来被免职了。

中平六年（189），汉灵帝驾崩，大将军何进与宦官集团火并，双方几乎同归于尽。董卓趁机入京，掌握朝政，其部将徐荣向董卓举荐自己的老乡公孙度，结果董卓借皇帝名义，封公孙度为辽东太守，所以从这个角度说，公孙家也算是汉家臣子。

不过在当时，一切都讲究门第出身，公孙度出身寒微，辽东郡的人都看不起他。襄平县令公孙昭曾经让公孙度的儿子公孙康去做伍长，伍长管5个人，是古代军中最低的官职了，公孙度认为这是对自己的侮辱，因此在他成为郡守后，直接将公孙昭在襄平的闹市上鞭笞而死。整个辽东郡被公孙度以各种罪名杀死的有100多户，就这样，公孙度用杀戮树立了自己的权威。

初平元年（190），提拔他的董卓已经引起公愤，各路诸侯纷纷起兵讨董，公孙度看到中原大乱，就找来自己的近臣柳毅、阳仪等人商议，公孙度认为，汉室衰微，天命断绝，正是自己建立帝王功业的时机。

也恰在此时，襄平县的一座祭祀土神的庙里长出一块大石头，下面还有三个小石头为足。有人连忙对公孙度解释，说这是祥瑞，当年汉宣帝登基时，就有"巨石自立"的祥瑞出现，石头出自土神庙，说明您应有土地，而那三足，正是"三公为辅"之意。公孙度听罢非常高兴。

这种祥瑞的故事在两汉时期颇为流行，但公孙度作为一个小小的辽东太守，这样做难免会让人鄙视。襄平郡有位名士，名叫李敏，对公孙度的一系列行为颇为不齿，但又害怕被公孙度迫害，就直接领家眷出海，搬到了海岛上生活。公孙度闻听大怒，直接挖了李敏父亲的坟头，开棺烧尸，并将李敏的同族人都杀了。

扫清内部障碍的公孙度又率军与周边的少数民族高句丽、乌桓等部作战，打下了一些地盘。于是公孙度将辽东分为辽西、中辽两郡，设立平州，并自封为辽东侯、平州牧，同时还为汉高祖刘邦、世祖光武帝刘秀建立了祭庙。

公孙度自己弄了一套天子的仪仗，包括车马、冕旒，等等，出行时羽林军开道，祭祀天地，俨然一副天子的做派，不过此时"挟天子以令诸侯"的曹操自顾不暇，于是便作了个顺水人情，上表推荐公孙度为武威将军、永宁侯，公孙家也开始了在辽东长达半个世纪的统治。

不过公孙度虽然表面上接受了曹操的封赏，却对周围人说："我现在在辽东称王，还何谈什么永宁侯呢！"说罢还将永宁侯的印绶全部藏了起来。建安九年（204），公孙度去世，他的儿子公孙康继位，就把永宁侯这个爵位封给了弟弟公孙恭。

公孙康在辽东的统治大概持续了十几年，除了斩杀袁熙、袁尚之外，公孙康还持续对周围用兵，以反击周边少数民族对辽东的骚扰。

建安十四年（209），公孙康出兵进攻高句丽。东汉末年，高句丽多次袭扰辽东，但只要辽东或者玄菟一出兵，高句丽就投降，此次公孙康直接攻占了高句丽的都城，焚烧了高句丽的村寨。高句丽国王伊夷模的哥哥拔奇率众投降，伊夷模则另建新都——丸都城（今吉林省集安市丸都山）。

除此之外，公孙康还在乐浪郡屯有县（今朝鲜黄海北道黄州）以南设置带方郡（包括今朝鲜京畿道以及忠清道等地），派手下公孙模、张敞等将领驻守，安抚流民，讨伐朝鲜半岛南部的韩、濊等势力，稳定局面。至此，公孙氏政权的势力达到顶峰，下辖辽东、中辽、辽西、玄菟、乐浪、带方六郡，还包括山东东莱诸县，成为近乎独立于三国之外的政权。

与公孙氏政权隔辽河相望的辽西地区，此时情况又发生了变化。当初护乌桓校尉阎柔手下的一个鲜卑将领轲比能逐渐坐大，成为漠南最为强大的鲜卑首领。

据说轲比能出身于一个很小的部落，三郡乌桓被曹操击败后，其故土逐渐被与乌桓同属东胡后裔的鲜卑人逐渐占领。建安二十三年（218），代郡以北的乌桓首领无臣氐要求归附一位鲜卑首领扶罗韩，扶罗韩率军前去迎接，可这时无臣氐反悔，又联系轲比能，于是轲比能率军来接应，之后在宴会上，轲比能杀了扶罗韩，将扶罗韩的儿子泄归泥及其部众收编，几个月后，轲比能等人被曹彰、田豫的大军击败，逃往塞外。

黄初三年（222），鲜卑爆发内斗，轲比能与东部鲜卑的首领素利、扶罗韩的弟弟步度根互相争斗，此时的护乌桓校尉正是名将田豫，田豫担心鲜卑人一旦兼并统一，会成为祸患，便出兵与轲比能作战，并将其击败。

而步度根与轲比能作战，也是力有不逮，于是只好采取攻心战术，游说之前归附轲比能的泄归泥，对其陈述利害，指明轲比能乃是泄归泥的杀父仇人，于是泄归泥率众南下，与步度根一起，投降了曹魏。

此时的轲比能对护乌桓校尉田豫非常不满，觉得其多次和自己作对，就起了谋反之心，曹丕派田豫安抚他，以示朝廷重视，没想到这一下让轲比能势力壮大。太和七年（233）轲比能又煽动步度根归附自己，此时的魏明帝曹叡直接派骁骑将军秦朗率军讨伐，轲比能战败，逃往漠北，步度根也被轲比能杀掉，而泄归泥则率领部众再次降魏。

青龙三年（235），曹魏的幽州刺史王雄派人将轲比能刺杀，至此，鲜卑各部开始分裂，并且互相攻击，而往往比较弱小的部落会选择南下依附曹魏，而比较强的部落则选择继续向远离曹魏的更北方前进，至此，并州、幽州北部，一直到辽河以西的边境，都得以恢复安宁。

可就在这一时期，辽东公孙氏的政权发生了政变，公孙氏的第四代首领公孙渊竟然选择自立为燕王，这让曹魏不得不放弃过去安抚为主的政策，选择进兵清剿，这也拉开了天下一统的序幕。

二、公孙渊自立

公孙康何时去世，史书上并没有明确的记载，但至少在曹操活着的时候，他应该就已不在了。因为在曹丕登基之后，派使者册封的，已经是公孙康的弟弟公孙恭了，曹丕封他为车骑将军、平郭侯，并赐予符节，同时，还追赠公孙康为大司马，此时曹丕称帝，正是各方蠢蠢欲动之时，所以，曹丕显然不希望辽东出什么问题。

公孙恭之所以能当上这个首领，是因为当时公孙康的儿子公孙晃和公孙渊都还年幼，众人也因此立公孙康的弟弟继位。不过公孙恭有个致命的问题，那就是身体虚弱，史书上说他身体有缺陷，像宦官一样（"阴消为阉人"——《三国志》），因此不能治国，所以在太和二年（228），公孙渊发动政变，代替了叔叔公孙恭，汉明帝曹叡也非常配合，直接任命公孙渊为扬烈将军、辽东太守。

其实曹魏政权中有人指出了这一点，侍中刘晔就为曹叡分析了一番，大体的意思就是公孙氏在辽东自己玩起世袭，如果不及时处置，会有后患，应该趁他刚继位，直接派军进剿，出其不意，辽东可定。不过曹叡显然认为南方的吴国威胁最大，没有同意。

随着太和三年（229）孙权称帝，三国三皇帝的政治局面形成，当时的天下除了四境的一些少数民族政权之外，就只剩下辽东的公孙渊，是三国以外的政权，这对于公孙渊来说，也是一个非常大的考验。

公孙渊所占据的地盘，整体上全在古辽河以东，当时的辽河与今天的辽河不完全在一条河道上，在当时辽河的西岸有大面积的沼泽地区，称作辽泽，根本无法行军，加上辽东地区冬季酷寒，要去征讨必须要赶在夏、秋两季的窗口期，曹魏的大军都在南方的三个战场，就算从洛阳出发，抵达辽东也要3000多里，所以征讨辽东是一件非常麻烦的事情，这也是公孙氏政权得以存在的重要原因。

但话又说回来，这样的地理条件，加上辽东人口本就稀少，所以公孙渊被困在辽东，也很难出去。此时天下三位皇帝，各有势力，公孙渊就产生了在几位皇帝中体验一次合纵连横的想法，目的无非就是试探一下，让对方册封，换点好处，蜀汉太远，道路不通，但去东吴可以走水路，况且东吴跟公孙渊还有些渊源。

太和六年（232），东吴曾派将军周贺和校尉裴潜去辽东买马，这个校尉裴潜和曹魏的那位出身河东裴氏的裴潜并无关系，历史上对其也没有更多的记载，所以买马的校尉叫"赔钱"，只是一个巧合而已。

眼看着东吴和辽东眉来眼去，曹叡觉得公孙渊已经有了不臣之心，便下令讨伐。曹叡的派兵是这样的，汝南太守田豫率青州诸军走海路，幽州刺史王雄走陆路，两路大军在辽东会师。

这样派兵看似合理，实则荒唐，因为派兵之时已经是农历九月，海上已经起了大风，而且即使最终到了辽东，也早已是天寒地冻，更不要说王雄那一路还要穿过辽泽了。而且此时征辽东，在时机上也不对，三朝老臣蒋济就曾劝曹叡，所谓"豺狼当道，安问狐狸"，公孙渊对曹叡没有威胁，多年来对我们又算是恭敬，即使打下了辽东，也得不到啥好处，可一旦失败，仇可就结下了。所以，最后权衡之下，曹叡便命令正在青州备战的田豫原地解散。

可是大军已经集结，田豫决定还是小试身手。于是他将目标瞄准了东吴买马的船队。田豫算着这伙人应该快要回来了，现在正值初冬，海上风高浪急，东吴船只应该是从辽东出发，横渡渤海海峡，之后再向东，沿着海岸线回到扬州。这个路线必然经过成山（今山东半岛成山角），于是田豫便在此设伏。

成山这个地方今天被一些人称作"中国的好望角"，常有大雾，风浪也急。周贺的船队中途抵达时正好遇上大风，许多船只触山沉没，船上的人逃上岸之后被田豫俘虏。本来诸将都认为田豫这是守株待兔，并不相信田豫能有啥战果。现在田豫抓了这么多人，众将又纷纷来找田豫"商议军情"，还有些人见东吴的船队离岸边不远，纷纷准备下海去把船钩回来——之所以曹魏的将领要去夺船，是因为对于曹魏的人来说，战船属于"黑科技"，曹魏自己造的船说沉就沉，缺船比东吴缺马还厉害。但田豫担心把这些东吴人逼急了，也就没有下令追击。

这一战东吴的主将周贺阵亡，校尉裴潜侥幸得脱，回去给孙权报信，孙权也只能哑巴吃黄连，东吴组建骑兵的梦想，直到国家灭亡，也没能实现。

不过这次接触让公孙渊产生了"干一票"的想法。转过年来，他派校尉宿舒、郎中令孙综前往东吴的都城建业（今江苏省南京市）朝见孙权，还呈上奏章，以"臣"自称，孙权大喜，竟然还宣布"大赦"。

这件事一看就知道是个投机行为，先不说一个辽东太守派来的人中竟然有九卿之一的"郎中令"，就说这辽东远在天涯海角，跟东吴都不接壤，一旦曹魏讨伐，东吴拿啥去救。但孙权不这样想，现在天下三个皇帝，只有吴蜀之间相互承认，这公孙渊虽然不是什么大人物，但毕竟也算一方诸侯，对自己如此恭敬，实在是让孙权很受用，于是决定派人去册封公孙渊。

公孙渊这种行为其实非常危险。因为他讨好东吴无非是两种结果，东吴不理他，那就是自取其辱；可一旦东吴册封他，那必然要比原来曹魏的封号高一等，这样无疑打破了公孙家几代人营造的固守辽东的"人设"，会招来曹魏的报复。

其实公孙渊自己也糊涂，因为这段时间辽东出了很多怪事：先是公孙渊家里有一条狗戴上了头巾，还穿了红色的衣服上了房顶；做饭时，不知为何有小孩被蒸死在锅里；后来襄平的北街上长出了一块肉，据说有头有眼睛，虽然没有手脚，但能自己动弹。公孙渊找人占卜，卜辞说："有形不成，有体无声，其国灭亡"。

就在公孙渊派人去东吴不久，孙权的使者便来了，这次来的还不是一般人，是东吴的太常张弥、执金吾许晏及将军贺达，太常是九卿之一，执金吾位同九卿，而将军贺达则是东吴名将贺齐的儿子，随行的还有多达上万人的舰队，以及东吴用来册封公孙渊的金银财宝。

孙权这么做其实在东吴国内是有很多人反对的，包括一向稳重的丞相顾雍，大家反对的原因也很简单——公孙渊这人根本不可信，如果非要册封，派个小官，少带些人，弄些礼物，送公孙渊手下那俩人回去就可以了。如果太隆重，公孙渊一旦翻脸，杀了我们东吴的人向曹魏示好，恐怕我们的人就有去无回了，前面我们也说了，孙权和张昭因为这件事几乎拔刀相向，但最终也没有改变孙权的主意。

就在东吴派来使臣册封公孙渊后不久，公孙渊的邻居鲜卑发生了大事，鲜卑最大的首领轲比能被秦朗击败，率众远走漠北，这下曹魏北方最大的目标只剩下公孙渊一个了。

本来公孙渊讨好东吴可能只是为了骗点金银宝贝，没想到孙权动了真格的，竟封他做燕王，这要是接受了，性质可就变了，而战端一开，吴国地处江东，与自己远隔山海，如何能救啊，想到这，公孙渊倒也干脆，直接来了个黑吃黑，把张弥、许宴等人斩首，将首级送到了曹叡殿下，而孙权的财宝、人马、船队，则全数姓了公孙。

这样做对公孙渊着实不是个好事，一方面得罪了东吴；另一方面，虽然对于这几颗人头，曹魏也做出了回应，加封公孙渊为大司马，封乐浪公，但曹魏的许多人也看到，辽东公孙渊是个首鼠两端之辈。

至于孙权，更是猪八戒照镜子——里外不是人，朝臣那么劝他，他一意孤行，最终几位重臣悉数丧命，这下孙权大怒，骂道："我活了半辈子，没想到今日被鼠辈玩弄！"说着非要集结军队，渡海与公孙渊决战不可。后来陆逊、尚书仆射薛综、选曹尚书陆瑁接连上书，把孙权这辈子的功业夸了一遍，并力陈征辽东百害而无一利，等孙权气消了，也知道征辽东不现实，这才恨恨作罢。

这件事还有个插曲。东吴去辽东的有上万人，公孙渊在杀掉东吴使者前就把这伙人分散安置在辽东各处，有60人被安排在玄菟郡（今辽宁省沈阳市附近），其中有几人分别叫秦旦、张群、杜德、黄强，玄菟郡郡守所在的地方，这时只有200户左右，所以这60人还不能在一起，只好被分散到军民家中，由百姓管吃管住。

待了40多天，几人聚在一起商议，大家一致认为，玄菟郡郡城防御薄弱，我们如果起事，也不是没有可能成功。于是几人商议，在八月十九日夜间发动叛乱。

到了约定起事的这天中午，郡守王赞收到居民告密，便马上集合部队，关闭城门。秦旦等几人见势不好，就跳墙逃走。这几人中张群腿上有伤，由杜德搀扶，众人跋山涉水，跑出几百里，张群终于支撑不住了，几人商议之后，杜德留下陪着张群，二人靠采野果度日，好在八月的辽东，还不算太冷。

不知是几人计划好的，还是秦旦、黄强误打误撞，这两人一路向东，竟到达了高句丽的丸都城（今吉林省集安市）。于是二人直接去拜见高句丽王高位宫，说自己是东吴特使，奉旨前来赏赐高句丽王，不过路上被公孙渊抢劫，此番特来说明情况。

高句丽这个政权一直受到公孙氏打击，高位宫听说后非常高兴，不光派人去接回了张群和杜德，还向孙权进贡貂皮若干，以示臣服。同时，赠送秦旦等人奴仆25人，并送几人回到东吴。孙权被几人的智谋和勇气感动，封他们做了校尉。

这个插曲至少说明了两个问题，第一是公孙渊实力不强，玄菟郡距离襄平城不过200里，居然郡守所在地只有200户人家，可见辽东人口兵力其实都不算多；第二是位于公孙渊东侧的高句丽是公孙氏的敌人，后来司马懿灭辽东时，高句丽还出了兵，所以，公孙渊政权的腹地很小，一旦失败，要跑也得往朝鲜半岛的方向逃亡。可公孙渊却没有意识到危险的临近，反而野心越来越大。

此后几年，中原各国经历了比较大的动荡，诸葛亮、张昭等人去世，曹魏与两国摩擦不断，所以并没有多少精力顾及辽东。而公孙渊则表现得越来越膨胀，经常在他的宾客面前诋毁曹叡。虽说曹叡这几年确实喜欢盖宫殿，生活也比较糜烂，但公孙渊毕竟是臣子，这样说终究还是会招来祸端。

果然，景初二年（238），曹叡决定出兵攻打公孙渊，于是曹叡改命荆州刺史毌丘俭为幽州刺史，后来又加封其为度辽将军、护乌桓校尉。这三个官职可以说是幽州最大的且有实权的三个职务，现在由毌丘俭一人担任，除了曹叡信任以外，也可以看出这次曹魏是动了真格的了。

可任命时夏天已经过去了，如果再调集大军，必然错过窗口期，于是毌丘俭上书曹叡，建议就地用幽州的军队去讨伐公孙渊。当时就有人反对，光禄大夫卫臻认为，毌丘俭想凭借幽州的孤军，去讨伐公孙氏已经经营了几代人的辽东，还说什么早上到达，晚上就可获胜，完全是吹牛罢了。归根结底还是那三条：不好打、没必要、不值得。不过这次曹叡没听，还是命大军出击。

就这样，毌丘俭率幽州的军队，同时还征调了鲜卑、乌桓的人马，进军到辽东西侧的辽隧（今辽宁省鞍山海城市西北方）。大军驻扎后，毌丘俭先派人传达曹叡的诏书。命公孙渊前往洛阳晋见天子。

公孙渊听到诏令后，旋即造反，命辽东军在辽隧迎战。辽隧这个地方在古辽河的东岸，小辽水（今太子河）的西岸，是从辽西走廊出来，进入辽东半岛的门户，古辽河的西侧是一段长达200里的沼泽区，如果不从辽隧通过，大军就要绕行望平（今辽宁省沈阳新民市前当堡镇大古城子村），要多走几百公里，所以辽隧一战不可避免。

这时辽东的气候开始帮忙。大雨连下十多天，辽河水位暴涨，魏军战事又不顺利，所以毌丘俭退回右北平郡郡城（今河北省承德市平泉市）。

这次小小的胜利似乎点燃了公孙渊压抑已久的野心，他随即选择撕破脸，直接宣布自立为燕王，建年号为绍汉，大封百官，同时还给周围的鲜卑部落送去"单于"印信，以示册封，并联合这些鲜卑人一同侵扰曹魏的北方边境。

至此，公孙渊的行为已经没有了回头路，而等待他的则是比毌丘俭更高阶的将军，和更为强大的曹魏军队。

三、司马懿征辽东

景初二年（238），在连续经历了毛皇后和高堂隆去世之后，曹叡决定彻底解决辽东问题，这一次他的选择，是曹魏战斗力最强的"雍凉兵团"的主帅——司马懿。而且这次他也没有让幽州的军队出战，而是在洛阳集结了4万大军。

4万人不是个小数目，不可能一下凑齐，所以大概从毌丘俭撤军时就已经开始行动了。这件事还引起了许多朝臣的反对，主流的观点是认为4万人太多，军费开支繁巨。但曹叡坚持认为，辽东路途遥远，从洛阳出发到襄平，距离长达4000里（实际3000多里，不知当时走的什么路线），打仗虽说要出奇制胜，但也得有军力做支撑，不能计较钱的事情。

公孙渊刚刚自立，曹叡就将司马懿从长安调回，并对他说："此时本不足以让您出战，但朕认为此一战必须获胜，所以也只好让将军出马。"司马懿这一年已经年近花甲，曹叡也确实要客气一下，随后曹叡问司马懿，公孙渊会怎么做？

司马懿认为公孙渊有上中下三策，放弃襄平城，率军先走，这是上策；在辽东西界布置防守，誓死顽抗，此为中策；困守辽东襄平孤城，坐以待毙，此为下策。

曹叡又问公孙渊会如何选择？司马懿再回答，若选上策，就得对敌我双方的态势有明确的认识，这需要大智慧，公孙渊没有这个能力。而且我们大军远征，他一定认为我们粮草不足，不可能持久作战，所以我判断，公孙渊必走中策，一旦辽河防线被突破，公孙渊就会行下策，困守襄平。

曹叡再问征辽东需要多久，司马懿回答，进百日，战百日，返百日，加上60日休息，应该不会超过一年。曹叡拍板同意。

这里要说一下，陈寿的《三国志》成书于西晋，因此书中并没有收录司马懿的传记，而《晋书》是唐代房玄龄等人编纂的，关于司马懿的上述记载主要参考了干宝的《晋纪》，干宝在东晋担任著作郎，受王导举荐编修国史，因此对于司马懿有许多美化。

纵观司马懿一生的作战，可以说他是一个优秀的战略家，对于战争该不该打，采取何种策略，司马懿都非常清晰而坚定，但司马懿并非领兵冲杀的将领，他并不擅长根据战场的形势应变。

比如这其中提到的上策，实际是不可能的。上文说过，东边、北边的高句丽，南边朝鲜半岛的"三韩"，都跟公孙氏有仇，西边是辽河和200里辽泽，公孙渊根本没有地方跑。况且前文说到，离襄平不过200里的玄菟郡城，人口只有200户，辽东的资源分布可见一斑，所以公孙渊无论如何不可能放弃襄平，所以也就不存在这个所谓的上策。至于先走中策，后选下策，几乎是公孙渊必然的选择。

从后边的具体作战情况来看，司马懿的策略应该就是根据毌丘俭失败的那一次军报制定的，策略也非常明晰：第一要抓住夏秋时期的窗口期，要早出发，并尽快赶到辽东，毌丘俭出兵时已经农历八月了，之前，田豫、王雄受命出兵时更是到了九月，这时冬季来临，辽东半岛已经无法作战，所以冬季来临之前，必须结束战争，不然恐怕就是有去无回，所以才有司马懿告诉曹叡这个"一年可平"的说法。

第二个要面对的就是200里辽泽，要么需要突破辽隧防线——这显然是比较难的，要么就绕道望平，从玄菟郡进攻。这个其实也不难抉择，辽隧试探一下，不行就只能绕开。

第三个要解决的问题，就是毌丘俭及之前的田豫、王雄都见识过的大雨，农历七八月，辽东地区会有连绵的大雨，时间可长可短，这一点从汉朝到唐朝，所有征讨辽东、朝鲜的军队都必须面对，如果撤军，则前功尽弃，所以，大军必须多带粮草，抗过雨季，才会在冬季来临之前，有歼敌的机会。

统一的前夜：司马氏鲸吞三国

但这最后一点，需要统治者扛住朝廷上大家要求退兵的压力，所以曹叡必须对征辽东的统帅有足够的信心才行，这也是曹叡征调司马懿的原因之一。

景初二年（238）初，司马懿率牛金、胡遵及步骑兵4万人从洛阳出发。曹叡亲自送出城门，并下诏命司马懿的弟弟司马孚、长子司马师送司马懿过温县（今河南省焦作市温县西）——温县是司马懿的故乡，年近六旬的司马懿在家乡见了很多故旧亲朋，停留了几日，临行时司马懿有感而发，写下了一首诗：

> 天地开辟，日月重光。
> 遭遇际会，毕力遐方。
> 将扫群秽，还过故乡。
> 肃清万里，总齐八荒。
> 告成归老，待罪舞阳。

这首诗可谓意味深长，开篇就歌颂了曹魏开辟的伟大时代，中间还表达了自己为国征战、扫平辽东的决心。尤为重要的是，司马懿在结尾表达了自己无意恋栈权位，想要回家养老的意愿，之所以"待罪舞阳"，是因为此时司马懿的爵位是舞阳侯。看来司马懿已经敏锐地感觉到，曹叡对自己隐隐的担忧。

另一方面，公孙渊在辽东得到消息后，也知道自己捅了马蜂窝，仔细一想，能求助的也只有孙权。于是公孙渊决定先把脸面的事抛在脑后，又玩起了上次的把戏，派人出使东吴称"臣"，希望东吴能出手救援。

孙权本想直接杀掉公孙渊的使者，为此前的事情报仇。这时曾做过太子孙登门客的羊衜出来说："臣以为不妥，陛下杀了辽东使者，不过是泄小人之愤。殊不知错过了成就霸业的良机。我们应该趁此机会，选一个得力之人，率军去逼迫公孙渊归附我们，如果曹魏的军队被公孙渊击退，那我们前往救援之恩，一定会在天下传扬；如果公孙渊与曹魏纠缠，辽东必然空虚，我们可派人在辽东边陲掳掠一番，以此来报当年之仇，也算是一雪前耻。"

这其实不过是个趁火打劫的馊主意，但孙权听了仍然非常高兴，毕竟如此既解了气，又能捞些好处。于是说干就干，孙权下令先送公孙渊使臣返回，并写信给公孙渊，告诉他等等，自己马上就发兵，"必与弟同休戚，共存亡"，哪怕中原失守，也在所不惜。同时，孙权还在信尾"调皮"地加了一句："司马懿所向无前，深为弟忧也。"

曹叡也担忧过公孙渊会与东吴联合，现在东吴将会派兵的情报传来，曹叡便就此事询问护军将军蒋济。

蒋济认为，孙权要帮公孙渊，得有好处，我们此次大军出击，东吴不可能得到什么利益。如果派大军深入辽东，东吴没那个实力，反之如果只停留在边境上，势必白跑一趟。这个局面就算是亲兄弟，孙权也不会出兵，何况这公孙渊与东吴还有矛盾。所以，东吴放出要出兵的消息，就是为了敷衍公孙渊的使臣，一旦我们没打下来，好让公孙渊感激东吴的恩情罢了。

不过同时，蒋济作为持重的老将，也给出了另一种可能：东吴军一旦来援，必定在沓渚（今辽宁省大连市旅顺）登陆，距离襄平城还有一大段距离，最多就是在我军不能速胜的情况下，东吴派些轻装步兵，搞搞偷袭罢了。

《孙子兵法》上说，行军打仗，步兵一天最多行进30里，这一点一直到拿破仑时代的欧洲都没有变过，1812年拿破仑向莫斯科进军，1200公里走了82天，算下来差不多也是每天15公里左右。司马懿之前对曹叡说，大军100天进军，差不多就是按照3000里来计算的，可实际上大军进入幽州以后，路就变得难走了，司马懿6月才到达辽河西岸，也就是说，实际上司马懿走了120—150天。

公孙渊派遣手下将军卑衍、杨祚及步骑兵数万人在辽隧（今辽宁省鞍山海城市西北）布防，挖了20多里的战壕。司马懿的军队刚到，公孙渊就命卑衍出战，司马懿派胡遵迎战，卑衍被击败后退回辽隧。

曹魏诸将准备强攻，司马懿强调："敌人坚壁清野，无非是想将我军困在这坚城之下，我们攻城，正好遂了敌军的愿，既然公孙渊在此处重点设防，那么我们就应该避其锋芒，直接去进攻襄平（今辽宁省辽阳市老城区）。"于是司马懿让部下制作旗帜，大张旗鼓地向南方进军，卑衍见魏军向南，赶紧南下截击，司马懿趁机率军从辽隧以北渡过辽河，之后毫不恋战，向东北方向，直奔襄平。

卑衍听说司马懿渡过辽河，大惊失色，赶紧率军回援。此时，司马懿对诸将发表演说："之所以不强攻敌人的营垒，等的就是今日，全军务必奋勇，急击勿失！"于是魏军回师与卑衍率领的辽东军决战，曹魏三战三捷，卑衍没办法，只好退回襄平城内，司马懿率军对襄平城实施了包围。

这时，秋季来临，七月开始，辽东准时下起了大雨。从此处我们就能看出一个问题，司马懿如果真的100天能走到的话，那大概率他赶到襄平是五月初，按照后来战争的走势，如果能多一个多月时间，司马懿真的可能在雨季来临前结束战斗。

可现在既然耽误了路程，司马懿也没办法，没等魏军完成包围，由于倾盆大雨，辽河水位暴涨，这下别说攻城了，连基本的安营扎寨都成了问题，倒是有个好处，运粮的船队从青州过海之后，可以通过辽河入海口（今辽宁省营口市），直达襄平城下，但后来水实在太大了，有些地方甚至能没过半个人，于是魏军将士提出，应该将阵地后撤，至少应该将营垒迁到更高的地方。

下雨这个问题，司马懿应该早有应对，或者说早有准备。此时司马懿下令："全军敢有再提起迁营者，立斩！"之后，都督令史张静触犯此令，被司马懿下令斩首！这一下，军中再没有人提起迁营之事。

这里就要说一下司马懿的军事思想，司马懿不是行伍出身，他并不像许多有过基层军官经历的人那样体恤士兵，所以士兵的死伤对于司马懿来说没那么重要，因此他决策时，也大多不考虑这一层。

另外，大家也不要小看这条军令，这么大的雨，这么恶劣的环境，如果将士不相信统帅的战术，或者统帅没有超强的意志力和威信，这样的军令很难实行，轻则可能有士卒开小差，重则就可能发生部队哗变或者溃散。要知道此次来的不只是4万魏军，还有幽州刺史毌丘俭的幽州军、辽西鲜卑乌桓以及高句丽的军队，所以，曹魏此时，能担任这次征伐统帅的，只有司马懿。

由于大水，曹魏的大军没有完成对襄平城的合围，借着大水的阻隔，城内还有人出城砍柴放牧。魏军想把人抓回来，但司马懿不同意。手下司马陈珪问司马懿说："过去攻打上庸孟达之时，将军昼夜行军，15天就破城，击斩孟达！可如今我们跋山涉水，来到辽东，却不出击，又是为何？"

此时，《晋书》安排司马懿解说了一段兵法，他说道："当初孟达兵少而粮多，固守坚城待援，而我们的大军兵力是其四倍，军粮却不充足，自然要速战！我们以四攻一，哪怕付出伤亡一半的代价，也必须进攻，因为那时的我们是在跟军粮赛跑。"

"而今日，"司马懿继续说，"情况反过来了，敌人兵多，我们兵少，但敌军固守城中，军粮有限，而我军粮草充足，现在大雨阻隔，我们既无法完成包围，又无法攻城，如果逼得太紧，公孙渊就会逃走。兵者，诡道也，应该随机应变，敌军此时必然觉得我们已束手无策，所以才会安心待在城中。"

司马懿的这番话其实是解释了当初给曹叡解释的上中下三策，现在公孙渊走了下策，只需等待雨停，就能围而歼之。如果逼得太紧，可能就会让他走了上策，到时候辽东地广人稀，公孙渊如果躲起来，等冬天一到，魏军撤退，他再杀回来，那就白折腾一趟了。不过魏军被大雨困阻的消息传回洛阳，大臣们一致认为，应该退兵，但曹叡选择相信司马懿，他认为司马懿定能完成任务。

八月，大雨终于停了，水退却之时，魏军完成了对襄平城的包围，此时的公孙渊已经是瓮中之鳖。魏军在城外堆了一座土山——这是古代攻城战常用的做法，目的是观察城中的布防。

旋即攻城开始，魏军士兵以盾牌覆头，日夜不停地攻城，箭矢与石块密如雨下，倾泻进辽东城中。此时对公孙渊更为不利的消息是粮食已经吃完了，城中已经到了人吃人的地步，公孙渊手下的将领杨祚等人，出城投降。

正当襄平城内外交困之际，夜里有一颗拖着尾巴的白色彗星从襄平城的西南方向东北方向坠落，坠入梁水（今太子河），这一事件加剧了襄平城中的恐慌，公孙渊也坐不住了，派出自己的国相王建和御史大夫柳甫，来向司马懿请降。

司马懿直接拒绝，下令将公孙渊派来的人全部处死，同时，向城中告知："当年楚庄王伐郑，郑襄公尚且肉袒牵羊，出城请罪。而我乃当朝太尉，位列三公，王建等人竟敢让我解围后退，你觉得合理吗？此二人昏庸老迈，我已经帮你杀了，如果你还有话说，就派个明白人来。"

公孙渊之后又派侍中卫演，这次说要限期交送人质。从他的这几个反应来看，他压根没有明白事情的严重性，他以为曹魏打他只是想让他屈服，但司马懿接到的命令就是灭掉辽东，所以，对于司马懿来说，公孙渊活着比死了麻烦，一旦接受投降，就得带公孙渊回洛阳，实在是有害无益，所以司马懿直接对卫演指出，战争无非就是五种选择，"能战当战，不能战当守，不能守当走，余二事惟有降与死耳"，你公孙渊不来请罪投降，那就是要一决雌雄，还送什么人质！

八月二十三日，襄平城破，公孙渊带着儿子公孙修，领着几百个骑兵，向东南方向突围——公孙渊的地盘，只有东南方向的朝鲜半岛算是有点儿腹地，而且是山区，所以也只能往这个方向跑，所以也不难判断，所以司马懿派人追赶，在梁水之畔，彗星坠落的地方，将公孙渊杀死。

魏军入城之后，司马懿大开杀戒，将所有公孙渊手下的"伪公卿"、负隅顽抗的将领，共计2000多人，全部诛杀。除此之外，司马懿还将许多士兵及平民杀死，共计7000多人，做成"京观"。根据明代张岱在《夜航船》中的解释，京观就是用尸体堆成的山丘，是彰显"武功"的做法。

之后，司马懿尽数收编辽东的人口，总计4万户，30余万人。从这个人口数来看，就算辽东人民骁勇，全民皆兵，想必辽东的军队也不会太多，至此辽东、带方、乐浪、玄菟四郡全部收复。

至于孙权派来的"救兵"，由羊衜等人率领，他们赶到时，已经是来年的三月，最后只好掳掠一番，就返回东吴去了。

四、毌丘俭征高句丽

公孙渊死后，司马懿还在辽东做了一系列善后的工作，比如释放了当年被公孙渊篡权并赶下台的公孙恭，还有件事，当初公孙渊造反时，他手下的将军纶直、贾范等人都曾耐心劝导，但公孙渊不听，还将几人杀害，如今公孙渊已死，司马懿命人修缮了纶直等人的坟墓，并任用其子弟为官。

公孙渊还有一个哥哥叫公孙晃，当年公孙渊篡位，把哥哥公孙晃派到了京城做人质，这样的安排也看出兄弟俩也没啥感情可言，所以公孙晃多次上书曹叡，说公孙渊可能谋反，请朝廷出兵讨伐，但曹叡都没有回应。

等到公孙渊真的反了，曹叡这才想起公孙晃的话，按照法律，应该直接将公孙晃在闹市处决，但曹叡念在其多次提醒自己，所以就准备直接在狱中赐死。

统一的前夜：司马氏鲸吞三国

这时主管司法的廷尉高柔看不下去，上书指出，自己听说公孙晃多次向国家建言，说出公孙渊的问题，虽然他是辽东人质，但理应免死，如果他没说过那些话，还是应该在闹市处决，以儆效尤，现在既不赦免，又不公开其罪状，实在是难正视听。不过曹叡没听，还是派人带着毒酒命公孙晃和夫人喝下，之后就地埋葬。

至此，占领辽东半个世纪的公孙氏家族覆灭。司马懿在辽东平定后，向辽东父老宣布，如果有辽东汉人想回到故乡的，可以随意返回，这样一来，本就人口不多的辽东，更是迎来了一批"返乡潮"。

司马懿这么做的原因，无非就是想减少这一地区的人口，避免再次出现割据政权。随后，司马懿便率军班师，紧接着曹叡去世，曹魏国丧，东吴和蜀汉都趁势出兵，曹魏的注意力也转移到了南方。可是辽东的人口减少，直接诱发了新一轮的问题——高句丽入侵。

高句丽是从东北最早的先民之一夫余分出来的一个政权。据《魏书》记载，高句丽的开国之主朱蒙本是夫余王子，其势力范围在浑江、鸭绿江流域。百余年间，朱蒙建立的政权一直在东北与鲜卑、夫余等民族作战，在王莽掌权的天凤元年（14），朱蒙的后人占据了玄菟郡的高句丽县（今辽宁省抚顺市西），因此才正式将国名改为"高句丽"。

王莽对于北方民族多采取歧视政策，高句丽王被王莽的大司马严尤诱杀。光武帝刘秀在位时，辽东太守祭肜利用鲜卑、匈奴等民族互相牵制，高句丽派使者前往洛阳朝见光武帝刘秀，这是史书上第一次出现"高句丽王"这样的字样，可见此时其已经称王。

东汉中后期，由于内部动荡，朝廷对于边境的管控放松，高句丽多次入侵辽东，击败辽东太守，掳掠人口物资。这一时期高句丽的策略很灵活：如果汉军集结人马，高句丽就选择暂时屈服，不过军队一走，则一切照旧。

后来公孙氏在辽东掌权，高句丽又发生内讧，高句丽王伯固有两个儿子，长子拔奇，次子伊夷模，高句丽人拥立伊夷模为王，拔奇便投靠了占据辽东的公孙康，后来伊夷模被公孙康击败，高句丽的势力便退出了辽东。

伊夷模死后，他的儿子位宫继位，史书上也将他称为高丽王宫。据说这个位宫生下来就能看见东西，非常擅长骑射。司马懿征公孙渊时，高句丽也派了几千人助阵，而司马懿大军一走，加上许多汉人内迁，原来的辽东地区出现了许多真空地带，高句丽趁机向西扩张自己的势力，占了一些地盘。

司马懿灭掉公孙渊的第二年（239），曹叡去世，继任者是曹叡的养子曹芳。许多在辽东不堪袭扰的百姓自发渡海，前往山东半岛的青州内附，这些人主要来自辽东的汶县、北丰县一带，这两地都属于今天辽宁省大连市下辖的瓦房店地区。正始元年（240），朝廷下诏，将辽东来的流亡百姓安置在齐郡地区，并设置了新汶县、南丰县，专门安顿这两地的流民。

对于高句丽不断骚扰边境的行为，曹魏基本还是以能安抚就安抚的策略，到了正始五年（244），为了反击高句丽的不断入侵，幽州刺史毌丘俭率领幽州本地的军队讨伐高句丽，史称"正始东征"。

毌丘俭这个人是曹叡的亲信，他们这个复姓家族在他父亲毌丘兴时就已经封侯，毌丘俭袭爵之后，还曾担任过平原侯曹叡的文学，文学这个官职是汉武帝时创设的，担任这个职务的人都是精通儒家经典之人，所以毌丘俭本是一个文官。

曹叡即位后，毌丘俭一路升迁，最后到了荆州刺史的位置，大家知道，荆州是三大战场之一，毌丘俭能担任这个官职，足见曹叡对他的信任。到后来，曹叡征讨辽东，毌丘俭虽然第一次没占到便宜，但后来还是跟随司马懿平定了辽东，曹叡也因此加封他为安邑侯。

此次征伐高句丽，毌丘俭共筹集了1万多兵马，大军从距离高句丽较近的玄菟郡高句丽县出发，兵分几路，向东深入高句丽的地盘。

统一的前夜：司马氏鲸吞三国

这时的高句丽王宫毫不示弱，率步骑兵2万人迎战，双方在沸流水（今浑江）边的梁口（今辽宁省本溪市桓仁满族自治县东北）遭遇。双方大战，高句丽军连败，高丽王宫逃回都城丸都城。

毌丘俭率军追至丸都山下，丸都城位于今天的吉林省集安市北的丸都山上，易守难攻。毌丘俭命大军包住马蹄，束马悬车，登上丸都山，攻入丸都城中，并下令魏军屠城，城中敌军、百姓死亡数千。

高句丽国中有位贤人，在高句丽担任沛者一职，名叫得来，多次劝谏高句丽王宫未果，感叹道："看来丸都城以后要长蓬蒿了。"之后绝食而死，乌桓人都认为得来贤能，毌丘俭进城后，下令官兵不许破坏得来坟墓周围的风水。高丽王宫自己则放弃了丸都城，带着妻儿逃到了东边的沃沮。毌丘俭考虑到魏军将士远途出征，师老兵疲，没有追击，而是选择班师。

正始六年（245），总结经验的毌丘俭再次出兵讨伐高句丽。这次除了毌丘俭自统中军以外，还有乐浪太守刘茂、带方太守弓遵出兵配合，二人从今朝鲜半岛向东进攻，对高句丽形成了半包围之势。

高句丽王宫见魏军来势汹汹，不敢抵抗，再次放弃丸都城，直接带着妻儿逃到东边沃沮境内的买沟（今朝鲜会宁市），这次毌丘俭派玄菟太守王颀追击，王颀率军深入沃沮1000多里，沿途击败了许多原本支持高句丽的小政权，斩杀三千余人，最终一直追到了黑龙江下游一带的肃慎政权所在地，才告停止。

本来高丽王宫是想往朝鲜半岛北部东海岸、紧邻着带方、乐浪两郡的濊貊部落逃跑，但毌丘俭已然下令刘茂、弓遵二人率军攻打东濊，东濊的不耐候直接率众归降，二人又转而攻打南方的韩濊，结果弓遵战死，韩濊被灭，刘茂班师，在不耐城（今朝鲜安边市）刻石记功后返回。

值得一提的是王颀派出的一支军队，为了找寻高丽王宫的下落，一路追到东部海边，问当地人海中还有没有人，当地老人回答说，有人曾在渔猎时被吹到东边的一个岛上，上面有人，但言语不通，只知道他们的风俗是在七月将童女沉入海中；还有一岛，上面只有女人，没有男子，等等，诸多史料颇有研究价值。

这一次，毌丘俭率领的大军再次攻克丸都城，为彰显功绩，毌丘俭命人在丸都山上刻石记功——这块石碑被发现于1906年，出土地点在吉林省集安市的山上，不过发现时只有石碑的左上角，共存50字，专家将其命名为"丸都刻石记功碑"，现藏于辽宁省博物馆。

毌丘俭这次东征，再次斩杀8000余人，基本上使高句丽的势力就此衰落，不再对辽东构成威胁。朝廷对此次出征的将军论功行赏，封侯的就多达千余人。同时，毌丘俭的这次军事行动，也让辽东彻底成为曹魏的一部分。

另外，大军征讨虽然带来了诸多的破坏，但同时也间接开发了东北，许多民族得以在曹魏开发边疆时获益。曹魏先是在这里设置平州，后又将辽东划入幽州。至此，曹魏北方的威胁彻底解除。

第三章

统一的开端

统一的前夜：司马氏鲸吞三国

当司马懿在辽东料理完公孙渊的事情之时，辽东已是深秋，许多士兵都觉得很冷，请求司马懿为士兵发放冬衣，司马懿没有同意，其实当时公孙渊所在的辽东有一些冬衣，但司马懿的理由是，这些冬衣都是朝廷的财产，身为统帅，不能私下给予士兵。司马懿的这个态度很明确——自己无意邀买人心，培养部曲。

相反，司马懿还建议朝廷，遣散了1000多名60岁以上的士兵，对于所有阵亡的将士，司马懿也派人予以抚恤。之后，大军开拔，返回洛阳。

返回的路上，司马懿一直内心狐疑不绝，因为在襄平前线时，他曾经梦到曹叡枕在自己的膝盖上，说："视吾面。"等到司马懿真的低下头去看曹叡的脸，却发现曹叡的面容和平时很不一样。

司马懿很厌恶这个梦，因为这个梦在一定程度上代表了司马懿的处境。对于司马懿来说，此刻的自己，已经建立了其他曹魏将领无法匹敌的军功，但随之而来的"高处不胜寒"之感也提醒着他，自己要时刻收敛，毕竟司马懿既不姓曹，也不姓夏侯。

大军班师之际，曹叡派人到蓟县（今天津市蓟州区）犒赏三军，并为司马懿增封昆阳，作为食邑。到此时还算是正常。

可大军又往洛阳走了一段，京城传来了天子诏书，命司马懿走轵关（今河南省济源市西北），直接前往关中，继续去都督雍州、凉州的军事。

还没等司马懿作出什么反应，回京的大军行至汲县（今河南省新乡市下辖卫辉市），又一道诏书传来，这次传诏的人可不一般，正是曹叡的贴身随从辟邪，并且带着曹叡的手令，手诏上说：

间侧息望到，到便直排阁入，视吾面。

当看到"视吾面"三个字，司马懿不禁想到了自己在襄平城下的梦。随后两天，诏书又来了四次，前后五封，都是诏司马懿回京，这时司马懿怀疑京中有变，赶紧乘坐快车，一天之内，就从汲县狂奔400里，进入洛阳。

此时刚刚过年，已经到了景初三年（239）。一月二十二日赶到京城后，司马懿直接进入曹叡卧病的嘉福殿，走到床前，看着病床上只有36岁的曹叡，司马懿流着泪询问病情。这时，曹叡拉起司马懿的手，看着病榻旁的齐王曹芳，说："现在朕以后事相托，没想到死还是可以忍住的，我忍到现在，就是为了见你一面，如此已无憾矣。"

之后，曹叡又将自己的两个养子——时年8岁的曹芳和9岁的曹询叫到床边，让二人好好看看，认准司马懿，同时又让曹芳去搂司马懿的脖子，司马懿只有伏地痛哭。当天，曹叡册封曹芳为皇太子，也就是在这一天，曹叡在嘉福殿驾崩，随后葬于高平陵。

与司马懿一同受诏辅政的，还有大将军曹爽。

一、明帝治国

魏明帝曹叡的生母甄夫人本是袁绍次子袁熙的妻子，后来袁熙镇守幽州，将甄夫人留在邺城。曹操攻陷邺城后，甄夫人被曹操嫁给了儿子曹丕，所以甄夫人是曹丕的正妻，曹丕非常宠爱她，甄夫人也为曹丕生下了曹叡和东乡公主。

建安二十五年（220）正月，曹丕继任为魏王。十月，汉献帝禅让，曹丕称帝。此时的曹丕身边美人环伺，甄夫人早已失宠，因此口出怨言，同时，又有郭氏进谗言，所以刚刚登基的曹丕非但没有册封甄夫人为皇后，反而将其赐死。此时已经17岁的曹叡被曹丕交给了郭氏抚养，并且在黄初三年（222），将郭氏册封为皇后。

曹叡一出生就受到曹操的喜爱，十五岁就被封为武德侯，一直受到重视，而且曹叡是曹丕的嫡长子，但就是因为母亲甄夫人是被赐死的，所以曹叡并没有早早被确定为继承人，直到黄初七年（226）曹丕去世之前，曹叡才被封为皇太子，并继承皇位。

从黄初七年即位，到景初三年（239）驾崩，曹叡一共在位13年，这段童年的经历可能让曹叡缺乏安全感，所以从始至终，曹叡一直将朝廷的大权抓在手中，基本上曹魏每一次出兵作战，都是由曹叡亲自指派。

青龙三年（235），在诸葛亮死后不久，曹叡的养母郭太后去世。据《魏略》记载，当年在甄夫人临死之时，曾嘱托一位姓李的妃子照顾曹叡。曹叡即位后，曾多次问过郭太后关于母亲为何而死，郭太后还曾强辩说，这是你父亲所为，你为何来问我？

后来郭太后因为担心曹叡知晓真相，竟郁郁成疾，不久便去世了。这时那位姓李的妃子才敢站出来告诉曹叡，当年他的母亲甄夫人去世时"以发覆面，以糠塞口"，皆是被郭氏构陷的结果，曹叡听罢痛苦万分，也派人将郭皇后以和甄夫人同样的方式，草草下葬。

关于甄夫人是怎么死的，郭太后又是怎么死的，现存的《三国志》《魏书》《魏略》《汉晋春秋》《世说新语》等史料均有不同的说法，甚至有些南辕北辙，但无论这件事的真相如何，都给曹叡带来了非常沉重的心理阴影，以至于在郭太后去世后，曹叡就像变了个人一般。

最大的变化就是曹叡开始痴迷于兴建宫殿。曹丕称帝之时，将都城由许昌迁往洛阳，曹叡在太和六年（232）借整修许昌皇宫之际，兴建了景福殿与承光殿。短短三年后，又下令在洛阳兴建王宫，包括昭和殿、太极殿、总章殿，等等。此时的曹魏同时投入在南北方的好几个战场，再调集民夫来修宫殿，导致许多地区的农事全部荒废，这样一来，司空陈群第一个站了出来。

陈群向曹叡上书，先是指出，过去尧舜禹那样的贤君都是朴素的，没有人住豪华的宫殿。之后，陈群认为，如今正值战乱之际，魏国人口的数量跟"文景之治"时期相比，仅仅相当于一个大郡的水平，再加上四境几乎都有战事，我们这么做只会让吴蜀两国有机可乘！

曹叡提出，过去楚汉争霸之时，萧何还在关中修建了未央宫，所以帝王功业和宫殿建造并行不悖，应该同时进行。

陈群又为他分析，归根结底就是，咱们跟刘邦当年不一样，当年刘邦只有项羽一个对手，况且关中都让项羽一把火烧了。现在咱们对手这么多，况且一个人满足私欲总是要有些理由，如果皇帝坚持，我们说啥也没用，并且陈群在文武百官面前公然说，看来我陈群不能让陛下听我的，我实在是不如钟离意！

这位钟离意是东汉初期的名臣，曾在汉明帝刘庄在位时上过《谏起北宫疏》，劝阻汉明帝修建德阳殿。陈群这么说，已经近乎公开指责天子。曹叡这才稍稍削减建宫殿的计划。

可是没过多久，曹叡又提出要将北邙山铲平，在上面修筑高台眺望孟津。这北邙山在洛阳以北，说书的先生常讲的定场诗就有"青史几行名姓，北邙无数荒丘"，这里从东汉开始，就是建都洛阳之王朝的皇家墓地。孟津是洛阳北边最重要的黄河渡口，确实值得监视，虽然北邙山海拔300米左右，不算高，但要想在上面平出一块地来建筑高台，只能说曹叡有些异想天开，所以在卫尉辛毗的劝谏下，曹叡这才作罢。

这时曹叡的种种做法，已经引起了朝臣的反对，少府杨阜多次上书，提醒曹叡要以史为鉴，不要学桓、灵二帝，破坏法律，奢侈无度，要躬行节俭。同时，杨阜还列举了古代君主兴建宫殿而招致亡国的种种实例，并直言君臣一体，自己愿以死进谏。

这一年七月，洛阳崇华殿失火，侍中、太史令高堂隆借机劝谏，强调君王只知扩建宫殿，而不体恤民力，所以上天才降下大火！因此，高堂隆建议曹叡不要再兴建宫殿，要节省民力，祥瑞自然就会出现。

但这一切并没什么用，高堂隆刚刚劝谏完，曹叡就下令重修崇华殿，不仅重修，还要改名，因为当时天下许多地方都陆续报告发现了龙，有的在井中，有的在河里，据说先后有九次，所以曹叡将其改名为九龙殿。

既然叫了九龙殿，自然要与之前有所区别，曹叡下令另挖沟渠，将从洛阳西侧渑池附近发源的谷水引到九龙殿前，并从殿前巨大的汉白玉蟾蜍的口中流入，再从龙嘴中吐出，另外，著名的发明家马钧还为曹叡亲手设计了"水转百戏"的装置，利用流水为动力，以木轮传导，可以让木人在装置上动起来，十分精美。

如此奢侈也就罢了，关键是曹叡这人性子急，而且非常严厉刻薄，监工的官员只要不能在限期之内竣工，曹叡就将其亲自审问，而且不由分说，官员们没等说清缘由，就可能被曹叡身边的卫士格杀。

兴建宫殿的问题一直闹到曹叡驾崩，司马懿率军出征辽东时，有人说4万大军的军费难以筹措，司马懿还趁机建议曹叡，此时不要劳民伤财兴建宫殿。由此也可以看出，曹叡建宫殿的问题已经闹到连一向不问这些事的司马懿都劝谏起来，足以见其危害。

除了兴建宫殿，曹叡还沉迷美色，曹叡将原来的后宫等级待遇大大提升，比照朝廷官员设置。曹魏的后宫制度是在不断变化的，曹操担任魏王时，身边女人只有5个等级，分别是夫人、昭仪、婕妤、容华、美人，这些名称基本都是从汉朝继承来的。等到曹丕称帝以后，皇帝的后宫自然人数众多，除皇后外，总共分为10级。

到了曹叡时期，后妃的等级变为12级，而且地位极其尊贵。比如第三等级的"淑妃"，就"位比丞相"，甚至到了第12级的"良人"，还要"位比千石"。要知道在汉代，御史中丞就是俸禄千石，这已经算是比较高阶的官职了。不光是位阶高，人数还特别多，宫中各级女官相加达几千人。

这些美女不光是服侍皇帝，曹叡还别出心裁，选拔了6名识文断字，颇有文采的女官，让她们出任"女尚书"，这女尚书可不是摆设，曹叡直接授权她们处理朝堂政务，有些事情只要这几名女尚书认可，就可以执行。

廷尉高柔上书劝谏曹叡，说了两点：第一是陛下后妃众多，皇家用度繁巨，造成大量浪费，应该理性节俭；第二，《周礼》上说天子后妃，共有120人，其中后1人，夫人3人，嫔9人，世妇27人，御妻（女御）81人，高柔认为，曹叡此时后宫的人数，超过这个数量很多倍，这正是陛下子嗣不繁兴的原因，所以陛下应该清心寡欲，保养身体，这样才有可能多子多孙。

杨阜也曾上书，要求曹叡遣散诸多没有服侍过天子的宫女，并为此特别召见了御府官员，命其说明宫中女子到底有多少人，但御府官员竟然以"人数涉密"为由拒绝透露，要知道此时杨阜的身份是少府，为九卿之一，且专管皇家财务。杨阜本来就对曹叡的做法很不满意，一听这话，直接下令将该御府官员打了100板子，并放言："国家机密，不让我这个九卿知道，反而让你这奴才了解不成！"

其实关于后宫和子嗣问题，曹叡很有可能已经放弃了。他曾先后有过三个儿子，分别名为曹冏、曹穆和曹殷，但此时曹家的"诅咒"似乎开始了，三个孩子相继早夭，所以中年的曹叡并没有子嗣。

可就在这一年的八月二十四日，曹叡下诏册封皇子曹芳为齐王，另一位皇子曹询为秦王，这两个儿子的来历属于国家机密，很多人都对这两个孩子的来历有猜测，有人认为曹芳是任城王曹楷的儿子，也就是曹彰的孙子，至于另一位曹询，则没有人知道来历如何。

我们不去评价曹叡种种胡闹的行为，但就群臣的反应来看，曹叡与身边的大臣关系还是相对比较融洽的，首先就是大臣并不怕他，包括高堂隆、杨阜等人更是公开指出过他的错误，而曹叡的反应一般还是虚心接受，虽然不怎么改，但对所有进谏之人，基本上都比较宽容。

不过曹叡也有着明显的性格缺陷，他充分继承了曹操的"实用主义"、曹丕的"寡恩"以及曹家人"多疑"的性格。

首先是曹操的"实用主义"，当年曹操杀孔融、祢衡可谓招来了千古骂名，究其原因，就是这些文人喜欢指手画脚，却又没啥真本事。只是时代变了，曹叡不仅不可能大开杀戒，甚至很难改变眼前的局面，对于那些他特别厌恶的只会夸夸其谈的帮闲文人，他特意下诏给吏部尚书卢毓，强调国家选拔人才，不能光看此人是不是名士，名声这东西，就好像画地作饼，看着挺好，但不能食用。

吏部尚书卢毓说了一番话，很有见地，《资治通鉴》上的原文如下：

> 名不足以致异人而可以得常士；常士畏教慕善，然后有名，非所当疾也。愚臣既不足以识异人，又主者正以循名按常为职，但当有以验其后耳。古者敷奏以言，明试以功；今考绩之法废，而以毁誉相进退，故真伪浑杂，虚实相蒙。

这段话其实到今天也没有过时，选拔官员当然要凭成绩，这样才公平，但在选拔之后，应该有一套评价机制来纠错，这样才能避免才不配位的情况，如果没有统一的选拔标准，反而容易滋生问题。所以曹叡命散骑常侍刘邵制定了一套"都官考课法"，不过在讨论时却出现了很大的问题。

对于这一问题，《资治通鉴》总共记载了三位官员的意见，这三人分别是司隶校尉崔林、黄门侍郎杜恕、司空掾傅嘏，但这三条全是反对意见。反对的主要理由总结起来有这么几点：第一是这种"考课"上古时期就有，之所以后来废弛，是执行人的问题，所以法不重要，人重要；第二是现在天下未定，各地情况不同，不能以法律一概而论；第三是现在的这个"都官考课法"不过是过去考课法的补充，没啥新鲜的，与其事后考察，不如事先考察，确定是人才就要让其发挥才能；最后，所谓的"考课"都是细枝末节的问题，只能成为官员相互攻讦的工具，就是孔子来考察，也是白搭，更何况其他庸才。综上所述，朝臣莫衷一是，最终这套"都官考课法"就不了了之，根本没有实行。

其次，曹叡还遗传了曹丕的"寡恩"。就像曹丕对待甄夫人一样，曹叡的毛皇后，同样是被赐死的。

毛皇后的剧本不像甄夫人那么神秘，她是河内郡人，是在黄初年间，通过正常的程序被选入曹叡府中的。曹叡当时的身份是平原王，他一见到毛氏就被迷住了，出入都和她同车，后来做了皇帝之后，毛皇后先是被封为后宫除皇后外第一等的"贵嫔"，太和元年（227），毛氏被正式册封为皇后。

但其实毛氏并不是曹叡的原配夫人，曹叡做平原王的时候曾娶过一位虞氏夫人，但此时皇后成了毛氏，还是曹叡的祖母卞夫人出面安慰虞氏。虞氏却认为，曹家立皇后，总喜欢找一些地位低微的，可是皇后应管理后宫，母仪天下，协助天子管理后宫事务，二者互为基础，如此一来，恐怕宗庙的祭祀要断绝了。虞氏因为这些话，被贬到了邺城。

被册封的10年后，毛皇后就体会到了当年虞氏的感觉，曹叡对于毛皇后的新鲜感也并未维持多久，从他做了皇帝，就开始宠幸宫中的美人，其中有位郭氏，家里是河右望族，后来家乡有人反叛，女眷被没入宫中，曹叡即位后，对其百般宠幸。

景初元年（237），这时曹叡已经不想看见毛皇后了，一次曹叡游览后园，诏宫中才人以上封号的妃子陪侍，并在园中设宴，与众人嬉戏，此时郭氏觉得，既然是"才人"以上陪侍，自然应该叫皇后也来，但曹叡坚决不准，并且对身边人严令，今日之事不得外传。

第二天，曹叡见到毛皇后，皇后问道："陛下昨日在后园游乐，开心吗？"皇后知道这件事其实没啥奇怪的，那么多妃嫔，还有各种伺候的下人，皇后就算没有耳目，也总会有献殷勤的人前来告诉皇后，但此时，曹叡家族"多疑"的属性觉醒，他大发雷霆，怀疑身边有人泄露了消息。就因为这件事，曹叡杀掉了自己左右十多个人，而且竟直接下诏将毛皇后赐死。

如果对比曹操对于卞夫人的态度，曹丕和曹叡无疑都显得太无情了。如果说曹丕对甄夫人的态度还有一些捕风捉影的江湖传说——比方说甄夫人与曹植的关系，再比如有人说曹叡其实是袁熙的孩子。但毛皇后只是因为说了一句话，就被曹叡赐死，实在是佐证了"伴君如伴虎"的说法。

但从另一个角度来说，或许也正因为皇后普遍出身不高的缘故，整个曹魏时期，尽管皇后的亲族也被任用，却从未出现过外戚专权的情况。

从曹叡一系列的行为来看，他对于曹魏中央权力的掌控相当稳定，就比如说建宫殿、选美人，包括"女尚书"的设立，如果没有对朝政的绝对话语权，是不可能实行的。也正是由于曹叡对于朝局的这份掌控，才让他得以在曹休、曹真相继去世的情况下，可以放心大胆地启用司马懿、满宠等一大批在曹操时代就已经崭露头角的老臣。

可是到了景初二年（238），曹叡送司马懿出征辽东之后，曹叡的身体开始出问题，虽然《资治通鉴》上说曹叡是十二月才患病的，但其实从曹魏的事情中还是可以窥见端倪：四月十九日，曹魏大赦天下，之后几个月中，曹叡先后安排了丞相、司空的人选。

十二月患病之后，很快就封郭氏为皇后，这位郭皇后也作为曹魏政权的一个象征，参与了其后的诸多大事。可此时曹叡的养子曹芳、曹询，一个8岁，一个9岁，曹魏政权又一次需要面对"辅政大臣"的问题。

二、托孤：被选择的司马懿

如果上天还能给曹叡 20 年的时间，他或许可以安排好他的后事，或许他可以等待新的一批曹氏子孙长大。但当曹叡病重，放眼望去之时，曹氏与夏侯氏的子孙，并没有出现一个值得托付的人，于是曹叡在他能选择的宗室范围里，选了三个人，他们分别是：燕王曹宇、中领军夏侯献以及屯骑校尉曹肇，除此之外，托孤大臣的名单中，还有被曹叡一手提拔的骁骑将军秦朗。

景初二年冬十二月，曹叡封曹宇为大将军。这曹宇是曹操的小儿子，和曹叡是叔侄关系。曹叡从小就和小叔曹宇关系好，两人起居生活都在一起，所以曹叡即位之后，对曹宇特别优待，多次加封他的爵位，最后到了燕王的位置。

夏侯献在《三国志》中没有传记，但有人推测他是夏侯懋的儿子，如果那样的话，他应该是夏侯惇的孙子，和曹叡平辈。曹肇是曹休的儿子，据说很有才能，且风度翩翩，这时的年纪应该比曹叡略大一些。

最后这位骁骑将军秦朗可是个有故事的人。秦朗的父亲名叫秦宜禄，原是吕布的部将。建安三年（198），吕布被曹操围困在下邳城中，命秦宜禄出城找袁术求援。没想到袁术为了拉拢秦宜禄，将东汉宗室女嫁给了他，结果秦宜禄被动地做了"陈世美"，将自己的妻子杜氏和儿子阿苏留在了下邳城，这个阿苏就是秦朗的小名。

这时的关羽正跟随刘备在曹操帐下效力，围困下邳时，关羽曾对曹操说，希望打下下邳城之后，能将杜氏赐给自己，曹操同意了。可在攻城之前，关羽又跟曹操说了一次，这下曹操起了疑心，对这位杜氏夫人的相貌产生了好奇，等到下邳城破，手下将杜氏带至曹操眼前，曹操觉得杜氏实在是美丽，所以就自己留下做妾了，杜氏的儿子秦朗，也就被曹操收为义子。秦朗为人谨慎，曹操对他很好，不过秦朗出任骁骑将军，还是在曹叡即位之后。

从这套"托孤"班底来看，曹叡明显准备不足，这几个人选一看就不是深思熟虑的结果。首先，这时的曹魏由于曹丕、曹叡两任领导人在位时间都不是很久，所以许多曹操时代的老臣都还在朝中，司马懿、蒋济、孙礼等人都还官居要职，托孤之臣要让这些人信服可没那么容易。

其次，这四人也没有啥拿得出手的政绩和军功。只有秦朗曾率军击败过轲比能和步度根等鲜卑叛军，但秦朗这个人谨慎得到了"是非不分"的地步，曹叡登基以后，许多法令非常严苛，许多人犯了点小错就要被处以很重的刑罚，甚至有些要被处死，对于这些，秦朗作为曹叡的近臣，都不能上书匡正，另外，秦朗为官多年，不曾为朝廷推荐过一个人才，反而收受贿赂，其财富连许多公侯都比不上。他这样的能力，是根本无法服众的。

最后，这个大将军曹宇除了"辈儿大"之外，也就是个"太平王爷"，不是干大事的料，曹叡任命其为大将军之后4天，曹宇就上表请辞，不是客套，《三国志》中说他"深固让"，也就是说不光是诚恳，这个"固"字还说明其非常坚持。

曹宇的反应让曹叡猝不及防，他问身边的两位中书刘放和孙资，燕王到底是啥意思？是真不想干还是客气？结果刘放、孙资两人怀有私心，直接告诉曹叡，看来燕王是知道自己没法担任如此重要的官职。这才让曹叡下定了换人的决心。

至于另外两位，曹肇和夏侯献更是不懂得低调，刚当上托孤重臣，就牢骚满腹，说话阴阳怪气，直接导致了这一版托孤方案的失败。问题就出在曹叡身边的两位"专任"——中书监刘放和中书令孙资。

刘放是涿州人，祖上也是汉朝宗室。东汉末年天下大乱之际，涿州被王松占据，刘放去投靠王松，并为其申明利害，劝他要投靠曹操，后来曹操讨伐袁氏的残余势力,派人写信招降王松,刘放为王松写了封回信,表示愿意归降。曹操看了这封信的文笔,非常欣赏,等后来听说刘放劝说王松投降的事,曹操大为赞赏,将刘放劝王松比作当年班彪说服窦融,因此征召刘放为官,孙资也大概是在这一时期入仕,两人都是从基层县令做起,后来魏国建立,二人同时被任命为秘书郎,主要职责为掌管机要文书。

黄初年间,曹丕接受禅让为天子后,对官制进行了一番改革,其中秘书被改为中书,二人转任中书监和中书令,成为中书省的长官,负责草拟诏书圣旨,兼管机要,职位十分重要,后来因为二人文笔出众,深受曹叡的信任,在司马懿平定辽东之后,二人跟着受封,其中刘放为方城侯,孙资为中都侯。

随着二人日益受宠,权力也变得越来越大,每次曹叡召集重臣开会,经常让这俩人作决定。针对这一问题,中护军蒋济站出来,上书指出,皇帝身边的臣子,如果过于受宠,会蒙蔽天子的耳目,且会引得奸邪小人趋炎附势,败坏朝廷风气,况且如果这些人与朝臣意见不合,反而会互相怨恨猜忌。更重要的,这些人不是周公、管仲那样的人,手中有权则必然操控权柄,最后难免发生专政的祸事。但曹叡不听,这二人一直在中书担任要职。

对于刘放、孙资掌管中书,不光是蒋济觉得有问题,被托孤的夏侯献和曹肇心里也一直不服,于是就发牢骚。一次二人在宫中经过一棵树,这树本是宫中的鸡夜间栖息用的,二人看了一眼树,相视而笑,说:"此亦久矣,其能复几?"这句话可谓一语双关,表面上说鸡,实际上暗指刘放、孙资二人。

刘放和孙资身处中书,最擅长的就是"解读精神"和"指桑骂槐",听到夏侯献和曹肇的这番话,二人非常害怕,一下子觉得,此二人当权后,必然对自己不利,于是就密谋反击。

统一的前夜：司马氏鲸吞三国

没想到刚想打瞌睡就有人递枕头，大将军曹宇坚持推辞托孤大臣一职，曹叡问二人意见后，又问谁可以胜任？当时在曹叡身边的除了他们两个人之外，还有前大将军曹真的儿子曹爽，于是二人顺势而为，推荐曹爽辅政，曹真和曹丕年纪相仿，曹爽和曹叡都是长子，推断下来二人的年纪也应该相差无几，但此时刘放、孙资二人又补了一句："最好召司马懿来商量这件事。"

曹叡接着又问："曹爽能承担大任吗？"这时，本就体胖的曹爽已经汗流浃背，紧张得说不出话来，这时刘放赶紧踩了曹爽的脚，并在其耳边说："快说'臣以死奉社稷'！"就这样，曹叡决定托孤于曹爽和司马懿，不久，曹叡又反悔。刘放与孙资再度向曹叡进言，曹叡又再次确定。

这一次，刘放对曹叡说："希望陛下亲写诏书。"

曹叡说："我现在手抬不起来，没法写。"刘放闻言，将诏书平放在床上，自己握着曹叡的手，写下遗诏，命曹爽、司马懿辅政，其他人等就地免职，令其回到府邸或封地，不准在宫中停留。曹宇等人哭着离开了皇宫。

这件事在史书上的记载有许多版本，我们这里主要的依据是《三国志》和《世说新语》，而《三国志》裴松之注引《汉晋春秋》，则有另一番记载。可无论过程怎样，围绕着这件事情，肯定存在着一场宫廷斗争，结局很明确，曹宇等人出局。

十二月二十七日，曹叡下诏，封曹爽为大将军。同时，曹叡担心曹爽无法与司马懿抗衡，将三朝老臣孙礼提拔为大将军长史，让他协助曹爽管理政务，同时，也能提升曹爽的威信，但很遗憾，曹爽并不认为孙礼的存在是有必要的，当然，这是后话了。

事情到此，已经尘埃落定，司马懿回京后，曹叡再次当面托孤司马懿，之后，便结束了自己短暂的一生。

回顾整件事情，司马懿全程都置身事外，刘放、孙资并不是司马懿的人,这场宫廷斗争发生的时候,司马懿正在辽东作战,可当他率军返回时,他却成为"被选择的那个",第二次成为曹魏的"托孤大臣",这个局面像极了司马懿的前半生。

司马懿的父亲京兆尹司马防有八个儿子,因为字中都带一个达字,所以被称作"司马八达",司马懿字仲达,排行第二。建安六年(201),司马懿20岁出头,司空曹操想征辟他做官,被司马懿拒绝了,为此还不惜装病来躲避征召。过了7年,这时的曹操挟天子以令诸侯,正是不可一世之时,这次他强迫司马懿必须出仕,否则就将其下狱,从这个说法来看,曹操早知道他是装病,只是没有理他而已。

出仕做官,是司马懿第一次被选择。在曹操的提携之下,他的官职一路升迁,一直做到丞相主簿。跟随曹操讨伐过张鲁,在政务上也总有些比较高明的论断,值得一提的是,司马懿和曹丕的关系很好,因此在曹丕即位后,司马懿就获封为河津亭侯。

从黄初五年(224)开始,司马懿开始统兵,但此时司马懿还不用上战场,只是率领5000士卒,在曹丕南下时留守许昌。曹丕担心司马懿有想法,还特意对他说起萧何侍奉刘邦的典故,告诉司马懿要替自己分忧。到后来,司马懿与曹丕分管东西,基本上曹丕在洛阳时,司马懿就留守许昌。

后来曹丕病重托孤,除了曹休身在南方之外,其余几人都在曹丕身旁,曹丕还对曹叡嘱咐,如果有人离间你与三位辅臣的关系,你无论如何不要相信。曹叡继位后,马上封司马懿为舞阳侯。这时,司马懿第二次被选择,从此正式开启了自己的"军旅生涯"。

曹丕五月去世,八月孙权的大军就开始了骚扰。这时,曹魏防线的弱点开始显现,早曹丕一步去世的夏侯尚离任后,荆州之地一直没有大将防御。

此次孙权亲征,围困了江夏郡治石阳城(今湖北省武汉市黄陂区西),

曹魏的江夏郡守文聘拼死抵抗。曹叡判断孙权的军队弃舟登岸，不可能长久。于是曹叡派司马懿出兵，这是史书第一次记录司马懿作为主帅领兵作战，这剧本对新人可谓是十分友好，因为吴军主将是诸葛瑾，司马懿挥军大败诸葛瑾，还斩杀了东吴部将张霸，并斩首吴军千余人。此战之后，曹叡将司马懿封为骠骑将军。

此时的曹魏，武职最高的是大司马曹休，其次是大将军曹真，第三号人物，就是骠骑将军司马懿。这时的曹叡，恐怕已经想好了，曹真都督雍、凉二州；曹休主管扬州；那这司马懿，正好镇守二人中间的荆州，于是太和元年（227），司马懿出镇宛城，都督荆、豫二州军事，正是开启了近10年的地方武将生涯。

第一次领兵击败诸葛瑾只是常规操作，真正让司马懿名扬天下的，则是另外一场战役，他的对手是新城郡郡守孟达。

孟达本是蜀汉的大臣，当年刘备进入益州时，就是孟达和法正迎接的他，后来二人都在刘备手下效力。关羽围攻襄阳的时候，曾让刘封和孟达出兵援助，但二人拒绝。后来关羽败走麦城，孟达害怕被秋后算账，便投靠了曹魏。事实证明他的选择也没错，因为刘封回去就被刘备赐死了。

孟达投靠曹丕之后，很受重视。曹丕任命其为建武将军、散骑常侍，同时还给他封了个亭侯的爵位，更主要的，曹丕任命他做了荆州西南侧的新城郡太守。新城郡（今湖北省十堰市房县）这个地方南邻东吴，北有汉水、南有长江，水路可以直达蜀汉，地理位置十分重要。

孟达刚到任时，他的上司是他的好朋友——征南大将军、荆州牧夏侯尚。在朝中，他还与尚书令桓阶关系密切，所以孟达此时可谓春风得意。但好景不长，桓阶、夏侯尚相继离世，后来曹丕也驾崩。不久之后，孟达的上司变成了骠骑将军司马懿。

就在孟达觉得自己在曹魏已经非常孤独的时候，蜀汉丞相诸葛亮听说了孟达的情况。赶紧派人送去亲笔信，劝降孟达，双方你来我往，暗通款曲之后，孟达决定接受诸葛亮的劝降。

正当孟达还没下定决心之际，又发生了一件事，魏兴郡（今陕西省安康市）郡守申仪向朝廷告发孟达谋反。其实这时孟达还在犹豫阶段，申仪这么做的原因是因为二者素有旧怨，其实申仪自己也有问题，魏兴郡处于魏、蜀、吴三国交界的地方，人口比较少，申仪自己找人私刻了许多印信，并宣称自己代表天子，后来在司马懿平定孟达之后，也把他抓到京师洛阳问罪。

申仪告密之后，孟达本想立刻起兵，但这时他收到了司马懿的信，信中对他百般安抚，同时表达了自己对于孟达的信任，因此孟达觉得事情还不到撕破脸的时候，所以犹豫不决。

可是司马懿前脚刚刚送出安抚孟达的信，随后便点齐大军出兵讨伐，司马懿手下的人都建议再观望一下，因为孟达这个位置，跟东吴和蜀汉都可能有联系，大军贸然出动，有被伏击的风险。

这时司马懿分析认为，孟达这人言而无信，现在看到我的信，应该正是犹疑不决之时，咱们应该趁他举兵之前解决问题。

而孟达之所以有犹豫的资本，是因为新城郡离司马懿驻扎的宛城（今河南省南阳市宛城区）很远，他在给诸葛亮的信中说道："宛城距洛阳800里，距新城1200里，司马懿得知我举兵的消息，先要上书曹叡，奏疏来回至少要一个月的时间，到那时，我早已防御完毕。况且新城山高路远，司马懿也未必会亲自来，所以其不足为虑。"

司马懿征辽东时说过，孟达的粮食可以吃一年，这就说明其实司马懿早有准备。司马懿亲率大军昼夜兼程，用最快的速度急行军，只用了8天，大军就赶到新城城下。这下孟达慌了，赶紧写信给诸葛亮求救，其实蜀汉已经派人前来救援了，大军沿着汉水东进，主力刚到西城安桥（今陕西省安康市西南方），前锋已经到达了木兰塞（今陕西省安康市旬阳县东北方），但这两路援军都已被司马懿派去的军队拦住，此时的孟达已经无路可逃。

司马懿率大军围攻新城郡16天，城被攻破，孟达被杀。按照《晋书》的记载，其实诸葛亮也讨厌孟达，所以派人诈降，将孟达谋反之事告诉了魏兴郡郡守申仪，才有了后边的事情。但无论如何，这件事让司马懿真正成了一位将军。

后来，曹休去世，司马懿升任大将军，再后来曹真也病故了，司马懿成为都督雍、凉诸军事的重臣，司马懿在这个位置上干了多年，后来司马懿发动高平陵之变，司马氏掌权以后，荆州、雍、凉地区都没有出现过大规模的叛乱，恐怕也是司马懿经营的结果。

青龙三年（235），司马懿被曹叡擢升为太尉。这个任命很值得玩味，曹魏武将大将军之上，应该是大司马，可曹叡却将司马懿封为太尉，可以看出，曹叡其实已经开始防范司马懿了，因为毕竟公孙渊都被封为"大司马"了。

这一时期的司马懿可谓忠心耿耿，不光凭借着自己的隐忍，耗死了诸葛亮，阻挡住了蜀汉的攻击，还在一定程度上开发了关中地区的经济。青龙三年，关东地区闹饥荒，司马懿还为朝廷提供了500万斛粮食用于救灾，同时，司马懿得到的许多宝物不敢自己藏起来，比如白色的鹿之类的，全部作为祥瑞进献给曹叡。

曹叡这时说了句意味深长的话，过去周公佐成王，曾进献白鹿，现在司马懿管理关中地区，又献上白鹿，这不正是忠贞不贰的表现吗？其实大家也应该看出来了，曹叡越是这样说，越是说明他已经开始忌惮司马懿了，所以当曹叡命司马懿率大军征辽东之时，司马懿才会在温县老家表演了那出"告成归老，待罪舞阳"的戏码。

可世事无常，正当司马懿考虑回京以后该如何自处的问题时，命运第三次选中了他。司马懿莫名成了宫廷斗争的最大受益者，再一次受诏"托孤"，只是这一次和他一同受诏的只有曹爽一人，双方的矛盾也就从曹叡驾崩的那一刻开始。

三、蛰伏：司马懿的隐忍

景初三年（239）正月，年仅8岁的太子曹芳接替曹叡，成为曹魏的第三任皇帝。新皇登基，首先大赦天下，同时，尊曹叡的郭皇后为皇太后。至于两位托孤大臣，曹芳为二人加上"侍中""都督中外诸军事""录尚书事"几大职衔，并赐予符节、黄钺等信物，以示其代表天子。史书中还特意强调，原来曹叡在位时下诏营建的宫殿，此刻一律以"明帝遗诏"的名义停工。

这里又存在了一个曹叡埋下的隐患：除了上述那些头衔之外，曹爽的官职是大将军，而司马懿的官职是太尉，这样问题就出现了。"太尉"这个官职，实际上是个虚衔，之前是表示荣宠才用到的，而大将军是实职，《文献通考》上说"大将军内秉国政，外则仗钺专征，其权远出丞相之右"。也就是说，大将军位列三公之上，而且是实职，所以司马懿无论从官阶还是实权上都在曹爽之下。如果此时司马懿是"大司马"的话，可能情况就完全不同，曹叡任命的最后一位大司马，竟然是公孙渊。

刚开始的时候，曹爽和司马懿都在宫中值班，以便随时处理朝政。曹爽最初还一直把司马懿当成长辈，尽心侍奉，凡事都会找司马懿商量之后，再作决断，二人也基本上比较和谐。

曹爽的身边有一伙趋炎附势之徒，当年曹叡在位时，最讨厌的就是这些没有真本事、整日趋炎附势、媚上欺下的文人。所以这些人基本都被排除出了朝廷，要么在地方任职，要么直接赋闲。可曹爽非常喜欢这些人，并与之结交，所以曹叡一死，曹爽就将这些人召回到身边。

这些人的传记基本都附在曹爽传的后面，有并州刺史毕轨、前大将军何进的孙子何晏、南阳士族邓飏和李胜，以及沛县人丁谧等。这些人原本不受待见，这下抱上了曹爽这棵大树，都十分满意。

为了让曹爽的权力更大，这些人开始打起了司马懿的主意。丁谧建议曹爽，应该让皇帝下诏，加封司马懿为太傅，太傅这个职务非常尊贵，却是个虚衔。这样司马懿脱离权力中心，以后尚书奏事的时候，直接报给大将军，这样一来，曹爽就可以大权独揽。

二月二十一日，曹芳下诏封司马懿为太傅。与此同时，曹爽还做了一系列的人事安排，自己的两个亲弟弟，二弟曹羲为中领军，三弟曹训为武卫将军。然后曹家的各位子弟，加上一帮帮闲的门客，都成为出入宫廷的荣宠之臣。

变成太傅的司马懿，虽然仍然地位尊贵，但曹爽只是外表装装样子，以示恭敬，但实际上朝廷的事务已经不再知会司马懿。当时负责选拔官员的吏部尚书名叫卢毓，是东汉大儒卢植的儿子，当初还建议曹叡制定"考课制度"。现在曹爽直接将卢毓升任为尚书仆射，而让何晏做了吏部尚书，他的手下邓飏、丁谧也都担任尚书，毕轨担任司隶校尉。这样一来，整个京城和朝政都控制在了曹爽手中。

可是曹爽任用的这些人基本上都是些肆意妄为之徒，何晏做了吏部尚书以后，仗着曹爽的权势胡作非为，官吏考核的标准变成了是否能够对何晏等人曲意逢迎，朝廷的风气也因此变得非常不堪。

有人想要站出来指责他们，但又不太敢顶撞何晏。黄门侍郎傅嘏就对曹爽集团中相对靠谱一些的曹羲说，你们兄弟不要受何晏等人的诱惑，这人表面淡泊名利而内心渴望追名逐利，这样的人一旦得势，那些有见识的人就会离去。史书上没有记载曹羲说什么，反而是何晏听说后，直接把傅嘏罢了官。

后来何晏觉着卢毓跟自己总归不是一条心，就将其挤走，卢毓先是担任廷尉，没想到又被司隶校尉毕轨诬陷，直接遭到免职。可卢毓毕竟是世家子弟，况且何晏、毕轨等人名声不佳，后来舆论压力太大，曹爽只好让卢毓回来担任光禄勋，掌管宫内事务。

还有那个曹叡怕曹爽控制不住局面，把孙礼安排给他。曹爽觉得这孙礼性格过于耿直，不像那些人懂得如何迎合自己，直接将孙礼外放去做了扬州刺史，离开了洛阳。两年多之后，曹爽再次将领军将军蒋济升为太尉，直接剥夺了他的军权，要知道司马懿、蒋济、孙礼这几位都是跟过曹操的，至今已历四朝，曹爽显然是低估了这些人的政治能量。

此时的司马懿虽说已经无法掌控朝局，但毕竟没有和曹爽决裂，许多朝廷的事情，他还是有自己的话语权的。正始二年（241），61岁的孙权决定伐魏，当孙权流露出这个意向的时候，零陵郡太守殷札便为孙权出谋划策。

殷札在上书中强调，要打就须举全国之力，如果只是派小股部队骚扰，根本无法取得战果，反而劳民伤财，更主要的是对士气也是个打击。所以殷札为孙权制定了一个作战计划，虽然孙权没有采纳，但我们也可以想一下，这样能否成功。

首先要联合蜀汉，让其在陇右出兵。然后，抽调全国的军队，并且动员扬州、荆州的老弱负责后方。再派诸葛瑾、朱然攻击襄阳（今湖北省襄阳市）；陆逊、朱桓攻寿春（安徽省淮南市寿县），最后，孙权自统中军攻青、徐二州。按照殷札的设想，四路大军，只要有一处突破，敌军势必土崩瓦解，内部必然叛乱，到那时，东吴便可趁势北上，中原可定。

这个建议实在不算高明，这相当于让孙权把家底全掏出来，对方一路失败就会崩溃，对于孙权一方又何尝不是呢？况且现在的孙权，北伐的目的其实不是为了征服中原。之所以打这个仗，一方面是为自己的面子，另一方面也能巩固和蜀汉的同盟。

所以，具体孙权是这么打的：夏四月，东吴的卫将军全琮出兵淮南郡，东吴掘开了芍陂（què bēi），据说是当年楚国名相孙叔敖修建的，就在寿县的西南侧；诸葛恪率军进攻六安（今安徽省六安市）；朱然攻樊城

（今湖北省襄阳市樊城区）；大将军诸葛瑾攻柤中（今湖北省襄阳市南漳县一带）。从这个阵容就知道，东吴派的全是水军，因为这些地方实际上都不在东吴和曹魏的边界上。同时，既然是水军，就意味着还是以骚扰为主，俗话说"有枣没枣打三竿子"。

这次战役蜀汉并没有派兵，所以曹魏面对的还是两个战场，镇守扬州的征东将军是王凌，之前曹爽又给这一地区加派了一个扬州刺史孙礼，二人在芍陂激战，王凌、孙礼拼死作战，特别是孙礼本人冲锋陷阵，连战马都中箭身亡，最终将全琮击退。

另一路军队由朱然率领，在樊城围城，樊城守将名叫乙修，赶紧向征南将军求援。此时的征南将军名叫夏侯儒，已经担任了10年都督荆豫诸军事，这还是第一次面对考验。

夏侯儒是夏侯尚的本家弟弟，接到救援后带兵驰援，但由于兵少，根本不敢交战，只好在距离朱然六七里的地方虚张声势，好让城中的守军见到自己。此时荆州刺史胡质率部将蒲忠及手下军队也赶来救援，本来有人对胡质说，对方情势不明，不应出击，但胡质认为樊城城墙矮且守军弱，如果不派人救援，恐怕城池不保。

关键是胡质、蒲忠的军队也不多，二人只好占据地形，准备从后方攻击朱然，蒲忠在前，胡质殿后，此时朱然的军队已经出发围城，营中只有800人，朱然不愧为东吴名将，率800人应战，蒲忠、胡质被击败退走，但这一来一回，算是基本稳住了樊城的局面。

这时，消息传回京城，司马懿指出，荆州柤中地区有数十万人，华夷杂处，这些人都在汉水以南，现在樊城被围已经快一个月了，一旦失守，这十来万人就会全都落入敌手。综合判断，60多岁的司马懿决定亲征。

大军六月出发，在司马懿的率领下直奔樊城。夏侯儒的军队终于等来了司马懿，双方兵合一处。此时见司马懿前来，同时，各路的军队打得都不好，朱然决定撤军，朱然先是筹备攻城，继而在夜里突然撤军。司马懿追击至三洲口（今湖北省襄阳市东唐白河入汉江处），据《晋书》记载，司马懿斩获上万人，大家姑且一听，因为东吴的军队大概率是从水路撤退，不过缴获了许多军需物资，还是有可能的。

其实司马懿这次来，不光是打仗的问题，他还借机提拔了一个人，叫邓艾。司马懿很看好他，命他在当时淮北地区屯田，并下令拓宽一些水渠，整修坡地，使其成为良田。至此，淮北地区多地都建起了粮仓，这也为后来灭吴奠定了基础。

回京之后不久，朝廷便对荆州、扬州的两条防线做了一系列人事调整。首先夏侯儒胆怯畏战，被召回洛阳，改任太仆；调任徐州刺史王昶为征东将军，都督荆、豫诸军事；荆州刺史胡质表现突出，被任命为征东将军，都督青、徐诸军事；原征东将军王凌获封车骑将军；南乡侯孙礼则调任荆州刺史。王昶、胡质到任后，都开始训练水军，准备应对孙权的威胁。

这些任命如果说出自司马懿之手，应该是比较可信的，因为王昶是司马懿举荐的，原本两个战场唯一的皇族夏侯儒，被直接剥夺了兵权。

看到司马懿军功赫赫，曹爽手下的人开始替曹爽谋划。邓飏等几人建议曹爽，应该出兵伐蜀，曹爽觉得有理，这时司马懿出面劝说，但曹爽坚持要去，完全不理会司马懿的建议。

正始五年（244）年三月，大将军曹爽抵达长安。驻守在长安的征西将军，是曹爽的堂兄夏侯玄，征西将军府的长史李胜，便是怂恿曹爽伐蜀的策划人之一。曹爽到达长安以后，大量征发当地士卒六七万人，再加上本来的军队，共计十余万，走傥骆道南下，直取汉中。

正常情况下，蜀汉的统帅应该在汉中办公，但此时大司马蒋琬病重，汉中出现了一个空窗期，在汉中驻防的汉中太守王平，手下只有不满3万人，因此汉中人心惶惶，将领们都很恐惧，大家都认为不应出战，应该固守待援。

统一的前夜：司马氏鲸吞三国

这时，王平对众人说，汉中距涪县（今四川省绵阳市）路途近千里，敌军一旦攻陷关城（今陕西省汉中市宁强县西北 100 里阳平关镇），后果不堪设想，应派护军刘敏守住兴势（今陕西省汉中市洋县八里关镇），我在后方策应。如果曹魏分兵攻打黄金（今陕西省汉中市洋县东北），我再率 1000 人亲自迎战。总之，原则就是要在这个地方拖住曹魏大军，这样来等待援军。

王平这套策略的目的很明确，要以现有的兵力尽可能地拖延时间，以此来等待成都的救援。其中提到的关城在汉中西侧，一旦关城失守，曹魏大军就可沿着西汉水一路南下，相当于蜀汉的第一道防线就被突破了，而这也是 20 年后，钟会灭蜀的路线。不过此时蜀汉的将领们还是对王平的战术将信将疑，但护军刘敏认为王平的战术很好，于是蜀汉军队进驻兴势，并且在两侧山上沿途百余里的路上，全都插满了蜀汉的旗帜。

消息传到成都，刘禅命大将军费祎率军救援汉中。费祎临行时，光禄大夫来敏来找费祎下棋，这时大军已经集结，费祎就在马前与来敏对弈，从容自若，来敏因此感叹道：您真是定力非凡，必能克敌制胜！

曹爽的大军此刻正在兴势城下苦战，这时，关中和氐羌部落转运的粮草无法维系，随军的很多牲畜死亡，许多民夫因此呼天抢地。与此同时，又传来蜀汉大将军费祎领大军增援、即将到达战场的消息，曹魏的参军杨伟向主帅曹爽建议，应该迅速撤军，不然必败。此时邓飏、李胜这些提议出兵的人和杨伟爆发了冲突，杨伟直接对曹爽说赐死二人。搞得曹爽非常不愉快。

战事到此，其实已经很难进行下去了，只是想劝动曹爽撤兵，杨伟作为一个小小的参军还是分量不够。此时有人对曹爽的副手夏侯玄说，费祎已经占据了有利位置，我们现在战又不能战，应该抓紧撤军，以后再考虑——这个人是 33 岁的征蜀将军司马昭，司马懿的第二子。正当夏侯玄犹豫之际，之前劝阻无果的司马懿给夏侯玄写了封信：

《春秋》责大德重。昔武皇帝再入汉中，几至大败，君所知也。今兴势至险，蜀已先据，若进不获战，退见邀绝，覆军必矣，将何以任其责！

信中提到的曹操入汉中，就是汉中被刘备夺走这一战。同时，司马懿还提醒夏侯玄，一旦被截住退路，就有全军覆没的风险。夏侯玄见信后慌了，跟曹爽说了以后，五月，曹魏撤军。但此时撤军已经晚了，费祎已经在骆水的三道山岭设下埋伏，层层阻击，曹爽只好率军一关一关地闯，最后终于勉强逃出了骆谷，但曹爽的数万大军已经灰飞烟灭，再加上多数牲畜死亡，整个关中的财富被消耗一空。

四、反击：高平陵之变

征蜀汉失败之后，曹爽回到京城，并没有总结出什么经验教训。正始六年到正始八年（245—247），曹爽可谓是胡作非为，任用手下的几个爪牙，随意更改朝廷的法令。终于，曹爽接受了何晏等人的建议，将郭太后迁到永宁宫，和曹芳分开，这样一来，曹爽专权便再没有了阻碍。

司马懿面对曹爽的所作所为，无法劝阻，也无力干预。五月，便称病居家，不再过问朝廷的事务。也就是在这一年（247），司马懿的结发妻子张氏去世。主流的史书中没有记载司马懿和儿子们的反应，但正常情况下，司马懿在朝中为官的两个儿子司马师和司马昭应该回家为母亲守孝，这样一来，司马家在朝当官的人就都回家了。

这时的曹爽，已经彻底失去了约束。在家中骄纵淫逸，奢侈无度，饮食起居几乎比照天子，曹爽府上到处充斥着皇家的珍宝，甚至曹爽还将曹叡的歌伎舞女带到家中取乐。曹爽的府邸也是雕梁画栋，他在其中与何晏等人纵情声色，饮酒欢宴。

太尉蒋济上书指责曹爽，曹爽完全不理会，只顾自己享受，但曹家也有明白人。曹爽的亲弟弟曹羲就曾经多次劝曹爽，连写了三篇言辞恳切的文章，说明骄奢淫逸会招致祸患。曹羲写完了还不敢直接给大哥曹爽看，后来还是假托同族人拿给曹爽，曹爽看后非常不悦，曹羲见自己的劝谏碰壁，哭着起身告辞。

同时，随着司马懿不再过问朝政，曹爽在政治上的警惕性也逐渐消失，经常带着兄弟们一起出去游猎。对此，曹爽手下最有智谋的大司农桓范也曾告诫曹爽，你们曹家三兄弟手握兵权，不能同时离开京城，一旦发生意外，有人关闭洛阳城门，到时进不来就麻烦了。对此，曹爽不过回复一句："谁敢尔耶？"

曹爽如此有底气的原因很简单，拱卫京城的禁军几乎全部掌握在曹家手中。曹魏将在京城的军队称为中军，中军的主官就是中领军，如果像蒋济这样的老臣担任中领军，就称为领军将军，这个职位当时是曹爽的二弟曹羲担任。

其中中领军以下，有一支主管宫廷宿卫的核心力量，叫武卫营，这支军队最初是曹操当丞相的时候设置的，第一任掌管是曹操手下猛将许褚，武卫营的掌管最初称为"武卫中郎将"，曹丕时期改为"武卫将军"，这个职位现在由曹爽的三弟曹训担任。

在这两个最重要的职位以外，京城中还有中垒营、中坚营、五校营，"五校营"是从汉朝继承来的，在曹叡时期就已经没有什么战斗力了，但这个中垒、中坚两营是个问题。

《三国志》这本史书，没有"百官志"之类的志、书等内容，目前可供参考的一些正史最早也是南朝编写的，对于曹魏时期官制的记载多有矛盾之处，所以很多内容需要推测。

按照《晋书》记载，正始六年（245）八月，曹爽废除了中垒、中坚两营，将其归属中领军率领。这个记载很有意思，这就说明这两营的军队原来不归中领军率领，那最有可能归属的就是中军中另一个重要职位——中护军。

中护军这个官职的主要职责应该是选拔一些基层的将领，曹叡时期，担任这个职务的是蒋济，蒋济直接把中护军弄成了自己的"小金库"，以至于当时民间顺口溜说"欲求牙门，当得千匹；百人督，五百匹"，后来这歌谣司马懿都听说了，还专门去问蒋济，二人关系很好，蒋济无言以对，只好开玩笑说："你去洛阳城里买东西，少一个大钱人家也不会卖给你。"这等于是间接承认了这件事。

等到曹芳即位，蒋济转任领军将军，中护军的职位就给了夏侯玄。大概就在这一时期，可能是曹爽为了平衡蒋济的禁军大权，就增加了中护军的兵权。正始三年（242），蒋济被剥夺了领军将军的职务，升为太尉，这样一来曹爽集团就控制了禁军。应该就是在其后不久，夏侯玄调任征西将军，去都督雍凉诸军事，司马懿的长子司马师，成了中护军。

也就是说，到正始六年（245）曹爽废除中坚、中垒二营之前，中护军应该是有一定军权的，而且中护军还能提拔下层武将，要知道在"九品中正"的背景下，没钱没背景想要获得机会实在是难上加难，司马师担任这个职位时，持心公正，按功授职，毫不徇私，赢得了许多人心。

我们之所以花这么大的篇幅来分析这件事，是因为司马师就在这几年间，私下招募了3000名私兵，这些人都分散在百姓之中，这件事做得极其隐秘，等到"政变"开始时，没有人知道这支军队是从哪里冒出来的。

但曹爽并不知道这些，他和他的手下们最忌惮的只有司马懿。正始九年（248），曹爽的手下李胜获封荆州刺史，启程之前去拜见司马懿。司马懿知道李胜的目的就是来试探自己，于是就开始了表演。

李胜刚一进来，司马懿就让侍女拿衣服，递过来后自己想拿却直接掉在地上，接着又跟侍女说渴，侍女端来粥，司马懿也不接碗，直接拿嘴喝侍女端着的粥，最后撒了一身。李胜见状，急忙表示没想到太傅身体这么不好。

接着司马懿有气无力地说："我现在死在旦夕之间，你既然要去并州，就要好好防备胡人入侵，我就把我的两个儿子托付给你了！"

李胜一听，忙说："臣忝列本州刺史，并非并州。"

司马懿故意瞎说道："原来是刚到并州啊。"

李胜只好再答："是荆州。"

这时司马懿才说："好，好，我年老意昏，没听明白，那更好，你年纪轻，正好建功立业！"

李胜告辞回去，见到曹爽后说，司马懿就差咽气了，神志已经混乱，没必要担心了。不仅如此，李胜还总自己感叹，没想到太傅也有今天，实在是让人唏嘘啊。曹爽等人看他的反应，也就不再对司马懿加以防备了。

正始十年（249），对决开始。

春正月初六，曹芳按惯例出城为曹叡扫墓，大将军曹爽、中领军曹羲、武卫将军曹训三兄弟，跟随天子同往，众人出西门，离开京城洛阳，直奔明帝曹叡的高平陵。

曹爽等人离开京城的前夜，司马懿命司马师第二天一早要集结起那三千死士。第二天清晨，曹爽等人离开之后，司马懿亲率死士前往攻打武库。之所以将武库列为第一个目标，是因为这三千死士平时散落民间，要想有战斗力，没有武器是万万不行的，同时，司马懿还命司马师率人去守住司马门。

武库的位置当时在洛阳城北，要想到武库去，必须先经过大将军曹爽的府邸。曹爽其实之前也有准备，他在自己大将军府内修建了高高的角楼，可以俯视武库大门。司马懿到达武库前时，曹爽府上已经收到了消息，曹爽府上的帐下督严世已经张弓搭箭瞄准了司马懿，但三次瞄准，都被府上另一位将军孙谦阻拦，孙谦对严世说："现在事情还不明朗。"就这样，司马懿率军顺利拿下武库。

司马门是皇宫的南门，宫中有禁军把守，一旦司马门关上，凭借司马懿这点儿人手是很难攻陷的，好在中领军曹羲和武卫将军曹训都不在宫中，司马师又是中护军，所以司马师很快占领了司马门。

司马懿打下武库之后，马上上奏太后，强调曹爽罪行，并请太后下诏，关闭洛阳城门。同时，司马懿还请出了自己的老朋友太尉蒋济与自己同乘一车，二人同属四朝老臣，蒋济担任护军将军、领军将军多年，在中军内部颇有威信。上奏太后完毕，司马懿请司徒高柔接管曹爽大将军的职权，赐予符节，并对高柔说："君为周勃矣。"同时，还请自己的老部下、现在的太仆王观任中领军，接管曹羲的部队。

京城安顿好后，司马懿带着蒋济一起出城迎接天子，占领了洛水之上的浮桥，此时司马懿拿出准备好的诏书，命人送去给天子曹芳。

司马懿的诏书强调了自己从辽东班师之际，曹叡曾拉着自己的手托孤，自己愿誓死完成曹叡所托的使命。同时，历数曹爽的罪状，其一背信弃义，不顾先帝托孤之责，处处僭越，控制禁军、朝臣，任人唯亲，重用小人，无法无天。除此之外，曹爽还利用黄门张当，监视天子，离间天子与太后的母子之情，所以，我司马懿不敢背叛先帝，忘记誓言。

综上所述，司马懿和蒋济等朝臣都认为，曹爽兄弟，目无君主，不适合统御禁军，所以朝臣已经上奏太后，免除曹家三兄弟的官职，准其以侯爵之身回府，如若几人想阻挠天子回銮，就交由军法处置。最后，司马懿霸气宣言说自己正率军在洛水浮桥等候，等着看这些人的反应。

同时，司马懿派侍中许允和陈群的儿子尚书陈泰二人去送奏书，游说曹爽认罪，再找来殿中校尉尹大目，此人是曹爽心腹，让他带着蒋济的信去向曹爽保证，对其只免官，不迫害，司马懿甚至手指洛水起誓，保证曹爽等人的安全。

虽然看似一切都在司马懿掌握之中，还是出了个插曲——曹爽的谋士大司农桓范跑了。

桓范是曹爽的同乡，而且是长辈，所以曹爽平日里对桓范十分尊敬，桓范也时常劝谏曹爽。司马懿禀奏太后接管禁军之时，本来想让桓范出任中领军——这是符合逻辑的，因为王观曾做过司马懿的从事，按照司马懿用高柔的逻辑，显然他一开始就打算避嫌。桓范本来准备接受，但他的儿子却认为天子在城外，忠臣应该出城！所以桓范带着大司农的印信直奔南城的平昌门——因为守平昌门的门侯是桓范的老部下司蕃，桓范手举版牒，版牒即诏书，很明显这是假的，司蕃本想查验，但桓范摆了一下老长官的威严，司蕃也就把门打开了，桓范刚一出城，就回头对司蕃说："司马懿谋反，快跟我走。"但这司蕃没有马，追不上，直接就到路边躲起来了。后来还是他指正了桓范出逃之事。

桓范一跑，司马懿大叫不好，对蒋济说："智囊往矣！"

倒是蒋济非常淡定，说："这桓范是有两下子，但曹爽好比笨马爱草料一般，根本没有大志向，不可能采纳桓范的意见。"

再说曹爽一边，司马懿的上书送到高平陵，曹爽大惊失色，无所适从，不知该如何是好。但他也没有禀报天子，而是将天子留在了伊水南岸，命军队砍伐林木，建立防御工事，并征调了数千的屯田兵，严加戒备。

这时，桓范赶到了曹爽的驻地，劝曹爽应该带着天子前往许昌，再号召天下兵马勤王，见曹爽犹豫不决，桓范又对曹羲说："今日之事已经没有第二个选择，你们这些人没读过书吗？像你们兄弟今日的地位，即使是想再过普通人的日子，还能做到吗？况且哪怕是一个寻常百姓，手中但凡有个人质，都想着要活命，现在你们手中有天子，号令天下，谁敢不从？"此时的曹家兄弟全都默不作声。

桓范看见这几个人的样子，估计心中早就骂了娘，但眼下没有别的办法，既然鼓舞不成，桓范只好继续对曹羲说对策："将军您的别营就在洛阳城南，典农中郎将的屯田军也在城外，只需下令集结，再前往许昌装备武器，我随身带了大司农的印信，可调天下军粮，不必担心粮食的问题。"

可无论桓范怎么说，以曹爽为首的曹家兄弟全都沉默不语，整夜思索之后，曹爽将佩刀扔在地上，说："司马公不过是想夺我的权罢了，再怎样，我还是能做个富家翁！"桓范听罢痛哭着说："曹真何等英才，却生出你们兄弟这帮猪狗一样的人，想不到我桓范今日要被你们连累灭族了。"

曹爽下定决心之后，就将司马懿的奏章呈给曹芳，主动要求曹芳下诏免除自己的官职，之后，曹家兄弟陪着天子返回洛阳。之后，曹家兄弟各自回府。

司马懿倒也没有马上翻脸，而是派人包围了曹爽的府邸，并且在曹爽的大将军府四角建起高台，派人在这四处监视曹家兄弟的一举一动，哪怕曹爽拿着弹弓去后院花园，楼上便高声喊话："故大将军东南行！"搞得曹爽既崩溃又无奈。

好在曹爽也没有郁闷很久。正月初十，就有相关部门告发，黄门张当曾将宫中女子送至曹爽处，另外曹氏兄弟伙同何晏等人，企图谋反。所以，将曹爽兄弟三人、何晏、丁谧、毕轨、邓飏、李胜、桓范等一干人等全部下狱。司马懿上书弹劾这些人有"谋逆"之罪，加上黄门张当一起，全部被夷灭三族。

看司马懿的一生，其实不难发现，他是一个极度理性的人，做事从不拖泥带水，无论是行军打仗，还是处理政务，总是先想好整套方略，然后再一步步地坚决执行，所以，当这场"高平陵之变"发生时，曹爽等人的结局就已经注定。

尽管受到后来两晋朝廷的影响，对于曹爽兄弟的记载多有抹黑之处，但我们就史实来看，曹爽兄弟很可能在政治上确实有着许多不成熟和荒唐的地方，然而总体来说，对待前朝老臣，包括司马懿在内，都采取了"夺权不伤害"的方式，而且司马懿的两个儿子司马师和司马昭都得到了比较好的任用，或许也正是因为这样，曹爽等人才会对司马懿抱有幻想。

对曹爽下手这一点甚至连蒋济都没有想到。当初曹爽之所以选择回来，是因为蒋济写信给他保证他没事的。现在曹爽遭遇"夷三族"这样的处理，蒋济认为自己是中了司马懿的计，成了司马氏的帮凶，就此一病不起，这一年四月份，就去世了。

二月，曹芳下诏封司马懿为丞相，年底，又要给司马懿加九锡，虽然司马懿都上书坚决辞让，但不可否认的是，司马懿已经成为曹魏的实际话事人，统一的序幕已经拉开，一个新的时代已经开始。

第四章

东吴大帝

统一的前夜：司马氏鲸吞三国

就在曹爽和司马懿互有攻守之际，东吴也正在经历着一场夺权的内斗。

东吴黄武八年（229）四月十三日，48岁的孙权正式登基，改年号为黄龙，因为这一年的夏口和武昌都有出现了黄龙的说法，所以黄武八年也就是黄龙元年。孙权即位后，追尊孙坚为武烈皇帝，孙策为长沙桓王。同时，原来的吴王太子孙登被册封为皇太子，文武百官也都得到了加封。

就在这一年的九月，孙权将都城由武昌（今湖北省鄂州市）迁往建业（今江苏省南京市），太子孙登及九卿、尚书等官职也被留在武昌，同时上大将军陆逊也留在武昌辅佐太子，并负责一应军政大事。

孙权之所以迁都，其中一个重要的原因是表示对蜀汉的友好。就在孙权称帝之时，作为重要的盟友，孙权派人去通知了蜀汉，并做了一番简报，提议两国应该二帝并尊。

对于蜀汉的许多人来说，这简直是无稽之谈，因为刘备的法统来自东汉，从这个层面来说，无论是曹魏还是东吴，都应是汉朝臣子，孙权此番称帝，无疑是对大汉王朝的挑衅，所以各路人等群情激愤，表示要和东吴断交。

关键时刻，还是诸葛亮出面做出了解释，诸葛亮将孙权比作匈奴，强调当年汉文帝时也曾对匈奴百般礼遇，这无非是一时权宜，如果一旦蜀汉与东吴为敌，毕然要将北方防守曹魏的军队东移，那样的话一是得罪了孙权，二是给了曹魏可乘之机。因此，为了国家利益，不应过分强调孙权僭越称帝一事。

之后，诸葛亮力排众议，派卫尉陈震代表蜀汉去祝贺孙权登极。不但如此，双方还就日后灭掉曹魏，平分领土达成协议，其内容规定，曹魏的豫、青、徐、幽四州归东吴，而兖、冀、并、凉四州归蜀汉，洛阳所在的司州则以函谷关为界，一分为二，东边归吴，西边归汉。

这个协议很明显是形式大于内容，曹魏现在共有12州，这其中只提到了9州，雍州、扬州、荆州的归属都没有说明，另外比较有趣的是幽州归东吴，但冀州、并州归蜀汉，这样一来，幽州就成了一块"飞地"，和东吴的地盘不接壤，唯一合理的解释就是孙权实在太渴望拥有一支骑兵部队，幽州的马匹正是孙权需要的，但遗憾的是，直到覆灭，东吴都没能组建起一支3000人的骑兵部队。

不管这个协议是否有效，是否能够执行，蜀汉的承认至少让孙权心里的一块石头落了地，这也意味着，三国鼎立的局面正式形成。不过从孙权将都城迁回建业开始，他的性格似乎也发生了变化。

一、性情大变

在我们熟知的几位三国君主中，曹操活了65岁，刘备活了62岁，而孙权活到70岁，几个人看似差不多，但实际上曹操收编青州兵，占据兖州时已经快40岁了；刘备在赤壁之战前已经47岁了，还没有一块稳定的地盘；而孙权继承大哥孙策的事业时，只有18岁，到黄龙元年（229）孙权称帝时，他作为江东之主已经快30年了，或许是由于身份的变化，也或许是因为年龄的增长，孙权的个性在他称帝之后，发生了很大的变化。

就在孙权称帝后的第二年（230）春天，孙权下了一道命令，命将军卫温和诸葛直率军1万人出海，去寻找传说中的夷洲和亶洲。之所以去这两个地方，是因为据老人讲当年秦始皇派方士徐福带领几千名童男童女入海求仙，去找传说中的蓬莱仙岛和不老仙药，后来这些人都留在了海中的亶洲，现在已历数百年，繁衍生息，据说有几万户人家。而亶洲的人有时会到会稽郡买布料，而东南沿海的渔民出海捕鱼，有时遇到大风，也可能漂到那里。孙权派二人前往，其实就是为了"抓点壮丁"来增强国力。

这时，上大将军陆逊、卫将军全琮都认为此举不妥，向孙权谏言，并指出，当初孙策打天下，手下军队不超过500人。现在江东现有的人口完全够用，不应该劳民伤财到遥远沧海之中的不毛之地去袭击他人。海上风浪变幻莫测，上万的大军出发，一旦水土不服，暴发疫病，恐怕本来想要增强国力的愿望也是竹篮打水，反而有可能损兵折将。况且就算成功，当地人民智未开，得到他们的帮助又能有何作用？所以不应该冒这个险。孙权没有接受，还是派卫温和诸葛直率船队出发了，也有人认为，孙权派二人去还有寻找长生不老之药的目的。

船队出发一年多，船上的士卒因为各种疾病以及瘟疫，死了八九成。最终并没有找到亶洲，但是一行人找到了夷洲，后世的学者一般认为夷洲指今天的中国台湾岛，这是正史中第一次有人大规模到访台湾岛的记载。但卫温和诸葛直并没有带回什么好消息，仅仅掠夺了数千人，就返回东吴，最终二人因为损兵折将，徒劳无功被孙权杀死。

这件事和后来派人去辽东册封公孙渊一样，都是去时群臣反对，但孙权一意孤行，最终导致了灾难性的后果，而这一次卫温和诸葛直到达中国台湾，虽然历史意义重大，但在当时，却是不折不扣的重大损失。

除了一意孤行之外，孙权似乎还表现出了一种对于皇帝身份的不自信，总是渴望天下人都能承认自己，因此，孙权还曾陷入"间谍"危机之中。

曹魏有个青州人叫隐蕃，受到曹叡的召见，曹叡觉得他口才很好，或许是为了报当年周鲂忽悠曹休的仇，曹叡命隐蕃"打入敌人内部"，争取做到廷尉部门的位置，主管司法，到时候就能利用刑案挑拨东吴的君臣关系。

黄龙二年（230），22岁的隐蕃逃到吴国，上书孙权说："古时纣王无道，微子就离开了他；汉高祖刘邦开明，陈平就去投奔他。臣今年22岁，背井离乡，就是为了来投靠明君，今日有幸能够安全到达这里。不过我到了这些天，负责接待我的人只把我当作一个一般的归附之人，这样一来，我的才能得不到发挥，观点也无法让陛下知晓，实在是让人难过。今天来到皇宫呈上奏报，希望能得到皇帝的接见。"

这番话很有意思，作为一个细作，隐蕃的上书为自己打造了一个"人设"——自命不凡，恃才傲物，且认定孙权就是自己梦想中的明君圣主。按照之前与曹叡商定的内容，他的目标是廷尉监，所以这个人设应该是早就设计好的。

孙权召见他之后，与之进行了一番对话，隐蕃慷慨陈词，文采飞扬，风度翩翩。当时在座的还有胡综，这胡综是孙权的同窗，负责在一些大事发生时写诰文，是孙权手下文采最好的官员之一，孙权问胡综，隐蕃这人如何？

胡综答道："隐蕃呈上来的上书，言辞之间的修饰很像古时的东方朔，而今日所见，其机巧诡辩又很像当年的祢衡，但他的才智绝赶不上两人。"

孙权听罢，又问胡综觉得隐蕃应该做什么官？

胡综说："臣认为不能以其治民，姑且就在这京城之中，给他安排个小官就可以了。"

孙权听了胡综的意见，听这隐蕃在言辞之间，说了很多刑狱的事情，就将他安排到了廷尉监。廷尉监俸禄600石，应该算是中下级官员。但此时的孙权已经称帝，吴国的风气也发生了一些变化，隐蕃如此年轻，又是在孙权召见后任职，听说还得到了右领军胡综的推荐，一时间在建业成为名流，左将军朱据、廷尉郝普都与之结交，还不断地上书向孙权推荐其才能。

朱据也就算了，这郝普作为廷尉，是隐蕃的顶头上司，和隐蕃交往密切,郝普还经常私下里感叹,隐蕃如此大才却屈居小官。很明显,隐蕃结交郝普自有他"影响廷尉系统"的目的,但郝普毕竟是九卿之一,朱据又是孙权的女婿,隐蕃和这些权贵结交,很快让自己的家宅车马盈门。

不过,东吴朝中还是有一些正直的人对隐蕃保持距离。太常潘濬的儿子潘翥(zhù)也与隐蕃交往,还赠送其礼物,此时潘濬正随太子孙登在武昌,知道儿子的行为后,写信大骂道:"我们潘氏受陛下恩宠,自当以性命相报,你们这些小子在京城,就应该谦卑低调,多与贤者结交,怎么和隐蕃这样的曹魏降者结交,还给他送礼,我在远方听说此事,气得脸热心堵了十多天,信到之日,你抓紧去信使处受罚一百杖,之后赶紧去把礼物要回来!"还有太子宾客羊衜和宣召郎杨迪等人,也都不愿和隐蕃结交。当时的人都很不理解,但一年之后,人们才领会到潘濬等人的明智。

黄龙三年(231)冬十月,或许是上次石亭之战,周鲂诈降得了好处,孙权再次命中郎将孙布诈降。此时荆州的征东将军是70多岁的满宠,这个人老谋深算,不太好骗,于是孙权就将目标对准了满宠的副手——扬州刺史王凌。

王凌这人十分有才能,但心胸比较狭窄,而且贪功。王凌听说孙布投降,便想去接应,但满宠坚决反对,认为其中有诈。但此时满宠接到曹叡的命令,命其回洛阳述职——其实是王凌进的谗言,他上书说满宠又老又爱喝酒,根本做不了事。曹叡本想免去满宠的职务,但有人提醒,不如将满宠叫来看看,毕竟满宠这些年干得非常好。就这样,满宠被征召入京,临走时满宠给长史下令,如果王凌要调兵去迎接孙布,不要给他派兵。

王凌调不出兵,又想立功,只好派自己手下的700骑兵去迎接孙布,走到阜陵(今安徽省淮南一带),便中了孙权的埋伏,700人死伤过半,而满宠回京后,曹叡看这老头身体硬朗,又派他回去了。

就在这个风波中,隐蕃可能是担心王凌会调动大军来接孙布,怕他中了埋伏,于是选择提前"暴露",仓促谋反,结果事发被擒,回到建业后,有司拷问其党羽，隐蕃闭口不答，孙权亲自问他，为何要替别人受这皮肉之苦呢？隐蕃回答，大丈夫做这样的事，怎能没有同伴呢？忠烈之士，一死而已，不会牵连他人！之后隐蕃被杀。

其实回顾整件事，最应该承担责任的就是孙权自己，是他自己提拔隐蕃做的廷尉监，也是他的态度，让整个官场产生"媚上"的风气，但这就是孙权，这时候需要有一个人来承担责任，孙权找到了廷尉郝普，对他说："先生您之前盛赞隐蕃的才能，甚至还为了他不受重用而抱怨朝廷，看来让隐蕃心生怨怼，反对朝廷的就是先生您啊。"孙权这话说得阴阳怪气，郝普听罢，回去就自杀了。另一位和隐蕃交往过密的人是朱据，孙权下令不让他再觐见天子，四年之后才重新启用。

除了为人越来越严苛和喜怒无常之外，称帝后的孙权疑心也开始越来越重。疑心的结果就是开始了"特务统治"。三国时期的制度基本承袭了东汉，但也有所创新，朝廷的大权集中在尚书省，哪怕是朝廷"三公"，也必须加上"录尚书事"才有实权，所以曹操当政时设置了秘书监，曹丕时改为中书省，曹叡托孤时发挥作用的刘放、孙资就是中书官员，但东吴的官制似乎没有曹魏那样完整的中书机构，虽然有人担任过中书令，但没有人担任过"中书监"这个职务。赤乌元年（238）前后，孙权提拔了一个叫吕壹的官员担任中书郎，负责"典校诸官府及州郡文书"。

中书郎的全称叫"中书典校郎"，顶多算是个中下级的官员，但是孙权给他的任务却是监察百官的言行，说白了就是监视朝臣的一举一动。为什么说这个职务本身就有问题？因为之所以有这个职务，就是因为孙权对百官有疑心，所以要想做好这个职务就要发现问题，没有问题怎么办？找问题！

吕壹刚开始的时候也"未得要领"，时间长了他就发现，孙权之所以给自己特权，就是要让自己做事，所以吕壹开始找茬儿，一点细微的小事，就要搜集起来上报，搞得人人自危，而吕壹却能作威作福。皇太子孙登多次规劝孙权不要搞这些，但孙权拒不接受，因此就没有人再敢直言。

特务的存在最大的问题就是让人不敢说话。比如吕壹上奏孙权，诬陷江夏太守刁嘉在私下里诋毁朝廷，孙权听后大怒，将刁嘉下狱拷问。当时所有跟这件事有关的人都害怕吕壹的手段，所以只好配合吕壹，表示听说过刁嘉那些诋毁朝廷的言论。

可侍中是仪却说，自己从没听说过刁嘉有这方面的言论，吕壹见状便一再为难盘问，而孙权诏书的言辞也一次比一次严厉，朝中杀机四伏，人们连大气都不敢出，但是仪还是坚持，对孙权说："如今刀已经架在臣的脖子上，臣难道要冒着灭族之祸为刁嘉隐瞒？可听说过就是听说过，没听过就是没听过，臣不敢妄言。"最终，是仪也没有改变供词，这才算是保住了自己和刁嘉的性命。

可吕壹这样的人存在，朝中人人自危，上大将军陆逊、太常潘濬等老臣见国家到了这个地步都很是忧虑，甚至互相谈起都会流泪。可吕壹还在变本加厉，因为只有检举更多的官员，自己才显得有用，只有自己所检举的官员位阶越高，才能显得自己不畏强权，赤胆忠心，于是他将矛头对准了丞相顾雍。

吕壹上书检举顾雍所犯何种过失（史书中没有明确记载）。孙权大怒，叫来顾雍当面斥责他一番。此时吕壹的朋友黄门侍郎谢宏在闲谈时问："顾丞相之事如何？"

吕壹回答："不太乐观。"原文是"不能佳"，应该是指顾雍不会有好结果。

谢宏又问："如果丞相被免，何人能为之？"见吕壹没说话，谢宏又说，"会不会是太常潘濬呢？"

吕壹说："你说的还真有可能。"

谢宏再说："太常潘濬为人刚直，对你又恨之入骨，只是他现在为太常，没有弹劾官员之权，一旦他做了丞相，恐怕马上就会对你不利。"吕壹这才如梦方醒，赶紧去化解了顾雍的事情。

这件事的重点不是吕壹竟敢诋毁顾雍，而是他除了能诬陷，竟然还能化解，这就说明他已经拿捏住了孙权的脾气。不过有一点谢宏没有说错，潘濬确实对他恨之入骨。潘濬正在请求入朝，面见孙权来揭发吕壹之罪。

可等到潘濬从武昌到了建业，却听说连太子孙登多次当面劝谏都没有效果。潘濬这人正直刚强，见不能弹劾，便起了杀心。他找了一天，大排筵宴，款待朝中大臣，同时暗藏利刃，准备在席间手刃吕壹，哪怕是死也要为国除了这一害。但吕壹得到密报，称病没有参加这次宴会。

东吴的朝廷跟蜀汉和曹魏有所不同，江东士族的势力很大，而且非常团结。西陵督步骘上书替顾雍、陆逊、潘濬等人担保，这些忠臣绝不会辜负君恩，也请孙权不要再怀疑监视他们。

吕壹是个小人，他只管做自己的特务，对于朝局根本没有自己的态度。当诬陷顾雍却没有结果时，吕壹似乎并没有意识到他正在触碰东吴政权的根基，这一次他要动的是孙权最爱的小女儿孙小虎的丈夫——左将军朱据。

因为一些事情，左将军朱据的手下应该领取三万贯钱，有个叫王遂的工匠用了一些手段将这笔钱冒领了。吕壹怀疑实际上是朱据领了这笔钱，就把朱据手下管事的官员收监，逼问口供，对方不认，最终死于杖下。对此朱据也没敢说什么，只是觉得该人无辜枉死，就出钱将其厚葬。

没想到这吕壹没完没了，又据此上表说该人员是包庇朱据而死，所以朱据才要厚葬他。孙权多次下诏就此事诘问朱据，这件事情朱据压根儿就不知道，无法自证清白，只好从家里搬出来，睡在草地上，这叫作"藉草待罪"，是囚犯的标配，朱据这就是等待判决了。

几天之后，典军吏刘助查出了事情的真相，上书孙权，说这笔钱被工匠王遂冒领。这一下，孙权才幡然醒悟，意识到朱据身为自己的女婿都能遭此冤情，其他人恐怕更是冤枉。于是孙权这才下令逮捕吕壹，一查到底，同时，赐给有功的刘助一百万钱。

吕壹被处死后，孙权给自己的老朋友们写了封"道歉信"，之后又下诏责备诸葛瑾、步骘、朱然、吕岱等人，理由就是对吕壹事件，几人都未曾表态，这封诏书写得挺感人，总体上说陆逊、潘濬等人比诸葛瑾等几人更有正义感。并强调以后无论如何都应该直言规劝，如果得不到采纳，则要坚持谏言，直到被采纳为止。

话虽说得好听，但孙权晚年的昏庸残暴才刚刚开始，就在曹魏的司马氏和曹爽展开权力较量之时，东吴则陷入了"夺嫡风波"。

二、太子魔咒

孙权一生一共有过7个儿子，长子孙登出生时，孙权28岁，孙登的母亲是谁并不知道，他的养母是孙权的第二任夫人徐氏。《三国志》的作者陈寿对他的评价是："孙登居心所存，足为茂美之德。"

夷陵之战前后，吴蜀两国关系破裂，孙权曾向曹魏称臣，曹魏方面多次要求孙登去洛阳做人质，但孙权都没有允许。黄初二年（221），孙权被曹魏册封为吴王，他便将13岁的孙登立为王太子，两年之后，孙权为孙登选了周瑜的女儿为妻。

那时的孙权还没有老了之后的那些毛病，非常重视对孙登的教育。诸葛瑾的儿子诸葛恪、张昭的儿子张休、顾雍的孙子顾谭等许多重臣的子弟都陪着孙登读书，孙登也对他们非常礼貌，出门坐车都和他们一起。孙权希望孙登能读《汉书》，多次求张昭教他，后来下令让张休回家和张昭学一遍，再进宫教给太子。

黄龙元年（229），孙权称帝，孙登也就理所当然地称皇太子。太傅张温曾对孙权建议，太子身边的人应用"德才兼备"之人。当时的东宫可谓人才济济：

  以恪（诸葛恪）为左辅，休（张休）右弼，谭（顾谭）为辅正，表（陈表）为翼正都尉，是为四友，而谢景、范慎、刁玄、羊衜等皆为宾客。

  后来孙权迁都回建业，还将上大将军陆逊留在武昌，辅佐太子。

  孙登为人非常地恭谨宽容。带人外出狩猎时，孙登总是尽量躲开百姓的农田，以免马匹践踏，而休息的时候，也都远离村庄，以免扰民。

  同时，孙登对待家人也非常友善，养母徐夫人因嫉妒被贬，后来孙登做了太子，还曾建议孙权立徐夫人为皇后。三弟孙和，因为母亲王夫人得宠，也深受孙权的喜爱，孙登非但不嫉妒，反而时常流露出想让位于孙和的想法。不管孙登此举是否出于真心，都至少说明其有心胸和雅量。

  后来二弟孙虑去世，孙登回建业奔丧，之后也就留在了京城。大约从这时起，只要孙权率大军出征，孙登就留守后方，处理朝政，孙登的处置也总是恰到好处。如果东吴的继承人是孙登的话，或许后来的历史就会改写，但遗憾的是，赤乌四年（241），正当孙权四路派兵，与曹魏在芍陂、樊城等地大战之际，孙登在后方去世，享年32岁。

  孙登去世时，孙权已经60岁了，面对继承人的问题，孙权做了一连串昏庸且难以让人理解的可怕决定。

  长子孙登去世，次子孙虑也早就不在了，于是在赤乌五年（242），孙权册封自己的三儿子孙和为太子，并且大赦天下。本来这是正常的选择，但就在同年八月，孙权又封了太子孙和的亲弟弟孙霸为鲁王。

  这件事是很不寻常的，因为之前孙登做太子时，顾雍曾建议孙权封孙虑为王，被孙权拒绝了，可今日他却要封孙霸为王，关键是孙权还对孙霸格外偏爱，一应待遇和太子无异。几年的时间之内，孙和与孙霸甚至住在同一座宫殿，吃穿用度都在一起，这样一来，群臣们开始觉得不妥。

统一的前夜：司马氏鲸吞三国

当年在吕壹的强权威逼之下巍然不动的是仪，此刻是鲁王孙霸的老师，官拜尚书仆射，他率先对孙权劝谏，是仪认为孙霸非常聪明，能文能武，当务之急，应该让他去四方边境戍守，尽到卫国的义务，同时将朝廷的恩典和德政传播到边疆，这才是国家之福和人民之愿。况且太子与亲王，必须体现出尊卑秩序，这才是礼乐教化的正途。

其实是仪在上书中提出，春秋战国时，有许多诸侯国继承人一旦确定，其他有继承权的公子就要离开国都，所以是仪才建议孙权应该让孙霸去边疆历练。这件事情是仪说过几次，但孙权都没有理会。

赤乌八年（245），随着两位皇子逐渐成人——孙和生于黄武三年（224），本年22岁，孙霸和孙和是一母同胞，所以至少要比孙和小一岁，推测本年应该是刚成年。越来越多的朝臣都上书反映，孙权于是命两人分开，但这道命令却不是简单的各自居住，而是"分宫别僚"，这就意味着两位皇子要各自组建自己的团队，20多岁的年纪，这么安排，相当于将二人推向了对立的方向。

刚开始的时候，太子和鲁王两府一下子多出许多职位，在京城或外地的朝臣，都让家中子弟去两府效力，大家不管是在太子还是鲁王的手下做事，面子上都还过得去。卫将军全琮的儿子全寄受父亲的命令去服侍鲁王孙霸，全琮还给老上级陆逊写信，前一年陆逊刚刚接替顾雍做了丞相，这样的事还是要通报一声。

但陆逊给全琮的回答却很不客气，陆逊认为，子弟如果真有本事，何须担心不受重用，自然也不需要提前建立这样的关系；可子弟如果只是庸才，这样做必然会导致灾祸。现在太子与鲁王一起招募僚属，势头相当，可这样的局面早晚要分出高下，因此，这样的局面实在危险，朝臣不应卷入其中。

全琮当然没听进去，他的儿子全寄不光加入了孙霸的阵营，还在孙霸面前诋毁太子，百般挑拨太子和鲁王的关系，闹得鲁王十分记恨太子。陆逊听到后，再次给全琮写信，略带责备地指出，你全琮身为重臣，不学当年金日磾如何侍奉汉武帝，反而纵容自己的儿子，这样必然会为家门招祸！这次的话说得很重，全琮不但没听，也没回信，甚至还因此记恨陆逊。

而此时的鲁王孙霸，为了结交名士，扩大势力，也是摆出一副"求贤"的架势，朱然的儿子朱绩此时担任偏将军，在京城中广有才名，大家都说其胆力过人，再加上家世显赫，所以孙霸很想结交，还曾亲自到朱绩的府上，挨着朱绩落座，以示亲近，结果朱绩马上起身下地，站在一旁，表示承担不起。"抢人大战"已经进入了白热化的阶段。

古往今来，夺嫡和党争一旦结合，结果便是非黑即白，最后两败俱伤，因为在这样的环境下，必须逼着每一个参与其中的人表态，如果没有强大的根基或者意志，是很难持心公正的。另外，比两位皇子争位更加激烈的，便是一位皇子和太子争位，因为后者的性质就决定了，没有人能持守中立，比如陆逊，对于陆逊来说，他捍卫的其实并不是太子，而是这个国家正常的秩序，但很可惜，在这样的局势中，显然他就会自然被归入太子一党。

夺嫡的局面逐渐形成，所有的一切都将面临选边站队的问题，从太子和鲁王的宾客，到各府的侍从都要选边站队。站队之后两派人互相攻讦，互相监视，而且这样的风气从太子府和鲁王府，逐渐蔓延到了朝堂之上，朝臣们也开始分为两派，基本上整个国家都在派系斗争的阴影之下。

孙权看到这样的局面也很烦心，但他没有解决问题，而是以"好好学习"为借口，直接将太子和鲁王禁足，不许和外界往来。从这一点上看，孙权似乎还没有意识到问题的严重性，他可能还将这件事理解为一般的兄弟相争，各打五十大板了事。但夺嫡却是实实在在的你死我活的斗争。

督军使者羊道上书指出，太子和鲁王的事情，这样明发诏旨，会弄得满城风雨，百姓一定会认为二人有什么不法行为，而且这样处理很容易引起魏蜀两国的误解，认为太子、鲁王可能有一些叛逆的行为，那样的话该如何呢？但孙权根本没有理会这些。

太子和鲁王虽然被孙权禁足，但夺嫡的局面已经形成，"站队"的代价就是选对了飞黄腾达，选错了万劫不复。所以每一个朝臣都会拼尽全力支持自己的主君，因为彼此的利益早就已经捆绑在了一起，第一个倒霉的，就是太子和鲁王共同的母亲王夫人。

孙权最宠爱的步夫人为孙权生了两个女儿——孙鲁班和孙鲁育，姐俩的小名分别叫大虎和小虎，长女孙鲁班嫁给了左护军全琮，因此称全公主；次女孙鲁育嫁给了骠骑将军朱据，因此称朱公主。全公主与两位皇子的母亲王夫人不和，孙权曾想立王夫人为皇后，全公主曾出面劝止，而此刻党争，全公主害怕将来孙和即位对自己不利，于是就在孙权面前多次说太子的坏话。

孙权晚年时常生病，生病时命太子前去孙策的宗庙祭祀，祈求身体无恙。孙和的太子妃姓张，是张昭的长子张承之女。祭祀孙策的地方在城中的朱雀桥南侧，正好离张昭次子张休的家不远，作为叔叔，张休便邀请太子孙和到家中小坐。

全公主因为在意太子的行为，便全程派人跟踪，之后在孙权面前搬弄是非，说太子根本没去祭祀，而是专门到太子妃娘家议事去了。还说，王夫人看天子卧病在床，却满脸喜色。孙权听罢大怒。而王夫人此时心中害怕，竟然郁结而死，这笔账就被孙权算到了太子的头上。

而鲁王孙霸虽被禁足，但他的宾客杨竺、全寄等人还在外面，这些人轮番在孙权面前诋毁太子，孙权本人此时也糊涂了。此时丞相陆逊身在武昌，上书孙权，强调太子才是国之正统，地位应如磐石般稳固，而鲁王不过是藩王，说到底也是臣子，皇帝对二者的宠爱应该有所差别。只有"各得其所"，才能上下安定。陆逊只比孙权小1岁，此时也已经60多岁了，同样的奏书连上了几次，甚至还要求到京城当面说明嫡庶之别，此时的孙权早已忘了"吕壹覆灭"之时对大臣们的要求，陆逊的劝谏他一句也没听进去，反而对陆逊不满。

这就是党争的丑恶，陆逊一辈子兢兢业业，为国操劳，太子孙登在朝时，他都未曾党附，之前全琮让儿子去效力，还被他责骂，而此时，或许在孙权的眼中，陆逊早已站在了太子一边，可这个太子，现在又偏偏不入孙权的法眼。

陆逊代表的并不是他自己，而是整个东吴士族唯一健康的一股力量。顾雍的孙子太常顾谭，也是陆逊的外甥，此刻也上书重申了嫡庶之分，并引用贾谊的《治安策》，说明"势重虽亲，必有逆节之累；势轻虽疏，必有保全之策"的道理，淮南王刘长虽然是汉文帝的亲弟弟，却不能享受封邑，而长沙王吴芮作为异姓王，王位却能传之子孙，这就说明势力大不见得是好事。

这里面提到的淮南王刘长，是刘邦的小儿子，也是诸吕之乱后，仅剩的两个刘邦的儿子，另一个就是汉文帝刘恒，因此汉文帝对这个弟弟非常好，甚至有些纵容，终于酿成谋反的闹剧，被废后，在流放的途中绝食身亡。而长沙王吴芮作为刘邦分封的九个异姓王中唯一没被废掉的，一个重要的原因就是长沙国地理位置偏僻，且人口稀少，所以才能够保全。

顾谭的态度已经非常明显，就是告诫孙权，不要为鲁王孙霸招祸，还是应该将其和太子区别对待，但因为这件事，鲁王孙霸竟恨上了顾谭，心里自然也将其归为太子一党。后来孙霸手下人向孙权进谗言，孙权直接将顾谭和他的弟弟顾承，以及张休全部贬至交州（其范围包括今广东、广西及越南北部），中书令孙弘由于和张休有私怨，趁机诋毁，孙权竟命其派人将张休赐死。

太子太傅吾粲同样上书，请求孙权派鲁王去夏口（今湖北省武汉市）镇守，并要求孙权让鲁王的头号智囊杨竺离开建业。同时，吾粲还经常将京城中的消息搜集下来，传给身在武昌的陆逊。结果孙霸、杨竺当即反击，诬陷吾粲犯罪，孙权又一次被激怒，直接下令逮捕吾粲，并在狱中处死。

三、流血的皇位

孙权一连串的打压，让太子无所适从。

太子越害怕，鲁王就越觉得自己有机会，而因为此前一系列的事件，孙权也对太子人选产生了动摇。一次，孙权召见鲁王的头号谋士杨竺，将所有人都打发出去，秘密与杨竺谈论孙霸，言语之间流露出欣赏的态度，杨竺本就是鲁王一党，见机会来了，便见缝插针，不断赞美鲁王孙霸的文韬武略，并直言鲁王更宜承继大统。孙权也表示同意，认为应该如此。

本来这是极隐秘之事，但此时孙权的床下有人，全程听到了君臣的谈话——联想太子的处境，有人在孙权身边也不奇怪，这人得到消息，火速报给太子。正当此时，陆逊的族弟御史陆胤准备启程去武昌，前来找太子辞行。太子表面说不见，而暗中穿便衣登上陆胤的马车，把事情的原委告诉陆胤，并请他转告陆逊，让陆逊替自己说话，陆胤答应后离开建业。

不久，陆逊上表劝谏，强调太子不可废，鲁王不可立云云，此时孙权怀疑是杨竺将二人的谈话内容泄露，他召来杨竺问话，杨竺没做过，自然矢口否认，孙权就命杨竺自己找出原因。

问题是谁也不知道床下那人的存在，杨竺总不能说是皇帝自己泄密吧？陆逊身在武昌，如何知道此事，于是查了一下百官的行程，发现其间只有陆胤前往过武昌，这件事一定跟陆胤有关！

于是孙权又派人问陆逊是如何知道此事的，陆逊直言是听陆胤说的，再召来陆胤再问，这时陆胤意识到问题严重，但总得保全太子，就直言是杨竺告诉自己的。于是孙权将二人共同下狱，拷问之下，杨竺挺刑不过，屈打成招，承认确实是自己泄密。孙权本来就怀疑是杨竺的问题，等到有了口供，证据链闭环，直接下令将杨竺处死。

其实如果在政治上敏感一些，应该能感觉到，这时的孙权已经对整件事情感到厌恶，杨竺的死其实已经预示了鲁王孙霸将要出局，如果孙权真的想废太子的话，他就不会处死杨竺，而是应该直接废太子而立鲁王。

处死杨竺之后，孙权开始对陆逊不满，多次派宦官去当面斥责陆逊，而且不依不饶，对各种事情刨根问底，陆逊眼见国家如此，悲愤交加，最终一命呜呼，享年63岁。陆逊死后，他的儿子建武校尉陆抗接手了陆逊的军队，同时将陆逊的遗体运回吴郡老家。回武昌之前，陆抗按规矩到建业拜见天子，孙权拿出杨竺指责陆逊的20条大罪，陆抗逐条辩驳，孙权听罢才消了气。

就在孙权对太子和鲁王都感到厌倦之时，全公主再次站了出来，这全公主和其他人的诉求都不一样，很多人都是在太子和鲁王中站队，而全公主忌惮的是太子即位之后因为王夫人的事找自己的麻烦，可鲁王孙霸和太子是一奶同胞，谁当上皇帝，自己的问题都得不到解决。因此，她将主攻方向换成了孙权的小儿子孙亮。

孙亮是孙权的第七个儿子，其出生的时间有不同的记载，大体应该在赤乌六年（243）或赤乌七年（244），这时孙权已经60多岁了，老来得子，所以对孙亮很是疼爱，孙亮的母亲潘夫人也很得宠。

全公主找准机会，把丈夫全琮的侄子全尚的女儿嫁给孙亮，还不断在父亲面前夸赞孙亮聪明，德行高尚，实际此时孙亮才六七岁，哪能看出什么德行。但此时孙权已经对儿子夺嫡的局面感到厌倦，特别是孙霸的党羽不断地出来陷害太子，更让孙权不安。

一次他对孙峻谈起此事——孙峻是孙坚弟弟孙静的曾孙，算起来应该是孙权的孙子辈，此时孙峻在朝中担任侍中，这样的事自然要跟孙家人说，孙权对孙峻说："子弟相争，兄弟相残，这是袁家的悲剧再现，最后不管谁胜出，都将被天下人耻笑。"从这话中，已经可以看出孙权的态度，二子相争，孙权哪个也不想选，但终究是自己的儿子，孙权也一直下不了决心。

终于，赤乌十三年（250）秋季，孙权下诏将太子孙和囚禁。消息一出，骠骑将军朱据当即上书劝阻，朱据认为太子德行仁孝，天下共知，也都心悦诚服。古代晋国骊姬之乱，西汉巫蛊之祸，都是源于天子对太子的猜忌，一旦太子在幽闭之中有个好歹，到时候就算陛下建起"思子宫"，太子也回不来了。

晋国的骊姬之乱，指的是晋献公立骊姬的儿子奚齐，废掉太子申生的故事，骊姬深得晋献公宠爱，却处处陷害太子申生，最后导致申生自杀，公子重耳和公子夷吾出逃，后来奚齐即位，被权臣里克杀死，而夷吾、重耳接连靠秦国的力量回国做国君，导致了晋国长达30年的内乱。而巫蛊之祸则是汉武帝晚年任用江充查巫蛊，最终造成太子刘据造反身死，而随后汉武帝意识到刘据冤枉，又下诏修建"思子宫"来怀念太子。孙权虽然没有理会朱据的上书，但最终却被朱据不幸言中。

朱据见上书没有回应，便联合尚书仆射屈晃及各级将领和官员若干，一起将泥涂在头上，并自己捆绑双手——这跟之前的藕草一样，也是囚犯的标配，这一群人一起朝着皇宫进发，准备去为太子求情。

孙权听到消息后，登上皇宫内的高台白爵观，远远望见朱据等人，顿时心生厌恶，下诏斥责朱据、屈晃，二人仍坚持不可废黜太子，孙权直接下令将二人捆绑，牵着绳子拖入大殿，二人还在下拜不止，头已经磕出血来，但口中仍然强调太子不可废！孙权下令，将二人各打100杖后，朱据被贬到新都郡（今浙江省淳安县）为郡丞，而屈晃直接被贬为平民。

无难督陈正和五营督陈象上书为太子求情，孙权直接下诏将二人灭族。整个事件中，因为上书为太子求情而被杀或流放的各级官员多达几十人。

最终，孙权终于下定决心，太子孙和被废为庶人，且流放故鄣（今浙江省安吉县北）。鲁王孙霸被赐死，包括其宾客全寄、吴安、孙奇等一应人等，全部被杀。而另一边，被流放的朱据还没到新都郡，就被中书令孙弘的诏书勒令自杀。

到了冬十一月，孙权正式册封孙亮为太子，这场夺嫡闹剧总算告一段落，但这个继承人所带来的问题，才刚刚开始。

就在此时，曹魏的征南将军王昶，上书朝廷，说："孙权老迈昏庸，迫害忠良，两子相斗，内政混乱不堪，有可乘之机。"于是王昶派新城郡郡守州泰进攻巫县（今重庆市巫山县）、秭归（今湖北省秭归县），荆州刺史王基攻夷陵（今湖北省宜昌市），王昶亲率大军进攻江陵（今湖北省江陵县）。

东吴守将下令掘开沮水、漳水的堤坝，引水将江陵北侧的土地淹没，想以水为防线，隔绝魏军。王昶下令用竹子编成绳索，再连成桥梁，率军渡过水患泛滥地区。见王昶过来了，东吴守将朱绩率军退入江陵。

王昶为引朱绩出城决战，便下令五路大军向北撤退，又把缴获的铠甲、马匹等物在吴军面前炫耀，沿着江陵四周展示，借此引燃东吴军队的怒火，最后在后方设下埋伏，朱绩出城追击，王昶果断回军决战，大破吴军，吴军将领钟离茂、许旻战死。

这场战役说明了许多问题，首先，曹魏至此已经从防守为主转为进攻；其次，发动战役的王昶手下只是征南将军的兵力，配合上各郡的力量，竟然能发动如此大规模的战役，这与之前动辄朝廷派兵是不一样的；最后，陆逊死后，东吴名将凋零，朱绩是前吴国大将朱然的儿子，但就此次指挥来看，实在是名不副实，至此，统一天平已经沉向了曹魏一方。

尽管这样，东吴内部的倾轧还没有结束，赤乌十四年（251）夏四月，孙权册封太子孙亮的生母潘夫人为皇后，此时孙权已经70岁，之前23年的皇帝生涯，东吴并没有正式的皇后。

就在这一年十一月，孙权在建业南郊祭天，返回后突然得了风疾，在此之前，孙权已经知道太子孙和是无辜的，此刻他又想召回孙和，但这时的孙权已经不能自控，这件事的始作俑者全公主和孙峻，以及多次出手赐死太子一党的中书令孙弘纷纷上书反对，孙权也只好作罢。

太元二年（252），孙权还是下诏封废太子孙和为南阳王，让他居住在长沙（今湖南省长沙市），同时，孙权还加封另一个儿子孙奋为齐王，居武昌（今湖北省鄂州市），孙休为琅琊王，居虎林（今安徽省贵池市）。

但太子孙亮的生母潘皇后性情暴虐，眼见着孙权病情一天比一天严重，潘皇后竟派人向中书令孙弘询问吕后临朝之事。这件事实在是不够明智，潘皇后在宫中朝中都无根基，根本不可能行吕后之事，这样一问，无异于暴露了自己根本没有机会付诸实施的野心。于是史书记载，皇宫内的侍从人等不能忍受其暴虐，趁潘皇后熟睡之际，将其勒死，同时对外宣称皇后忽得暴病身亡。据说后来还有六七个人因此事而死。

太元二年（252）初，孙权病重，这时就看出孙亮为太子的又一个坏处。这一年孙亮只有八九岁，根本无法治国，所以孙权不得不召来左右，商讨托孤之事。孙峻推荐了大将军诸葛恪。孙权觉得诸葛恪为人过于骄傲自负，但孙峻说："当今朝中的官员，无人可比诸葛恪。"

于是，孙权召诸葛恪回京，命其为太子太傅。之后，在卧室中召见诸葛恪、孙弘、滕胤及将军吕据、侍中孙峻等人，孙权命诸葛恪为太子太傅，孙弘为太子少傅，下令一应朝政皆听命于诸葛恪，同时任命自己的女婿滕胤为太常，几人共同辅佐太子。

太元二年（252）夏四月，71岁的孙权去世，结束了他波澜壮阔的一生。

可孙权刚死，这几位辅臣就出了问题。孙弘和诸葛恪有很深的矛盾，而且几乎到了水火不容的程度，孙弘担心一旦诸葛恪上位会对自己不利，所以就打算秘不发丧，并且伪造诏书，干掉诸葛恪，但这么大的事，孙弘一人也难以策划，事情被孙峻知道——辅臣之中，诸葛恪和滕胤是儿女亲家，而且当年都支持太子孙和，而孙弘可能觉得孙峻和自己都支持太子孙亮，所以应该有共同利益。

孙峻当机立断，将事情原封不动地告诉了诸葛恪，要知道诸葛恪可是孙峻推荐的辅政大臣。于是诸葛恪在家中，以议事为名召孙弘前来，直接在座位上将孙弘干掉，之后，东吴举行葬礼，为孙权加谥号为大皇帝，之后，太子孙亮即位，改元建兴，并大赦天下。

四月，孙亮下诏，封诸葛恪为太傅、滕胤为卫将军、吕岱为大司马，这相当于组建了以诸葛恪为核心的"司令部"，之后，诸葛恪下令废除所有"校官"，所谓校官，实际就是孙权用来监视朝臣的耳目。同时，诸葛恪还免除了所有各地拖欠的赋税若干，撤销了东吴国内的许多地方上不合理的税费，这一下，整个东吴都被诸葛恪的政治手段折服，纷纷称颂其功德，甚至诸葛恪出门，很多百姓就在路旁等候，渴望一睹诸葛太傅的风采。

除此之外，诸葛恪还认为藩王不应在战略要地居住，因此他准备将齐王孙奋迁往豫章（今江西省南昌市）、将琅琊王孙休迁往丹阳（就在首都建业附近），但齐王孙奋拒绝。诸葛恪便写信给他，从西汉初年的诸王叛乱，写到东汉诸王只能在封地活动，不得直接管理人民，所以才可长久富贵，而那些肆意妄为之人，最终都没有什么好下场。同时，诸葛恪还提醒孙奋，要想想鲁王孙霸的教训，否则我诸葛恪宁愿辜负大王您，也不敢辜负先帝遗诏。

这封信的原文很长，引古喻今，软硬兼施，孙奋拿到信之后，非常害怕，赶紧去了豫章就藩。这就是诸葛恪的手段和能力，但就像孙权认为的一样，诸葛恪也有着致命的缺陷，比如孙权说的刚愎自用，这些终究都让诸葛恪成了一个悲剧性的人物，也让东吴走入了更加动荡的深渊。

第五章

蜀汉的困局

统一的前夜：司马氏鲸吞三国

诸葛亮死后，蜀汉既没有经历曹叡去世后的权臣斗争，也没有经历过东吴惨烈的夺嫡大战，建兴十三年（235）四月，在处理完杨仪和魏延的问题之后，刘禅将蒋琬提拔为大将军、录尚书事，而将蒋琬原来的上书令职务，封给了费祎。

一年之后，史书上记载了这样一件事：夏四月，后主刘禅前往湔县（今四川省阿坝藏族羌族自治州松潘县），一路上登上观阪（今四川省成都市下辖都江堰市），最终去观察了汶水（今岷江）的源头，这一趟走了十多天才返回成都。

这段记载其实有点奇怪，宋代史学家胡三省认为，这一举动是因为诸葛亮死后，已经没有人可以限制刘禅，因此刘禅便可以为所欲为，四处游览了，因为毕竟在诸葛亮在世时，这样四处游荡还是容易被诸葛亮进谏的。

可是刘禅也并非真的放飞自我，关键的人员，尤其是诸葛亮嘱咐的接班人，刘禅还是都予以任用，而蜀汉的历任实际的政务负责人也没有过不尊重刘禅的情况，哪怕是诸葛亮在前线被李严诬陷，刘禅下令他班师，诸葛亮也是选择先遵旨，之后再与李严对质，而当诸葛亮拿出李严的信件和诏书证据时，李严马上向刘禅谢罪，所以，刘禅应该并非一个完全没有实权的君主。

当魏延谋反、前线情况不明时，蒋琬、董允等人都替杨仪打包票，最后刘禅才拍板让蒋琬带军队前去接应，只是后来没用上罢了。

另外，刘禅做事也相对比较讲究分寸。建兴十五年（237），刘禅的结发妻子、张飞的女儿张皇后去世。不到一年之后，刘禅立了王贵人生的长子刘璿为皇太子，但并没有封其为皇后，而是继续选择了张飞的另一个女儿为皇后，这样做显然是为了团结队伍，这也说明了刘禅对于如何做这个皇帝还是有自己的心得的。

《三国志》的作者陈寿在《后主传》中对刘禅的评价是："任贤相则为循理之君，惑阉竖则为昏暗之后。"陈寿和刘禅是同时代人，陈寿生命的前30年，刘禅还是他的主君，所以陈寿的评价应该是准确的，刘禅应该是一个很温和的平庸之人。可是这个平庸的人运气不错，因为他的相父诸葛亮，给他留下了几位能干的读书人。

一、蜀中三英

《华阳国志》上曾说："时蜀人以诸葛亮、蒋琬、费祎及董允为四相，一号四英也。"所以历史上也将这四位称为"蜀中四贤相"。诸葛亮去世后，正是另外三位的通力配合，才使得蜀汉的政局得以平稳过渡，并逐步走上正轨。同时，也正是在蒋琬和费祎这两代统帅在任之际，蜀汉完成了国策的调整。

这三人中最早加入刘备阵营的是蒋琬。蒋琬是零陵郡人，20岁时就在他的家乡出了名，之后和表弟刘敏一起加入了刘备的阵营，并随之入蜀，后被任命为广都县（今四川省成都市天府新区）县长。

后来一次刘备出游到了广都县，见蒋琬喝得酩酊大醉，政务都不处理，非常生气，甚至想直接杀掉蒋琬，还是诸葛亮为其求情，说蒋琬有"社稷之才"，这样的人并非百里之才，做个县长就埋没了，这样的人，究其根本，还是要以爱民为主，不能只是夸夸其谈，全在表面，希望刘备能继续观察蒋琬。

刘备对于诸葛亮的话还是比较尊重的，并没有治蒋琬的罪，只是罢免了蒋琬县长的官职。同样的故事也发生在庞统的身上，只是劝谏的人换成了鲁肃，其实这类事情主要就是为了说明蒋琬或庞统有更高的才华。

当然蒋琬的结局也跟庞统一样，被免官。之后的夜里，蒋琬做了个奇怪的梦，他梦见了一头血淋淋的牛在门口，蒋琬心中非常忌讳，就找到了赵直进行占卜，这个赵直应该是一个职业的解梦师，《三国志》中一共记载了三次他为别人解梦，其中一次就是魏延在建兴十二年（234）被杀之前，魏延说梦到自己头上长角，赵直虽然嘴上说是吉兆，可私下里却说是大凶之相。

这次蒋琬来找，赵直便说，见血说明事件明晓，而牛角加牛鼻子正是一个"公"字，所以此梦是预示着您可成为三公，这乃是大吉的征兆。不久，蒋琬果然被起用，做了什邡县令。定军山一战，刘备夺取了汉中，并自封为汉中王，蒋琬也在此时入朝担任尚书郎。

大约就是在蒋琬随刘备入蜀前后，费祎也随着他的叔叔费伯仁一起来到蜀地生活，费祎幼年丧父，他的叔叔费伯仁有个姑姑，正是当时益州牧刘璋的母亲，就是刘璋派人接费伯仁和费祎到的蜀地。

董允的祖籍是巴郡江洲，但他父亲董和是从荆州迁到蜀地的，原来董和在刘璋手下为官，后来刘备入蜀，董和被任命为刘备手下的掌军中郎将，和诸葛亮一起管理左将军、大司马府中的事务。费祎和董允都在蜀中的士族圈子里长大，很年轻就获得了很高的名声。

章武元年（221），刘备称帝，并册封刘禅为太子，费祎和董允都被任命为太子舍人，后来费祎专任太子庶子，而董允则担任太子洗马。由此其实也可以看出二者的性格不同，费祎为人宽仁博爱，董允为人方正不阿，太子庶子的主要职责是联络外交，而太子洗马则要匡正太子的行为。

有一件事可以说明二人性格的不同。司徒许靖的儿子许钦去世，费祎、董允几人同去参加丧礼，董允向父亲董和请求为自己派一辆车，董和便给了董允一辆从后侧开门的鹿车。

董允对这辆车很不满意，流露出嫌弃的神色，而费祎则毫不在意地翻身上车，等车到了地方，司徒家的丧礼宾客云集，蜀中名流悉数到场，别人乘坐的都是高车大马，衣着得体，可二人坐鹿车到来，董允下车后仍感觉尴尬不已，但费祎却全然不为所动。

鹿车返回董和府上，董和问车夫二人到现场的状况，车夫如实回答，董和后来对自己的儿子董允说："我一直觉得你和文伟（费祎字文伟）的才华能力差不多，今日之事，我的想法算是清楚了。"想必董和应该是明白了儿子和费祎是两种人吧。

建兴元年（223），刘备永安托孤于诸葛亮之后，刘禅登极，诸葛亮获封武乡侯，并授权其开府，蒋琬就在这时被诸葛亮辟为东曹掾，并将蒋琬举为茂才，但蒋琬坚辞不受，认为有人比自己更为优秀。诸葛亮还写信鼓励蒋琬，说：

> 思惟背亲舍德，以殄百姓，众人既不隐于心，实又使远近不解其义，是以君宜显其功举，以明此选之清重也。

这段话很有深意，诸葛亮这么说其实也就是在告诉蒋琬，不要推辞，有才能的人得到任用也是朝政的一部分，这样的话也在一定程度上说明了诸葛亮是蜀汉独一无二的存在。

建兴五年（227），诸葛亮将相府搬到了汉中前线，准备北伐事宜，而朝政的部分则交给留守相府的长史和参军，此时的长史是刘璋的旧将张裔，参军便是蒋琬。后来建兴八年（230），张裔去世，蒋琬成为相府长史，并加抚军将军，负责在后方为诸葛亮筹措粮饷，这个任务就是当年刘备在前线作战时，诸葛亮担任的，也是当年刘邦手下萧何的角色。

诸葛亮评价蒋琬说："公琰（蒋琬字公琰）为人，志向忠贞典雅，必能与我共同实现这帝王之业。"而且诸葛亮还偷偷地给刘禅上表，表示一

统一的前夜：司马氏鲸吞三国

且自己有什么不测，应将朝政大事托付于蒋琬。

而费祎和董允则是在刘禅继位以后，成为黄门侍郎，在宫中服务。此时二人性格上的不同开始将两人带向了不同的道路。建兴三年（225），诸葛亮讨伐南中归来，朝中文武都在成都城外迎接，所有人员的职务、年龄大多高于费祎，诸葛亮却特别交代费祎跟自己同乘一车，费祎因此一鸣惊人，成为大家关注的焦点。

按照诸葛亮的行事风格，既然这样做了，就必然有这样做的用意。很快，诸葛亮任命费祎为昭信将军，并命其出使东吴。这件事非常重要，按照诸葛亮的设想，东吴必须是蜀汉的盟友，所以派能言善辩、反应快的人出使是最重要的。

费祎出使，必要饮酒，因为孙权这人最爱喝酒，喝了酒后还非常幽默诙谐，说话口无遮拦，而诸葛恪等人更是能言善辩，费祎说话时总是言辞温和，关于其出使的故事，很多史料都有描述。

据说费祎一次到吴国时，孙权设宴款待，之前孙权秘密告诉群臣，等下费祎来时大家只管低头吃饭，不必理他。旋即费祎来到宴会厅，孙权便自己起身迎客，而手下群臣却都按约定低头吃饭。

费祎见此下马威，便说道："凤凰来翔，骐驎吐哺，驴骡无知，伏食如故。"诸葛恪听罢，马上答道："爱植梧桐，以待凤凰，有何燕雀，自称来翔？何不弹射，使还故乡！"费祎听罢，直接放下碗筷，要来纸笔，做了一首《麦赋》，诸葛恪见状也要来纸笔写了个《磨赋》，周围人一见，纷纷称善。

还有一次大家都喝醉了，费祎便问诸葛恪："蜀字何解？"诸葛恪答道："有水者浊，无水者蜀。横目苟身，虫入其腹。"费祎再问："吴字何解？"诸葛恪再答："无口者天，有口者吴，下临沧海，天子帝都。"

这一类故事有很多，到今天1800年后，我们仍然能感觉到席间两国士人的文辞交锋，而费祎出使，可谓不辱使命，席间激辩从未输过，不管孙权等人如何灌酒，费祎再醉，回答国事也未曾出错，问到敏感之处，费祎也能顾左右而言他。

以至于孙权对费祎很是欣赏，对其说："您为当世豪杰，他日定为蜀汉股肱，恐怕不会再来东吴了。"费祎回国之后，就升任侍中。后来诸葛亮北伐，征费祎为参军。费祎可以和所有人都保持良好的关系，不管是蒋琬、董允，还是杨仪、魏延，似乎每一个人都将其视为朋友，同时，费祎作为外交使臣多次出使东吴，这个经历是蒋琬和董允都没有的。

诸葛亮的《出师表》中写道："侍中、侍郎郭攸之、费祎、董允等，此皆良实，志虑忠纯，是以先帝简拔以遗陛下。愚以为宫中之事，事无大小，悉以咨之，然后施行，必能裨补阙漏，有所广益。"这段大家都背诵过的古文中提到了三个人，郭攸之性格软弱，陈寿对他的评价是"备员而已"，而费祎自从出使东吴后，就成为一个"万金油"，来往于汉中、东吴和成都之间。

诸葛亮担心后主刘禅的成长，而董允因为为人正直，在费祎成为相府参军之际，诸葛亮将其提拔为侍中、虎贲中郎将，并统领刘禅的亲兵。刘禅对董允是"益严惮之"，许多事都能看出董允的公允严明。

刘禅好色，经常想选美女充实后宫，而董允坚称，古代天子后宫妃子不过12人，如今后宫人数已经额满，不应再追加人数，刘禅因为这个原因也就不敢再提此事，心中对董允也更加敬重和忌惮。

建兴十二年（234），就在诸葛亮去世前，蜀汉国内发生了一桩丑事。过年的时候，所有朝臣贵胄的母亲和夫人都要进宫去朝见太后。车骑将军刘琰的妻子胡氏也在朝贺的人中，没想到胡氏这一入宫就住了一个多月，说是太后喜欢她。

据说胡氏长得非常漂亮，刘琰见妻子一个月后才回来，醋意大发，怀疑刘禅给自己戴了绿帽子，不敢找刘禅对质的刘琰，竟然带500人殴打胡氏，以至于用鞋踩胡氏的脸，最后将胡氏赶出家门。

统一的前夜：司马氏鲸吞三国

事情闹大了，胡氏将刘琰告上公堂，最终刘琰下狱，经审判后直接判处死刑，并且要在闹市执行。这件事后，董允直接上奏刘禅，从此禁止大臣的家眷进宫朝贺。

在诸葛亮去世之际，"蜀中三英"都各自发挥了作用。之后，蒋琬由留守相府长史直升尚书令，继而又加行都护，领益州刺史，后来又提升蒋琬为大将军、录尚书事，封安阳亭侯，到延熙元年（238），蒋琬被加封为大司马，并开府治事。刘禅还特意下诏给蒋琬，说：

> 寇难未弭，曹叡骄凶，辽东三郡苦其暴虐，遂相纠结，与之离隔。叡大兴众役，还相攻伐。曩秦之亡，胜、广首难，今有此变，斯乃天时。君其治严，总帅诸军屯住汉中，须吴举动，东西掎角，以乘其衅。

这条消息的关键就在于希望蒋琬出兵屯驻汉中，与东吴成掎角之势，互相配合，也就是说，按照诸葛亮之前的方式，继续在汉中以攻为守，和曹魏周旋，可此时的形势已经发生了改变。

蒋琬这个"继承人"是诸葛亮精心选的，也是三英中最像诸葛亮的，和诸葛亮一样兢兢业业，和诸葛亮一样礼贤下士，和诸葛亮一样忠心耿耿，甚至连缺乏魄力这一点都跟诸葛亮一样。蒋琬宽仁待下的故事有很多。

东曹掾杨戏性格简单直接，作为大司马的属官，就连蒋琬和他说话，他有时都不回答，因此有人看不惯，向蒋琬告状，说杨戏对蒋琬如此傲慢，不成体统。但蒋琬却说："人心不同，容貌也不相同，当面一套背后一套，这是最忌讳的，杨戏若赞成我则违背本心，若反对我则会让我难堪，所以沉默不语，这是诚实的表现啊！"

有人说督农杨敏曾诋毁蒋琬做事"愦愦"，实在赶不上前任。有人将此事告诉蒋琬,要求追究杨敏的过错,但蒋琬承认自己确实比不上前人,不必追究。许多人对此愤愤不平,要求杨敏解释何为"愦愦",但蒋琬说,如果确实不如前任,那就是事情办不好,事情办不好,当然就是"愦愦",还有什么好问的呢?后来杨敏犯罪下狱,众人都觉得这次杨敏死定了,但蒋琬却秉公办理,并没有因为杨敏之前诋毁自己就加重其罪行。蒋琬的为人处事的故事大概都是这样。

可此时的蒋琬,却面临着一个艰难的选择,是继续留在汉中,延续诸葛亮时期的北伐政策,还是收缩防线,改变策略,这一点,关乎着蜀汉的未来。

二、蒋琬的选择

伐魏真的能成功吗?

这想必是萦绕在每一位蜀汉重臣心中最大的问题。其实这个问题很简单,只要冷静分析一下,便可以有个结论,战争是人力物力的比拼,也是道义公理的体现,但归根结底,人们愿不愿意打仗,还是跟能不能打赢有关。

那我们可以换个问法,蜀汉伐魏能打赢吗?

魏延认为能,诸葛亮可能也认为能,他将相府设在汉中,几次伐魏,其实都是希望能够一点点地蚕食曹魏的土地,也是在等待哪一任的曹魏征西将军会在一个偶然的机会犯下一个什么样的错误,但想抓住这些错误,前提都是主动出击。

诸葛亮在《隆中对》时跟刘备明确说了,统一天下、兴复汉室的一个重要前提是"天下有变",所以,诸葛亮在等待机会,为了这个机会,他可以一直准备着,但很遗憾,最后他没有等到这个机会。

继任者蒋琬相信伐魏会成功吗?我们不妨看一下延熙六年(243),蒋

统一的前夜：司马氏鲸吞三国

琬写给刘禅的一封奏疏：

> 芟秽弭难，臣职是掌。自臣奉辞汉中，已经六年，臣既闇弱，加婴疾疢，规方无成，夙夜忧惨。今魏跨带九州，根蒂滋蔓，平除未易。若东西并力，首尾掎角，虽未能速得如志，且当分裂蚕食，先摧其支党。然吴期二三，连不克果，俯仰惟艰，实忘寝食。辄与费祎等议，以凉州胡塞之要，进退有资，贼之所惜；且羌、胡乃心思汉如渴，又昔偏军入羌，郭淮破走，算其长短，以为事首，宜以姜维为凉州刺史。若维征行，衔持河右，臣当帅军为维镇继。今涪水陆四通，惟急是应，若东北有虞，赴之不难。

我们先分析这里边蒋琬强调的两大问题，第一就是曹魏强大。天下共14州，曹魏占了10个半，分别是幽州、冀州、并州、青州、徐州、兖州、豫州、司州、雍州，凉州以及荆州的北部。东吴占了扬州、交州和荆州南部，而蜀汉只占了一个益州，所以诸葛亮才说"天下三分，益州疲敝"，从这个角度来讲，曹魏与蜀汉的实力差距实在太大。

第二就是"吴蜀联盟"的问题。蜀汉和东吴结盟，两方面都出于真诚，但为何蒋琬说吴国"吴期二三，连不克果"呢？或者说为何二者的配合总是不在同一个频率上呢？因为兵种的问题。

三国鼎立，曹魏产骑兵，最典型的就是曹操手下的精锐——虎豹骑。当时天下的战马主要有两种：一是匈奴马，产地就是"赤兔马"的故乡凉州，匈奴马体型高大，非常威猛，马超等西凉将领的骑兵应该大都是这种马；二是幽州马，也叫乌桓马，这种马产在幽州、并州及辽东地区，据说张飞的"乌云踏雪"就是幽州马，吕布的并州狼骑、公孙瓒的白马义从，应该也都是这种马。这样一说，大家就不难发现，产马的地盘全在曹魏手里，所以孙权才会在与蜀汉分割天下之际，不顾领土不接壤的问题，也要得到幽州。

另外两国，蜀汉以步兵为主。蜀汉其实也产马，这种马被称为南马，但南马非常矮小，根本无法承受骑兵作战的任务，所以一般情况下，只能用来负重，驮一些物资之类，除此之外，蜀汉可能还可以在雍、凉二州的羌人那里交易到一些马匹，只是数量比较稀少。

而吴国则根本不产马，所有的马匹都靠买和缴获，再就是蜀汉的赠送，因为吴国打仗主要靠水军。那么问题来了，吴国的水军需要驾驶战船，战船发挥最大威力的时候，就是每年春季，河水开始上涨的时候，所以孙权出兵伐魏多选在春夏两季，而诸葛亮如果想让孙权出兵配合，一般也会在二月之前派人通知。

可蜀汉的步兵要想伐魏，需要走汉中以北的山路，春夏之际会有连绵不断的大雨，所有山间的栈道都有可能被摧毁，行进起来比较困难，所以除了跟东吴约定好之外，诸葛亮出兵多在秋冬两季，特别是秋天，以此来发挥步兵的最大优势。

同时，作战模式还存在两个非常大的弱点：东吴的水军不善攻城，蜀汉的前线最怕断粮。之所以蒋琬认为吴军作战没有效果，很重要的原因就是吴国派出水军深入敌后，曹魏一开始虽然无力阻止，但总归可以守在城中待援，满宠修建的合肥新城以及荆州的樊城等城市，吴军哪怕兵力占优，也常常无功而返。

蜀汉的军队则面临着一道超长的补给线，而且路途十分难走，尽管诸葛亮发明了"运粮黑科技"木牛流马，但不管是哪个环节出了问题，最终都可能导致军粮中断，大军撤退。所以，从这两个角度来说，吴蜀联盟就像一对儿压根儿就不适合，还非要在一起的情侣，因此蒋琬也好，费祎也好，似乎从来就没有对这个联盟抱有多么大的期望。

既然曹魏打不赢，东吴也靠不住，那么最直接的结论就是不能再像诸葛亮时期那样伐魏了。

统一的前夜：司马氏鲸吞三国

延熙元年（238）十一月，蒋琬升任大司马后，率军出屯汉中。蒋琬来到汉中时，正赶上都督雍、凉诸军事的太尉司马懿奉命远征辽东公孙渊，虽然征辽东的4万军队应该不是从雍、凉前线抽调的，但司马懿手下的大将牛金、胡遵确实跟着司马懿去了辽东前线，所以此时的雍州应该有一个小的空窗期，如果是诸葛亮，很可能会出兵试试，但蒋琬到达汉中已经十一月，蜀汉的历法沿用的是东汉的四分历，而曹魏使用景初历，也就是说此时已经是曹魏的十二月，司马懿早已灭掉公孙渊，班师还朝了。所以这一次蒋琬没有出兵，一个月后曹叡去世，蒋琬还是没动静。

在这之后的两年多，除了姜维带着小股部队有过一些骚扰之外，蜀汉和曹魏基本上处于相安无事的对峙状态。这一时期，随着司马懿受托孤长留洛阳，都督雍、凉诸军事的换成了老将赵俨，赵俨此时已经70岁了，但蒋琬还是一直没有出兵的意思。

直到延熙四年（241），蒋琬提出了一个他自己关于伐魏的规划。他认为过去诸葛亮多次从汉中进军，沿途道路艰辛，军粮物资运送不便，往往徒劳无功，不如我们沿着汉水东进，多造战船，直接袭击曹魏的魏兴、上庸两郡。

蒋琬的这个设想恐怕不是灵机一动，而是长久思考后的结果。之所以要这么做，蒋琬也说了，就是因为汉中一线打不赢，这个计划至少在地图上看来也算是可行的。但蒋琬的上书送到成都，就引发了群臣的担忧，成都群臣商议的结果，就是认为从这条路出兵，一旦不能战胜，那么回来就变成了逆流而上，这样做的风险实在太大，所以不能这么做。决定后，刘禅派费祎、姜维前往汉中传旨，告诫蒋琬不能那么做。

说到这里就不得不提一下当年魏延的"子午谷计划"，魏延当时的想法有一点和蒋琬相同，就是他们都觉得按部就班地打，恐怕很难占到便宜，要想获得战果，出其不意是最基本的操作。

可这一点偏偏和蜀汉的基本策略相矛盾。回到我们开始的问题，诸葛亮可能相信北伐会取得成功，但诸葛亮并不想靠"搏杀"来达到这个效果，他所等的是"天下有变"，在这个变化来临前，蜀汉要做的是先活下来，所以要尽可能地保护有生力量，避免一切高风险的直接决战，因为蜀汉的实力，是输不起的。因此，子午谷计划不可行，蒋琬的方略亦不可行。不过蒋琬的方略也确实只停留在讨论阶段，因为这时的蒋琬已经犯了旧疾，这个计划也就无疾而终了。

可是事情似乎又没这么简单。因为这次费祎和姜维十月份来到汉中，之后一直待到了年底，《三国志·后主传》中说费祎此行是"与蒋琬谘论事计"，除此之外，此时的汉中还有一位重要人物——马忠。

马忠当初和蒋琬一起在成都相府做事，蒋琬为长史，马忠为参军。建兴十一年（233），马忠奉命接替张翼为庲降都督，前往南中平叛，之后马忠将庲降都督的治所迁到了建宁郡味县（今云南省曲靖市），其后九年，马忠一直在南方镇守，四处平叛，《费祎传》里只提了传旨的人有费祎和姜维，但《马忠传》则说，传旨的还有马忠，但问题是，马忠是从今天的云南省特意赶回来的，之后处理完成都的事情，马忠又回到了南中，这就说明这次见大司马蒋琬肯定也是有意为之。

现在我们可以想象，汉中前线的相府中，右监军姜维、前护军王平都是长期在汉中一线的将领，大司马蒋琬、尚书令费祎是蜀汉的权力核心，至于安南将军马忠，则可能是作为曾经在相府工作的宿将参会并给些意见。这其中每一个名字都堪称影响蜀汉历史的存在，众人商议之后，蒋琬并没有马上行动。而是在延熙五年（242）正月，派姜维率军从汉中移往涪县。

姜维应该是为蒋琬打个前站，延熙六年（243）冬十月，大司马蒋琬率军移驻涪县，并向朝廷上了我们开头提到的那封奏书。

回看蒋琬的上书，其中除了提出前文说蜀汉的处境之外，还说了蜀汉下一步的方向，诏书中明确提到一切都是自己和费祎等人商议的结果，总结下来一共有三个建议：第一是建议刘禅任命姜维为凉州刺史，因其了解羌、胡；第二，一旦姜维能占领河右地区，蒋琬应该努力接应；而第三，也是最主要的，蒋琬准备退出汉中，移至涪县，并在这里构筑防线。

涪县在今天的四川省绵阳市，之所以要选择这里，主要有这么几个原因：一是因为此处是入蜀的必经之路，地势险要；二是因为涪县距离成都相对较近，如果从蜀中运军粮，可以大大缩短补给距离；三是涪县水路发达，通过涪水可以进入西汉水，这样无论何处有情况，涪县都可以及时援助，最后，也是最主要的，蒋琬等人其实最想做的，就是调整蜀汉的姿态，放弃原来没有意义的北伐。

蜀汉的这次国策调整之后，进行了一番人事调整。首先是按照蒋琬的建议，姜维被任命为凉州刺史，并兼任镇西大将军；马忠加封征南大将军，曹爽、夏侯玄大军攻汉中，费祎去救援，马忠就留在成都帮忙，暂时没有返回，等到费祎班师，马忠就启程回南中去了；王平作为镇北大将军留守汉中；一直负责在江州驻防，和东吴打交道的邓芝仍在江州，但升任车骑将军；费祎由尚书令升为大将军、录尚书事，全面主持成都工作，侍中董允也加封辅国将军。

如果我们从后面的史实推测，可能在会议中，姜维表达了对退守涪县的不同意见，因为后来姜维带兵的时候，还是恢复了诸葛亮当初屯驻汉中的模式。不过显然在蒋琬当政时，还是确定了退守涪县的大方针，不过可能作为妥协的结果，姜维成为蜀汉北伐的主力，尽管他只能率偏师进行一些骚扰性的作战。

蜀汉的这一番调整很快就引起了魏国和东吴的注意，首先是对蜀汉最为敏感的东吴，蒋琬前脚刚走，东吴的西陵督步骘、车骑将军朱然就上书孙权，表示从成都、汉中方向的多个情报来源收到可靠的消息，蜀汉准备背弃盟约，和魏国改善关系。之所以有这个推测，是因为东吴刚刚发动了对曹魏"芍陂—樊城"的战役，但蜀汉全程却没有任何反应，特别是得知

第五章·蜀汉的困局

司马懿亲率大军南下，蜀汉也没有依照盟约出兵配合。

再有就是蜀汉建造了许多战船。并且加固了许多城池的防御工事，这一点也印证了蒋琬准备沿汉水出兵曹魏的计划。最后，蜀汉的具体表现是，蒋琬率军离开了汉中，撤回到了成都附近，这一行为已经印证了之前的消息来源，看来这件事情已经明朗，还请孙权早做准备。

这个战略误读，即使是我们今天看来，也是非常可信的，关键在于情报的内容基本都是真的，只不过是对情报的释读不够准确。但孙权在这时还是比较清醒，他回复步骘和朱然说："我国与蜀汉的邦交完全正常，我也对他们很好，蜀汉不会无缘无故地发生这种变化。司马懿南下，前后只有十天就撤退了。蜀汉远在天边，就算知道也来不及配合，之前曹魏攻蜀，我们也想着配合，但不也是没有出兵，曹魏就已经退军，不能因为这点小事就怀疑盟友，如果诸位将军不信，我孙权愿以家族性命保证。"

从这番话来看，孙权不愧为一代英主，他判断事情的方式其实就是常识，蜀汉不会平白无故地发生如此重大的转变，就算变，也不可能只有这些表现。况且从孙权的话中可知，东吴发动"芍陂—樊城"之役的时候，应该是没有事先跟蜀汉打过招呼的。

而曹魏的反应稍慢，此时征西将军、都督雍凉诸军事的已经从老赵俨换成了曹家的嫡系夏侯玄，夏侯玄的长史李胜，又是曹爽小团伙的核心成员之一，所以小团伙为曹爽精心设计了可以建功立业的机会——出兵汉中，这一战我们之前讲过，要不是镇北大将军王平坐镇、费祎及时救援，恐怕蜀汉真的会有危险。

曹爽、夏侯玄应该都觉得此次作战是击败蜀汉的好机会，所以他们在征西将军固有的军队基础上，额外又动员了许多当地的军队和马匹牲畜，而且走了之前从没走过的傥骆道，这都是没有经验的表现，最终也就是这些后动员的牲畜和民夫，成为大军最为薄弱的一环，而对于整个征战的模式，曹爽和夏侯玄也没想明白，既然得到了蜀汉撤军涪县的消息，按理他

135

们应该知道速战速决的道理，最终却被费祎率军几次劫杀，损失惨重。

退守涪县这件事，历史上的评价大体都是认为蒋琬太过保守，葬送了诸葛丞相开创的局面，但如果我们抛开诸葛亮的战绩，回头看姜维北伐的效果，或许你就能理解蒋琬此刻的决定了。

三、诸葛亮的遗产

延熙七年（244），就在费祎救援汉中、击退曹爽之后，身在涪县的蒋琬病得越来越重，或许是觉得自己已经好不了了，又或许是觉得费祎做得很好，蒋琬上书，将益州刺史的职位让给了费祎，这其实也就是在宣布，蜀汉将会沿着诸葛亮设计的方向前行，费祎将代替蒋琬成为下一任的掌舵人，而费祎原来尚书令的职务，则转给了侍中董允，这里并非费祎压董允一头，蒋琬的上书上推荐的是费祎和董允，但最终董允没有接受这个任命。

董允自少年时就和费祎关系密切，但二人性格不同，董允虽然没有费祎那样结交天下豪杰的能力，但这么多年匡正天子，一直做得很好，此时推辞不受，一方面是诸葛亮曾对李福说过，蒋琬之后，应该由费祎当政，另一个原因，可能是董允觉得自己的才能比不上费祎。

费祎做尚书令时，表现出非常强的悟性，平常上班的时间，费祎经常是一面批阅公文，一面接见访客，待客之时，喝酒吃饭，聊天下棋，非常自如，许多政务文件，费祎只需要看一眼，就可以知道个大概，并且做出应对，速度快不说，还过目不忘。

等到董允接任尚书令以后，也想效仿费祎的做法，每日待客饮酒，但十几天后，很多工作都被积压下来，董允自己还感叹说："人和人的差距实在是太大了，费祎这种工作方法我真是学不了，我现在每天工作，却仍然觉得没有空闲的时间。"

延熙七年（244），是诸葛亮死后的第 11 年，这可能是刘禅自建兴元年（223）建国以来最糟糕的一年，但多年后来看，却是蜀汉剩下的 19 年中最好的一年。延熙八年（245），蜀汉经历了很多重要人物的去世，诸葛亮的政治遗产，这时也就快用完了。

建兴八年最先去世的是吴太后，紧接着，十一月，病了好几年的大司马蒋琬去世了，十二月，费祎紧急前往汉中，部署增强各要塞防御，防止曹魏趁机偷袭，不过事实证明延熙七年那次进攻对曹魏关中的实力消耗非常大，这一次曹魏没有什么动静。

前线无事，可后方又有事，就在延熙八年年底到延熙九年（246）初这段时间，费祎的亲密朋友兼同僚董允也去世了。费祎只好将董允的职责一分为二，尚书令由吕乂接任，而侍中则换成了陈祗，这两人中，吕乂还算是跟诸葛亮打过交道，而陈祗则已经完全是费祎自己提拔的人了。

上一节我们提到了在汉中召开的那次会议，参与者无一例外都是诸葛亮一手提拔起来的官员，在蜀汉的前线历练多年，每一位都堪称精英，最关键的，这些人全都是诸葛亮的信徒——信徒这个词我觉得并不过分，正是因为对诸葛亮的崇拜，和对其主导的国家政策无比坚定，才让这些人得以发挥自己的才能，稳固这个益州的地方政权，之所以收缩防线，还是因为诸葛亮，这些人无一例外地觉得自己比不上诸葛亮，所以，费祎才对姜维说要"伺能者"。

可是，人总是要死的。当蒋琬和董允去世，费祎又要去屯驻汉中，国中无人，吕乂是费祎选的，如果跟董允比，也只能算个"低配版"，他和董允一样为人朴素谦虚，话也不多，朝廷的政事也基本能够完成，但吕乂为人孤僻，喜欢用严刑苛法，而董允却是认真公正。

董允活着时，曾和费祎及中典军胡济约好了去郊外游宴，车马已经准备就绪，这时郎中董恢来拜见董允，请教政务，董恢是个官职低微的青年干部，看到董允正要出游，啥都准备好了，怕耽误了董允，就起身告辞。

137

这时董允拦住了他,说:"我要出游,也是要和志趣相同的好友喝酒谈话,现在您已屈尊大驾来到我家,你我谈话正要深入,我现在放弃和你交谈,而去赴别人的宴饮,这实在是没有道理。"说罢,董允命下人解下车马,费祎等人也决定不再出游,这就是董允的风度。

而显然吕乂不是这样的人,他相对来说比较喜欢一些浮夸文吏,《三国志》的作者陈寿对他的评价是,"临郡则垂称,处朝则被损",一个好的地方官,可能不见得可以成为总揽全局之人。

从史书上看,费祎很有才华,同时费祎还有一种非常优秀的人格魅力,杨仪为人那么刻薄,魏延那么骄傲,却都可以成为费祎的好朋友,愿意将心中最真实的想法与他分享,这说明费祎着实有着非凡的人格魅力,可是这样的人也会有一些缺点,就是不识人。

费祎选的这个侍中陈祗就很有问题。陈祗是许靖兄长的外孙,很小的时候父亲去世,寄养在许靖的家里,弱冠成年时,已经成为知名的人物,随即出仕,担任选曹郎。陈祗长相非常威风,而且会很多技能,还擅长术数及一些旁门左道。后来陈祗成功地引起费祎的注意,所以他才得到接替董允做侍中的机会。

侍中这个职务,主要的责任是陪侍天子,照料天子的日常起居,更主要的是掌管玉玺,所以有很大的权力,特别是董允在费祎升为大将军之后,同时兼任尚书令,玉玺政令一把抓,权力基本和丞相没有区别。

董允执政的时候,刘禅已经30多岁了,长期对朝政放任不管,让刘禅渐渐接近宦官,刘禅身边有个宦官名叫黄皓,对刘禅百般逢迎,想要获得刘禅的信任,但这时董允为侍中,经常当面批评刘禅的错误,对黄皓更是时常责备,从刘禅到黄皓,没有不害怕董允的,所以在董允时期,黄皓的官位只到黄门丞。

但陈祗为侍中后,情况发生了变化,陈祗并没有对黄皓敬而远之,反而是和黄皓"互为表里",从此,黄皓得以参与到朝政当中。特别是延熙十四年（251），尚书令吕乂去世，这次不再是费祎决定，刘禅亲自下令，让陈祗兼任尚书令，加镇军将军，成为朝政的实际掌控者。

费祎在做什么？延熙九年（246），汉中的局面稳住之后，费祎回到了成都，之后在延熙十一年（248）五月，费祎出屯汉中，但值得注意的是，这次刘禅没有像对待蒋琬一样，赐给费祎开府治事的权力，费祎开府是在延熙十五年（252），而之后继任的姜维，压根儿就没有获得开府的权力。

费祎虽然离开了成都，但朝中的事务，一应赏罚还是会请示费祎决定之后才能付诸实行。而在前线，费祎则坚决执行当年"汉中会议"的精神，对姜维的所谓"北伐"，基本上不予支持，这让姜维很郁闷。

但其实费祎恐怕也有他的苦衷，除了他对姜维强调的"吾等不如丞相亦已远矣"之外，蜀汉的国力，恐怕也不支持费祎这么做。延熙九年秋天，蜀汉大赦。

大赦作为一种手段，一般在王朝的初期和末期会比较多，初期大赦是为了让那些在改朝换代的动荡中逃亡的士卒百姓能获得合法身份，增加劳动力，比如汉高祖刘邦在位12年，就大赦了9次；而王朝的末期大赦，其实更多的是为了缓和社会矛盾，让民间的债务、欠税以及逃亡等事件合法化，也能起到释放劳动力的作用。

费祎主政8年，共进行过两次大赦，数量并不算多，但这次不明不白的大赦还是遭到了批评，大司农孟光为人耿直，很有学问，在汉灵帝时期就是讲部吏，这次他当着文武百官的面，直接指出大将军费祎大赦的行为不妥。

孟光说："赦免各种犯人，本是极不公平的事情，不是昌明盛世应该有的行为。只有社会衰败凋敝，走投无路，才可以权衡之后使用。现在朝廷陛下仁爱贤德，百官称职，有什么危在旦夕、火烧眉毛的事情，非要用这样的非常之恩，来让那些奸邪小人得到好处？现在天下盗匪增多，大赦只会让有罪的人得到宽恕，上犯天时，下违人理。我不懂治国，个人觉得这样的方法很难长久，这怎能是人们仰慕之人做的事呢？"一番话说完，费祎哑口无言，此后一直到费祎去世，蜀汉没有再进行过大赦。

孟光是个老学究，他反对大赦的理由非常充分，其实当初诸葛亮主政时也反对大赦，诸葛亮主政这十几年，只进行过一次大赦，就是在刘备去世、刘禅登极的时候。据《华阳国志》记载，当时很多人都批评诸葛亮过于吝惜大赦，诸葛亮解释说："治理国家不能只靠小的恩惠，更应该靠大的德行，所以古代匡衡、吴汉等人都反对大赦，先帝也曾表示，他跟郑玄、陈纪等人交往，经常听他们讲一些治乱兴衰之事，但这些人也从未提及大赦。反而像刘表、刘琮父子，年年大赦，这对于治理国家来说，又有什么好处呢？"就这点来说，很多蜀汉的人都觉得费祎不如诸葛亮。

结合前面有人认为蒋琬不如诸葛亮来看，似乎蜀汉人民被诸葛亮的人格魅力完全地征服了，以至于但凡有个人，就要拿来和诸葛亮相比，可费祎毕竟不是诸葛亮，这一点恐怕就算费祎听到，自己也会认同。

延熙十一年（248），费祎来到汉中，屯驻了三年，中间姜维和曹魏打了一仗，虽然没有什么战果，但这一战姜维抓了一个曹魏的俘虏——中郎将郭脩，费祎对他很好，郭脩在蜀汉也官拜左将军。

但这个郭脩来者不善，根本不是真心投降蜀汉，他之所以接受官职，就是因为想借机接近后主刘禅，并趁机杀了他，但试了几次，每当庆典，不管他想敬酒，还是想跪拜向前，都有刘禅身边的护卫加以制止，根本无法靠近。

延熙十四年（251），大将军费祎从汉中返回成都，不知是出于政治目的，还是单纯的凑巧，成都那些占星望气的官员占卜之后强调："京城中没有丞相的气象。"费祎听罢只好退至汉寿（今四川省广元市）。不知道费祎这次回成都是为了什么，但转过年，刘禅下令让费祎开府治事。

费祎为人博爱谦恭，对手下的人都很好，特别是对于那些曹魏投降过来的人，更是毫不戒备。扶戎将军张嶷曾特别写信告诫费祎，让他小心昔日岑彭、来歙之事，要知道自己位高权重，更应该以史为鉴，不能过于放松，以免遭遇祸事。但费祎收到信后却并未放在心上。

岑彭和来歙都是光武帝刘秀手下的大将，后来刘秀命来歙、盖延征讨蜀汉的公孙述，大军势如破竹，本来很有希望，但公孙述派人行刺，将来歙刺死。另一位岑彭也是一路打到离成都不远的彭山县附近，被公孙述派人刺杀。

此时，行刺刘禅不成的郭循并未暴露，便将目标转向了大将军费祎。延熙十六年（253）正月初一，费祎在位于汉寿的府邸大排筵宴，庆贺新年，郭循当时也在现场，趁着费祎喝醉之际，郭循拿出藏在马鞭中的利刃将费祎刺伤，几日后费祎不治身亡，郭循也被蜀汉的人当场格杀。

至此，蜀中三英的时代彻底结束了，延熙十七年（254）春，刘禅下诏命姜维都督蜀汉内外军事，姜维成为汉中方面的统帅。但姜维手里的牌已经没有几张可打了。延熙十一年（248），镇北大将军王平去世；延熙十二年（249），镇南大将军马忠去世；延熙十四年（251），车骑将军邓芝去世。三人当年各守一方，因此被称为平安三侯，等到姜维统兵出屯汉中之际，他已经成了为数不多的诸葛亮的遗产了。

费祎死后，套在姜维身上的最后一道枷锁也打开了，他终于可以调集大军，尽情开展北伐，可此时的曹魏可谓人才济济，经验丰富的郭淮、出身名门的陈泰，还有初露锋芒的邓艾此刻都在关中，而姜维手下，有点名气的只有廖化和张翼了，偏偏这两人还都反对北伐。

但这一天姜维等了太久，他想成为那个让诸葛丞相刮目相看的人——虽然他的北伐最终也成为葬送蜀汉政权的一个缘由。

第六章

司马氏的危机

统一的前夜：司马氏鲸吞三国

多年以后，时间已经来到东晋，晋明帝司马绍问士族的首领王导，司马氏何以取得天下？王导就将司马懿一步一步的创业史讲给了司马绍听，司马绍听完后把脸埋进床里，羞愧地说："如果真的如公所言，我们晋国的国祚怎么可能长远呢？"

当初曹操就说司马懿有雄心豪情，听说司马懿有"狼顾之相"，曹操想见识一下，就让司马懿背对自己往前走，再让他回头，发现司马懿回头时只有头在动，身子却不动。可能是这个诡异的场面给曹操留下了一些阴影，曹操很快又梦见了三匹马在一个马槽吃草料，心中非常忐忑，因为司马懿为曹丕做事，深得曹丕的信任，曹操就对自己的儿子说："司马懿不是能做臣子之人，一定会干预你的朝政大事。"

不过曹丕却对司马懿百般维护，最终让司马懿得以安全，而司马懿也投桃报李，在自己的职位上勤勉努力，工作认真负责，身为丞相主簿，连割草放牧之类的活儿也要亲自询问。

这样的司马懿，是如何一步步走到了高平陵之变的地步呢，或者说，他是否从一开始就想取朝政而代之呢？

我觉得应该不是的。就以司马懿对待曹爽来看，如果他真的早有取曹爽而代之的想法的话，曹爽征蜀汉时，他就不会事先阻拦，阻拦不成，中间又写信告诫夏侯玄尽早退兵。

《资治通鉴》上说，导致司马懿不再参与朝廷事务的事件，是曹爽将太后迁居到了永宁宫，还说这标志着曹爽一伙完全控制了朝廷，而司马懿不能制止，所以才与曹爽分道扬镳。

南宋史学家胡三省就在对《资治通鉴》的注释中指出，根本不存在太后迁到永宁宫的问题，因为太后本来就在永宁宫，包括郭太后和曹芳流泪分别的戏码，都是《晋书》从《晋记》中抄出来美化司马懿的说法。

但尽管这样，司马懿确实大约在这时和曹爽决裂了，之后的司马懿又回到了他最擅长的两件事上——蛰伏和谋划。

这时，清河与平原两个王国发生领土纠纷，前后8年都没争出个结果，孙礼调任冀州刺史后，要求天府找到曹叡封平原王时的地图，天府这个机构基本类似于皇家档案馆，地图显示，该争议地区应归属平原国。

曹爽心里偏向清河国，他采取的方式就是直接否定了地图的有效性，强调其不可作为依据。孙礼上书力争，反而触怒曹爽，曹爽直接把孙礼下狱，后来虽然又任命其为并州刺史，但孙礼却一肚子牢骚。

临上任时，孙礼去找司马懿辞行，司马懿见他一脸愁容，便问道："先生是嫌并州无法施展才华，还是为了之前两国划界之事？"孙礼听司马懿这么问，就诉了一顿苦，并且将司马懿比作伊尹、姜尚，希望他能出来拯救国家。要知道，孙礼是曹叡托孤时专门配给曹爽的，目的就是为了制衡司马懿，此时孙礼却在司马懿家里诉苦，司马懿没说什么，只是告诉孙礼要忍，这里，恐怕司马懿已经下定了举事的决心。

之前我们说过，司马懿是个习惯于做任何事之前就想好的人，所以在政变之后，他没有丝毫的手软，对于曹爽一党，全都灭族，甚至连已经嫁人的女子都不放过。整个京城，血流成河。

一、淮南初叛

司马懿的这一番操作，可谓开了中国历史的先河。之前的曹操虽然"挟天子以令诸侯"，但曹操是先率军打下了地盘，才有了进一步迎接皇帝的想法。司马懿却不然，他起事的人马，就是司马师的那3000名死士，

统一的前夜：司马氏鲸吞三国

凭着这点兵力就能控制皇城，夺回政权，这不仅对于后世的人很有吸引力，就算是当时，也有人觉得既然司马懿可以，那当然我也可以，这个人就是王凌。

王凌是当年联合吕布诛杀董卓的那位司徒王允的侄子，当年董卓死后，西凉兵在京城也待不下去了，董卓的部下李傕、郭汜本来打算带兵回西凉算了，但半路遇到贾诩，给二人出了个馊主意，让二人回京，结果李傕、郭汜回师大开杀戒，司徒王允一家遇难，当时王凌刚满20岁，跟哥哥王晨一起翻出城墙，一路跑回了太原老家。

后来王凌被举为孝廉，出任发干县（今山东省南部地区）县长。之后又因为一些原因因罪服刑。其间正赶上曹操巡视，听说王凌是王允的后人，就直接免除了他所服的苦役，任命他做了骁骑将军府的主簿，王凌因为干得好，一路被曹操升做丞相掾属。

曹丕登基以后，王凌做了兖州刺史，虽然此时王凌已经48岁了，但好在他身体不错，黄初三年（222），就在王凌满50岁的时候，他终于证明了自己也是能够领兵的将军，跟随张辽一起在广陵击败了东吴大将吕范。

之后王凌就被调往了与东吴对峙最东侧的豫州、扬州的防线，并历任豫州、扬州刺史，这时扬州地区的负责人是大司马曹休，在那场著名的"石亭之战"中，曹魏大军与东吴在夹石遭遇，全靠王凌奋勇杀敌，才使得曹休得以全身而退。总之这段时间王凌表现出色，无论是作战，还是治理地方，礼敬士人，都做得非常好，这也为他赢得了很好的名声。

太和二年（228），曹休窝囊死了之后，王凌本觉得自己有机会独当一面，但朝廷派来了一个老头——满宠。这时王凌已经50多岁，但满宠70多岁了，王凌性格中的缺点开始暴露出来，那就是他的心胸。

陈寿对满宠的评价是"立志刚毅，勇而有谋"，而且满宠在曹操时代就已经混出了名堂，当年可是在樊城击退过关二爷的，满宠到任后，营建合肥新城，多次击退东吴的进攻，但王凌却认为满宠挡了自己的路，多次上书曹叡，说满宠又老又爱喝酒，最后曹叡召回满宠询问情况，发现满宠健步如飞，身体硬朗，又将他派了回去，而在这期间，要不是满宠拦着，恐怕王凌早就中了东吴的埋伏，这件事我们在前文已经说过了。

曹叡去世后，曹爽上位，对曹魏的几大军区做了一番调整，首先是赵俨代替司马懿，负责雍、凉军事，荆、豫二州的负责人夏侯儒，虽然能力不行，但好歹是自家人，此时满宠已经80多岁，实在不适合继续在前线工作，所以王凌就成为曹爽拉拢的对象，虽然王凌这时也已经快70岁了。

曹爽封王凌为征东将军、假节、都督扬州军事。王凌终于开始独当一面，但考验来得实在是太快了。

正始二年（241），吴国大将全琮率大军进攻芍陂，王凌率军与之激战数日，斩杀了十几名东吴将领，击退吴军。这时的司马懿还没有完全退居二线，率军亲征，仗打完了，司马懿直接对整个对吴防线做了调整，王凌凭借在此战中的战功，被晋封为车骑将军、南乡侯。

此时，司马懿发动高平陵之变，从发动政变到曹爽被诛杀，仅仅用了十几天，正月初六曹爽离京，正月十八，一切尘埃落定，曹芳宣布大赦，很明显此举的作用就是稳定局面。紧接着正月十九，曹芳下旨，封司马懿为丞相，加"九锡"，但司马懿坚决不接受。二月，曹芳再次封司马懿为丞相，并增加颍川的五个县为司马懿的封地，加上之前的三县，此时司马懿的封地已经足有八个县2万户，同时曹芳还赐给他"奏事不名"的权力，司马懿基本接受，但还是坚决推辞了丞相一职。

丞相这个职务，在秦朝和西汉初年，是三公之一（丞相、太尉、御史大夫），后来三公名称几经变迁，先是汉武帝时太尉改称大司马，汉哀帝时丞相和御史大夫也改为大司徒和大司空，东汉建立之后，刘秀将几个官职的"大"字去掉，并将大司马改回太尉。到了东汉末年，天下大乱，建安十三年（208），曹操废除三公，设置丞相一职，结合之前董卓自封相国,可以理解为相国大于丞相大于司徒,所以丞相官职十分特殊,曹爽到死,不过是大将军录尚书事,都督中外诸军,也没有成为丞相。

十二月,曹芳再给司马懿加"九锡""朝会不拜",司马懿也没有接受"九锡",所以一直到司马懿去世,尽管他的封地已经有5万户之多,同族封侯的也有19人,但司马懿的官职一直就是太傅。

这"九锡"是非常有标志性的官职。所谓"九锡",也叫"九赐",实际上是天子赐给臣下的九种尊荣,按照《后汉书》记载,"一曰车马,二曰衣服,三曰乐器(也有说是调音工具),四曰朱户(红色大门),五曰纳陛(木质台阶),六曰虎贲之士百人,七曰斧钺,八曰弓矢,九曰秬鬯(祭祀用的酒)"。这些东西,明显带有非常尊贵的象征意味,在秦汉以后,特别是王莽篡汉之后,如果有加"九锡"的大臣出现,往往意味着改朝换代的时间不远了,比如杨坚、比如李渊,等等。

或许是见司马懿这一切来得太容易了,王凌此时产生了特殊的想法:他想另立一个天子。要说王凌此时的条件还是不错的,他自己身为司空,还身兼扬州方面的防卫之责,他有个外甥叫令狐愚,此时担任兖州刺史,驻扎在平阿(今安徽省蚌埠市怀远县),手中也有兵权,负责淮南的防务,邓艾在淮南屯田以来,淮南地区成为重要的产粮区。

王凌派人找令狐愚商议。

令狐愚原来叫令狐浚,他的叔叔令狐邵在曹魏时期做过虎贲中郎将。令狐浚小时候就表现得很有志向,大家都觉得他将来肯定有出息,只有令狐邵认为这个侄子过于傲慢不羁,容易给家族招来祸事。

他之所以改名叫令狐愚,是因为黄初年间。护乌桓校尉田豫违反了法律,本来事儿不大,但令狐浚却直接将田豫抓捕;曹丕听说后火冒三丈,直接将令狐浚下狱,并罢免了他的官职,同时下诏申斥令狐浚,说了句"浚何愚"!令狐浚听罢,可能觉得毕竟是天子起的,不用白不用,就直接改名为令狐愚。

王凌和令狐愚商量，二人认为当今天子曹芳性格软弱，朝中又有司马懿这样的权臣当道，曹魏的天下已经岌岌可危，听说楚王曹彪智勇双全，不如你我甥舅拥立曹彪即位，在许昌（今河南省许昌市）另立朝廷。

说是曹彪智勇双全，其实就是因为曹彪可能比较容易控制，曹彪和曹丕一辈儿，是曹操的小儿子，王凌和令狐愚计划这件事时，曹彪已经55岁了，一无部曲，二无根基，最关键的是，如果曹彪即位，那置郭太后于何地呢？毕竟郭太后也得管曹彪叫叔，后来曹芳被废时，郭太后就力主要立和曹芳同辈或更小的曹氏宗族为天子，这样才能保证魏明帝曹叡的后嗣不至于断绝，所以这个人选从一开始就不合适。

当然，还有一种可能性，就是王凌和令狐愚二人认为曹彪有一些不同凡响之处。《魏书》上记载了这么一件事：黄初七年（226），曹彪迁到白马（今河南省安阳市滑县东），东郡曾流传过一个谣言，说是白马河中出"妖马"，夜里一边过牧场一边啼叫，所有的马听到都会回应它，早晨起来看那马的足迹，有盛粮食的斛那么大，而且脚印绵延数里，进入了白马河中。同时，东郡又有谶语流行：

白马素羁西南驰，其谁乘者朱虎骑。

"朱虎"是曹彪的小字，也可能令狐愚和王凌因为这则传说，才决定要立曹彪为天子。

除了立谁之外，还有一个问题：二人想让曹彪在许昌登极，但许昌属于颍川郡，颍川郡是豫州八郡之一，虽然此时的豫州刺史是谁并不确定，但都督荆、豫诸军事的王昶可还在任，王凌不害怕吗？不怕，因为王昶和他同属太原王氏，一个家族出来的，而且早在郡中的时候，二人就齐名，王昶一直把王凌当作兄长侍奉，所以王凌觉得只要自己成功，王昶就不会有异动。

统一的前夜：司马氏鲸吞三国

嘉平元年（249）九月，二人开始分头联络。一方面令狐愚派手下部将张式前往白马，去见曹彪，张式的话很委婉，"使君谢王，天下事不可知，愿王自爱"，这其实是在告诉曹彪，天下之事，现在有了你参与的可能。曹彪听罢，也托人带话说"谢使君，知厚意也"，表示自己已经知道了整件事。

王凌则派人将这件事告诉了自己远在洛阳的儿子王广。但王广对王凌的计划表示反对，王广说："凡做大事，应该本着人情的原则，曹爽骄纵奢侈，失去民心，他手下如何宴等人虽然有些名气，却看重虚名，政令出尔反尔，说得天花乱坠却不能付诸实施。现在这些人同时被杀，天下却无人哀悼，就是因为民心所向。未来司马懿将会如何，实难预料，但是今天看来，其并没有谋反之意，反而选贤举能，整理法度，将曹爽当政时期的弊病革除，这正是民心所向，而且司马氏家族手握重兵，不太容易灭掉。"王广的话已经说到这个份上，但王凌还是不听。

此时，令狐愚正加紧派人联系曹彪。十一月，张式再去白马晋见，不过这时，发生了意外事件，张式第二次去白马还未回来，令狐愚竟忽然患病去世了。令狐愚死后，他的心腹之一杨康应司徒高柔的征辟进京，结果杨康就将令狐愚谋立曹彪的事情告诉了高柔，高柔马上禀报司马懿，司马懿此时生病，不能上朝，曹芳有何大事都要亲自去司马懿府上询问意见，司马懿听说这件事后，并没有什么反应。不过王凌也因为令狐愚的死而推迟了反叛计划。

转过年来，王凌看到了火星（荧惑）进入南斗六星之中，王凌感叹道："斗中有星，应该有暴得富贵之人。"后来王凌还特别找人来占星，占星之人的结论是，"当有王者兴"，王凌听罢，便确定了造反的计划。

嘉平三年（251）四月，王凌准备出击。前一年孙权征集了10万人，破坏了涂水上的堤坝，将北方前往南方的道路全部淹没。王凌准备利用这件事做做文章，他上书要求朝廷为其增兵，出击东吴，但其奏书被驳回。

起事之前，王凌派杨弘去联系新任的兖州刺史黄华，希望其跟自己一起干，因为曹彪身在兖州东郡白马县，想要谋立新君，必须得兖州刺史配合，但很明显黄华作为一个西北军阀，在兖州人生地不熟的，不可能配合王凌，于是黄华拉上前来联络的杨弘一起去告发了王凌。

此时司马懿的病似乎又好了，接到报告之后——非常有可能黄华就是司马懿安排监视王凌的，73岁的太傅司马懿亲自带兵出征，从水路乘船南下，进兵之际，司马懿又拿出看家本领，先是一封诏书，赦免了王凌之罪，又亲自附信一封，对王凌百般安慰，言辞真诚。不知道王凌收到信时，会不会想到当年的孟达、曹爽。

总之，在王凌犹豫之际，司马懿的大军已经到达颍水北岸的百尺堰（今河南省周口市沈丘县西北），这里距离寿春已经只有300多里了。王凌此时大为意外，自知已经无法抵挡，只好先派部将王彧拿着自己的印绶符节前去谢罪，随后，王凌一个人乘坐小船，自缚而来。司马懿此时遵从诏书，派手下主簿解开王凌身上的绑绳。

此刻的王凌见司马懿无意当场治罪，加上之前已经有诏书赦免了自己，还以为此次危机解除了，就想前去拜见司马懿，王凌乘坐的小船向前行进，很快就被司马懿的左右拦下。此时舰队已经行至淮水，王凌的船与司马懿的坐舰相距十余丈远，王凌这时觉得不对劲，便高声向司马懿喊道："太傅召我，只需一尺简牍，我王凌不敢不从，何须亲自率大军前来？"

司马懿说："正因为你王凌不是一尺简牍就能招之即来的人。"

这时王凌才意识到事情已经不可收拾，便高喊："太傅骗我！"

司马懿再说："我宁可骗你，也不敢有负国家！"于是司马懿下令动手，600名骑兵将80岁的老王凌拿下，押往京师洛阳。王凌此时已然知晓自己无法脱罪，但还是想试试自己能否活命，便请求司马懿赐给自己几个封棺椁的木钉，司马懿随即下令照办，王凌这才知道，自己已经没有活着的希望了，便在进京的途中服毒自尽。

司马懿率大军到达寿春，之前的张式等人悉数投案，司马懿在寿春大兴清算之狱，凡是跟此事相关的人，全部夷灭三族。令狐愚已死，司马懿下令开棺，曝尸三日，并将随葬的印信、官服、随葬品全部取出，再将尸身掩埋。

当年令狐愚做兖州刺史，手下人单固为别驾，与之前向司徒高柔告密的杨康同属令狐愚心腹。司马懿抵达寿春，审问单固，是否知晓令狐愚的谋反情况？单固坚称令狐愚不曾谋反。

司马懿召来杨康与单固对质，单固自知不能幸免，便破口大骂杨康："你这老糊涂辜负使君令狐愚，又连累我遭灭族之祸，看你还能活吗？"杨康本以为自己检举揭发，怎么也应该领功受赏，却没想到因为自己的供词颇多差错，最后竟然被一并斩首。

行刑之前，单固与杨康同赴法场，单固再次大骂："老奴才，你这死是咎由自取，如若死者泉下有知，你有何面目到地下与之相见！"

王凌这一次没有出手的政变，还带来了一个非常严重的后果。六月，在这场政变中不知道扮演什么角色的楚王曹彪被下诏赐死。之后，朝廷再下诏，为防止楚王之事再度发生，所有曹氏亲王及宗室皇亲，全部集中到邺城（今河北省邯郸市临漳县邺城镇）监视居住。

七月二十八日，司马懿提拔自己的弟弟司马孚为太尉。八月五日，太傅司马懿终于走完了他波谲云诡的一生。

据说王凌在被押送回京的路上，行至项县，看见了豫州人民纪念老领导贾逵的祠堂，王凌向贾逵庙大喊道："贾梁道（贾逵字梁道），我王凌本来就是忠于大魏江山的，固忠于魏之社稷者，如你在天有灵，当知我心。"八月初，司马懿梦见贾逵、王凌厉鬼索命，醒来后心里非常不愉快，之后没两天就去世了。

司马懿去世之后，朝中开始有人议论纷纷，内容就一句话：

> 伊尹既卒，伊陟嗣事。

大家不要小看这句话，这句话的流传至少说明，司马懿已经彻底完成对朝政的掌控，伊尹既然去世了，那伊尹的儿子伊陟就要继承他的位置。嘉平四年，曹芳下旨，任司马师为大将军、录尚书事，加侍中、持节，都督中外诸军，继承了司马懿的位置。

二、夏侯玄之死

司马懿为什么可以让司马师顺利接班？因为司马懿已经完成了对朝政和军队的控制。

咱们先说在外驻扎的军队。之前我们说过，曹魏在南和西两个方向上，共有三个战场，分别是雍、凉二州，荆、豫二州、加上扬州，司马懿干过其中两个地方的一把手，太和元年（227）至太和五年（231），司马懿是都督荆、豫军事的将领；太和五年到景初二年（238），司马懿是都督雍、凉诸军事。

司马懿离开荆州不久，征南将军换成了夏侯儒，樊城之战，夏侯儒表现得畏首畏尾，战后被司马懿撤换，王昶上任，王昶这个人出身太原王氏，名门望族，为人低调谦逊，文武全才，文写过《治论》，探讨秦汉以来的制度得失；武著过《兵书》十几卷，讲的是战术奇正之变。最关键的，王昶是司马懿举荐的人，高平陵之变后，王昶上书陈述五条治国方略，嘉平二年（250），率先出击，打得朱绩大败，所以，荆州方向，王昶能力又强，又是司马家的自己人，之后寿春的两次叛乱，平叛时都有王昶助力。

司马懿在雍州长达7年，更是有熬死了诸葛亮这样的彪炳战绩，所以雍州更是支持司马家的，曹爽当时为了削减司马懿在雍、凉地区的影响

统一的前夜：司马氏鲸吞三国

力，特意安排夏侯玄做征西将军，同时还派心腹李胜去担任长史，但在军中，要想培植势力，最起码得有点儿本事，特别是雍、凉地区。

比起另外两个地方，雍、凉地区没啥优势，因为蜀汉的大军全在汉中，稍有失误，就有可能造成大的灾难。当时夏侯玄和曹爽征蜀，要不是郭淮察觉情况不妙，可能会败得更惨。高平陵之变以后，夏侯玄被召回京城，担任太常，征西将军换成了郭淮，司马家也就不必担心了。

除了这两个地区的一把手之外，这两个地区还有两个厉害的二把手——王昶和毌丘俭。荆州方面，王昶为征南将军；正始六年（245），原来的幽州刺史毌丘俭在两次击败高句丽后，转而到南方任职，官职为镇南将军、豫州刺史，监豫州诸军事。毌丘俭跟着司马懿打过辽东，高平陵之变时没有异动，虽然毌丘俭是曹叡的死党、大魏忠臣，但估计也不太喜欢曹爽，所以此时也予以留任。

雍州地区，郭淮升任征东将军以后，雍州刺史由陈群的儿子陈泰接任。高平陵之变时，陈泰力劝曹爽回京，可能有他家和司马家关系的考虑，但回京之后的种种事件，陈泰始料未及，想避开争斗，于是就自己申请到西北去，显然陈泰对司马家也是基本认可的。

至于最后一个扬州方向，司马懿在征讨王凌之后，将本来的扬州刺史诸葛诞提拔为镇东将军，都督扬州诸军事。曹魏有征东、征西、征南、征北四位武将，称为"四征将军"，还有镇东、镇西、镇南、镇北四位武将，号称"四镇将军"。"四征将军"的地位要高于"四镇将军"，但实际设置的时候不一定满编制。之所以诸葛诞被封镇东将军，是因为现任的征东将军是司马懿的嫡系胡遵，当年司马懿受命攻辽东时，从雍州前线带回了两位将军，一个是牛金，一个就是胡遵，不过胡遵接替的应该是在嘉平二年（250）去世的胡质，主要的职责是都督青、徐诸军事，尽管青州、徐州很少直接受到东吴的攻击。

诸葛诞升迁之后，扬州刺史空缺，司马懿就安排了一个和诸葛诞互相讨厌的人——文钦，大家记住这个名字，这个人在后面两节中还会出现，最终到底是被诸葛诞所杀。所以此时的三个交战区的长官分别是郭淮、王昶和胡遵，全都是司马懿的人，虽然这诸葛诞是被曹爽提拔的，但毕竟没有参与到王凌的谋反之中，再有文钦和他相互攻讦，互相监督，所以当初王凌问司马懿为何亲自来到寿春，恐怕安排人事是比王凌更重要的目的。

再来说说司马懿控制下的洛阳。高平陵之变时，坐在司马懿车上的蒋济和之前找司马懿抱怨的孙礼，都在政变不久后去世，他们的儿子也都承袭了他们的爵位。虽然蒋济对于司马懿诛杀曹爽持反对意见，但总体上这些老臣都受到了司马家的优待。

至于一些发挥过作用的中间派，司马懿基本也予以优待，司徒高柔留任，加爵位为万岁乡侯，但没有"录尚书事"，三公不录尚书事，基本上就是摆设，但高柔已经70多岁了，爵位可能比权力还有用点儿。另外一位政变时代理中领军的王观也被晋封为关内侯，王观毕竟是司马懿的老部下，所以还是能得到信任，担任尚书。

再就是一些受到曹爽一党提携，但又不是核心成员的人，比如诸葛诞和夏侯玄。司马懿的原则也很简单，在不掌握绝对兵权的情况下，量才录用。诸葛诞之前说过，夏侯玄被从雍、凉前线调回之后，先任大鸿胪，之后不久转任太常，这些岗位基本上都是没啥权力的职务。

所以，司马师的局面还可以，虽然司马师本人只有40岁出头，也没啥军功资历，但还是能够稳住局面。

其实读一下《晋书》的前几篇传记，我们不妨假设一下，如果没有司马师，司马懿很有可能不会做后来的一系列选择。

司马师年少的时候，作为曹魏的顶级"官二代"，曾与何晏、夏侯玄齐名——当然这有可能是一种美化，因为前两位好歹都是文学家，司马师也没见有文学作品传世。不过据说何晏曾经称赞司马师，说他能成大事，但何晏是个大嘴巴，他评价的人可多了。

统一的前夜：司马氏鲸吞三国

司马懿对自己这个儿子相当器重，发动政变这么大的事，司马懿只告诉了司马师，司马师私养的死士3000人，成为这场政变的主力。起事前一晚，司马懿和司马师把决定起事的事情告诉了司马昭。结果晚上睡觉时，司马懿派人查看，自己的二儿子司马昭辗转反侧，不能成眠，而司马师则与平时一样，睡得很好。第二天早上，3000名死士到位，司马师精神抖擞，司马懿不由得感叹："此子竟可也！"

可是司马师上任为大将军还不到三个月，就迎来了一个几乎前无古人的挑战——主政东吴超过50年的孙权死了。

消息一出，镇东将军诸葛诞马上建议司马师出兵，他的设计是王昶攻江陵（今湖北省荆州市江陵县）、毌丘俭攻武昌（今湖北省鄂州市），这两路主要负责牵制，再以精锐攻击东兴两城（今安徽省巢湖东南处），一鼓作气，拿下这一地区，等对方援军赶来，已经来不及了。

这场战役的经过与东吴的政局密切相关，我们在下一章再讲，这里直接说结果，就是曹魏主动出击，最后战败，有人建议下诏处分各路将领，但司马师认为是自己的问题，就将自己的弟弟、本次战役担任监军的司马昭的爵位削去。同时为了加强扬州一带防线的士气和战斗力，司马师把毌丘俭和诸葛诞对调，由毌丘俭任镇东将军，都督扬州诸军事，诸葛诞任镇南将军，改守豫州，这样一来，曹魏目前最能打的将军之一毌丘俭又到了司马氏基础最为薄弱的扬州地区。

屋漏偏逢连夜雨，这边战败的事情刚处理完，雍州一带也发生了意外，雍州刺史陈泰之前上书，要求与并州联合讨伐北方蛮夷，司马师也同意了，但具体操作时出了问题，新兴（今山西省忻州市）、雁门（今山西省忻州市代县）两郡的胡人士兵，听说又要服役出征，发生了大规模的叛逃。司马师再次向朝臣检讨，揽下责任，并强调这些都不是陈泰的问题。很多人都因此佩服司马师。

从后面的发展来看，很多人佩服司马师八成是假的，此时的司马师正在面对另一个非常艰难的局面，他的父亲是司马懿，他必须努力证明自己确实配得上司马懿的儿子这个身份，况且司马师本来就缺少军功，如此大规模地被东吴击败，还是之前20年都没有过的情况，上次这样的局面还要追溯到曹休在石亭的大败。所以，司马师必须及时调整，但东吴并没有让司马师等太久，就给了他第二次证明自己的机会。嘉平五年（253），诸葛恪再次兴兵前来，这次还特意叫了姜维在雍、凉前线配合，不过这一次，司马师命自己的三叔司马孚亲自率军驰援前线，最终击败诸葛恪，诸葛恪回到东吴后被孙峻等人设计杀死，这些我们下一章再详谈。

虽然第二次将东吴击退，但司马师执政这几年，朝中还是不断有暗流涌动。这股势力的源头就是曹魏的皇帝曹芳。

多年来，曹芳的存在感可谓极低，史书中对于他的描写少之又少，《资治通鉴》说曹芳喜欢亲近一些奸邪小人，在宫廷中游玩胡闹。并且说尚书何晏劝谏他出入应有大臣陪同，以便随时可以学习儒学经典。谏议大夫孔乂建议曹芳不用学骑马了，出入应该多坐车。曹芳都一概不听。

这其实挺好理解，站在曹芳的角度，啥也不让我管，还不让我享受享受吗？至于亲近小人就更好理解了，曹芳但凡表露出好好学习，准备将来亲政治国的样子来，恐怕最先倒霉的就是他。

不过自从司马师掌权后，安排了一个中书令叫李丰，这时曹芳已经20多岁了，也懂得一些治国的道理，经常找李丰问话，时间长了，二人逐渐熟络起来。

李丰这人就像那个年代的许多人一样，少年时期，品评人物，十七八岁就崭露头角，他父亲卫尉李义不愿让儿子出名，就令其闭门读书，不准见客。后来曹叡有次召见吴国投降过来的人，问其在江东听说过谁，对方就回答李安国，曹叡非常惊讶李丰竟有这么大的名气，但曹叡这人最讨厌这些所谓的"名士"，所以这李丰也没得到啥重用。

曹叡死后，曹爽和司马懿明争暗斗，李丰身为尚书仆射，决定不选边站，但他又舍不得自己的官位，于是就开始请病假不上班，当时尚书台规定连续病假100天就算自动离职，结果这李丰每隔几十天就"痊愈"复出，过几天又不来了。其实他这么做无非就是不愿离职，又不想表态，所以当时民间有"顺口溜"说：

曹爽之势热如汤，太傅父子冷如浆，李丰兄弟如游光。

嘉平四年（252），中书令位置出缺。李丰虽然对这个职位不是很满意，但觉得这个职位能接近天子，于是就走马上任了。

跟曹芳混熟了以后，李丰开始联络朝臣。首先是曹芳张皇后的父亲张缉。李丰的儿子李韬娶了曹叡的女儿齐长公主，张缉觉得李丰是皇亲，又身为中书令，犹豫之下，还是说了句："同舟之难，吾焉所逃？"答应了李丰。

张缉虽然答应，但他们这个团体很明显缺一个顶梁柱，于是李丰找到了夏侯玄。

夏侯玄可不是一般人，曹爽去世后，夏侯玄可以说是曹氏和夏侯氏这一辈的领袖，当初在雍、凉前线被召回之际，夏侯玄的副手、征蜀护军夏侯霸害怕回朝遭到司马懿的清算，就劝夏侯玄跟自己去投蜀汉，夏侯玄说："大丈夫怎么能为了苟活就去投敌呢！"于是回到了洛阳。

回朝之后，夏侯玄虽然没有受到什么刑罚，总是闷闷不乐。司马懿死后，大夫许允对夏侯玄说："这下您可不用担心了。"但夏侯玄叹了口气对许允说："士宗啊，您怎么看不明白事儿呢，司马懿还能看在通家之好善待我，可子元（司马师字子元）和子尚（司马昭字子尚）恐怕是容不下我的。"

关于李丰的筹划夏侯玄是否知情并参与其中，不同的史料给出的答案并不相同，但我倒觉得这件事也没么重要。因为不管谁发动政变，只要是反对司马家的，那之后由夏侯玄"组阁"几乎是不二选择，而且夏侯玄在朝臣中也颇有人望。当年赵俨老先生去世之时，司马师到场时，只有半数大臣前来打招呼，而夏侯玄一到，所有人都站起来跟夏侯玄致意寒暄，所以，李丰确定，一旦事成就由夏侯玄任大将军辅政。

接下来就是人手问题，李丰曾经天真地想让弟弟兖州刺史李翼率军进京，但李翼打了个报告，没被批准。一计不成，又生二计，嘉平六年（254）二月，李丰决定动手，但李丰的计划实在是"呆萌"，就是等到百官朝见太后之际，当着皇帝的面，用各门的卫士直接将司马师当场格杀。

这个计划的简陋程度也实在是可以，李丰还特意找来黄门监苏铄、永宁署令乐敦、冗从仆射刘贤等几个宫内人，告诫众人要以当年和曹爽结交的张当为戒，而且强调司马师为人严格刚猛，对几人做过的违法之事必定会深究。连威胁带吓唬，总算让几人就范，选择听李丰指挥。

其实事情到了这一步，基本就已经失败了。当初司马懿搞政变，司马昭都是前一天晚上才知道这件事的，这可倒好，李丰就差拿喇叭广播了，要想让那些卫士在公开场合格杀大将军司马师，不提前通知是不可能的，不然现场根本指挥不动。这样一来，很自然地，司马师也就知道了这个计划。

司马师知道后，他手下的舍人王羕提出将李丰直接请来，王羕对司马师说："去请李丰，如果其没有防备，一定会跟我来，如果他不来，我王羕一个人足以将其制服，但如果李丰有所察觉，就必然会进宫去挟持天子，如果那样，就不是我能掌控的了。"司马师没说什么，就派他带着车队去迎接，李丰此时还不知道事情泄露，直接跟着王羕来到了大将军府。

到了之后，司马师问李丰平日里都和天子谋划些什么？李丰拒不作答，但心里已经明白事情泄露了，于是大声斥责司马师："你们父子心怀奸诈，想要颠覆国家，只恨我力量薄弱，不能将尔等铲除！"司马师听罢大怒，直接派人用刀柄将李丰杀死。

统一的前夜：司马氏鲸吞三国

李丰死后，司马师下令廷尉彻查，包括李丰的儿子李韬、张缉、夏侯玄等人均被逮捕，由廷尉钟毓彻查此事。

很快钟毓呈上一份报告，指出李丰等人原计划杀害大将军司马师，同时，阴谋之后让夏侯玄做大将军，张缉为车骑将军。并特别强调夏侯玄和张缉对这个阴谋都已知情，并非无辜。

其实夏侯玄被下狱后，什么也没说，廷尉钟毓亲自审问，夏侯玄问钟毓："我有何罪？你身为九卿，却甘愿做司马师的爪牙，来此审我，如果非要有供词，你随意写吧！"

钟毓是钟繇的长子、钟会的大哥，知道夏侯玄这样的名士，审也审不出个什么来，但这件事很明显需要快速结案，最后钟毓只好真如夏侯玄所说，自己写了一份自洽的口供，之后钟毓将这份口供拿给夏侯玄看，这时连钟毓都流下眼泪，可夏侯玄看过，只是点点头，表示认可罢了。

其实对于是否要杀夏侯玄，司马师也有些犹豫，夏侯玄毕竟曾是司马师的大舅哥，而且这件事情要是说夏侯玄不知情也不是没有可能，于是司马师问自己的叔叔司马孚："您觉得我的才能能治住夏侯玄吗？"司马孚直接告诉他，想想当年赵俨葬礼上的那一幕，恐怕你无法治住他。后来司马昭痛哭流涕地来给夏侯玄求情，司马师对司马昭说的也是："卿忘会赵司空葬乎？"

嘉平六年（254）二月二十二日，李韬、夏侯玄、张缉、苏铄、乐敦、刘贤全部被灭族，只有齐长公主和三个儿子因为是曹叡的后裔，被下旨赦免。夏侯玄死时46岁，据说绑缚法场之日仍面色如常。

夏侯玄之死其实标志着曹家和夏侯家已经基本退出了曹魏的政治舞台，而这件事的背后，很明显还有皇帝曹芳的影子，所以下一步，司马师就要行"伊尹、霍光之事"了。

三、废立天子

李丰死后,他的那个曾想出兵的弟弟、兖州刺史李翼也知道自己无法幸免,妻子荀氏建议李翼逃亡东吴,不要坐以待毙。但李翼认为,一旦自己逃走,两个孩子就会受到株连,于是最后就在家中等着,之后被抓捕处死。

至于夏侯玄等人,司马氏的"预言家"傅嘏早就有过评价。傅嘏据说是西汉时期威震西域的名臣傅介子的后代,早年受陈群的提拔。后来曹爽当政,傅嘏官拜尚书郎,夏侯玄、何晏等人都想结交他,但傅嘏却很冷淡,傅嘏的好友、荀彧的儿子荀粲就问傅嘏原因,傅嘏解释说,夏侯玄志大才疏,徒有虚名,而何晏为人喜欢高谈阔论,却没有主见,我觉得这些人必会使自己的家族遭祸,还是远离为好。

后来李丰活跃的时候,傅嘏和李丰不睦,再次对朋友评价说:"李丰此人疑心太重,自恋又爱耍小聪明,这样的人一旦得势,必遭杀身之祸。"这个傅嘏是司马氏的铁杆支持者,也为司马家贡献了几次非常重要的建议。

从这次事件的谋划来看,李丰的背后显然有皇帝曹芳的支持,李丰惨死,最不满的也是曹芳,但曹芳是个深宫中长大的孩子,除了吃喝玩乐、斗鸡逐狗之外,并没有别的本事,在这关键时刻,曹芳做了一个愚蠢的选择。

此时安东将军司马昭,注意,是司马昭,不是当权的司马师,司马昭本来是在许昌镇守,后来他的大哥司马师调他去西线迎战姜维,按照惯例,许昌到长安,需要经过洛阳,按理司马昭必须觐见天子。曹芳手下就给他出主意,让他趁着司马昭入朝参拜的机会,直接将其诛杀,重点是要接管他的军队,之后,再用他的军队去干掉司马师。

统一的前夜：司马氏鲸吞三国

讨伐司马师的诏书已经准备完毕，就放在案头，司马昭入宫参拜，曹芳正在吃饭，身边的戏优见曹芳没有反应，便接着唱词唱道："青头鸡，青头鸡。"所谓"青头鸡"就是"鸭子"，"鸭"和"押"谐音，这是在告诉曹芳赶紧下令动手。但关键时刻，曹芳怂了，最终也没敢下令，任凭司马昭告辞离去。

正所谓逆水行舟，不进则退，你曹芳不敢动手，就有人告密，司马师很快就知道了。此刻司马昭大军正在洛阳城西的平乐观，"观"是"高台"的意思，这里是大军出征之前检阅士卒之地，听到消息后，司马昭立刻回军，进入洛阳，司马师终于要做"伊尹、霍光之事"了。

伊尹这个人是中国古代的一个文化象征，据说他被商王汤任命为"尹"，基本相当于丞相，之后伊尹在这个位置上先后辅佐了五位商王，到第四任商王太甲时，伊尹放逐了商王太甲，因为他不遵守祖父汤定下的制度，伊尹让其在商汤的墓地"桐宫"反省，自己出面管理国家。后来太甲改过自新，伊尹又去接太甲复位，自己仍然担任宰辅。后世的儒家认为伊尹的行为非常高尚，所谓"汤臣大贤，唯有伊尹"。

到了西汉时，汉武帝托孤于霍光，后来，汉昭帝刘弗陵早逝无子，霍光选了昌邑王刘贺继承王位，但刘贺即位后行为放纵，没有一点皇帝的样子，霍光和自己的助手田延年抱怨，田延年建议霍光禀告太后，撤换天子，霍光犹豫，田延年就给他讲了伊尹放逐太甲的故事，霍光最后便撤换了刘贺，改立后来的汉宣帝刘病已。

这两件事情以后，古代凡是有大臣打算废立天子，都会打出"行伊尹、霍光之事"的旗号，比如东汉末年，趁乱进京的董卓，又比如此刻的司马师。不过那时的霍光，上官太后是他外孙女，所以自然先是找太后商议，而此时的司马师，做法就霸道多了。

嘉平六年（254）九月十九日，司马师以太后之名，召集了文武官员，发布宣言："天子无道，沉迷享乐，德不配位。"此时的文武官员，刚刚经历过夏侯玄、张缉等人被杀的"洗礼",没有一个敢站出来说话。于是司马师决定,上奏太后(此举说明太后根本不知情),收回曹芳的皇帝印玺,准其回到即位前的封地齐国。

据《魏书》记载,司马师当时是流着泪问群臣该当如何,大家纷纷表示,"昔伊尹放太甲以宁殷,霍光废昌邑以安汉,夫权定社稷以济四海,二代行之于古,明公当之于今,今日之事,亦唯公命"。之后司马师又表示既然大家都对我有所期望,我也不能辜负大家,这才联合大家给永宁宫太后上奏。《魏书》这里太过矫揉造作,恐怕并非实情。

总之群臣商议完毕,司马师才派太后的叔叔郭芝进宫去通知郭太后。郭太后当时正在和曹芳对坐说话,郭芝进来对曹芳说:"大将军想废黜陛下,另立彭城王曹据为帝。"曹芳一听,赶紧起身离去。郭太后很不高兴。

郭芝再说:"您的儿子您教不好,今日大将军意已决,又有大军在外,防备突发状况,您还是应该尊重大将军的意思,还有什么好说呢?"郭芝这是在提醒郭太后不要犯傻。

郭太后这才说:"我想见见大将军,有话要说。"

郭芝再说:"这怎么可能见到呢?您还是快将玺绶交给我吧!"

作为太后的叔叔,郭芝显然是在保护太后,现在的局面,太后说得多了,恐怕就会让司马师觉得太后是不稳定因素,一旦那样,夏侯玄的结局也不是不可能发生在郭氏身上。太后也明白此时的危机,便派侍从拿出了玺绶,注意,这天子玺绶不可能随便交给郭芝,太后拿着这个,就还能讲讲条件。

郭芝见太后基本认可,任务完成,就出来向司马师汇报,《魏略》中说"景王(司马师)甚欢",旋即派人给太后送去齐王的印绶,让皇帝暂时搬到西宫。

可怜的曹芳,整件事几乎都没轮得上他说一句话,就被迫坐车出宫,与太后分别时,曹芳还伤心哭泣,之后从太极殿离开,群臣数十人在后面相送，送行的人中有司马师的叔叔太尉司马孚，此刻他也泪流满面。

曹芳离开后，司马师再次派人去请求天子的玺绶，这时太后开出了自己的条件："大将军所说的彭城王是我的小叔，如果真的立了他，那我要去哪？况且难道你想让明帝（曹叡）绝嗣吗？我认为高贵乡公曹髦是文帝（曹丕）长孙，明帝之弟，按照立法，小宗之人有成为大宗后裔的道理，请诸位再商量一下。"

从宗法制的角度看起来，郭太后的要求可谓合情合理，曹丕一共有10个儿子，这个曹髦是老六东海王曹霖的儿子，也是曹丕的后裔中，目前唯一在世的。按照曹魏的规定，曹霖的爵位是"王"，其后裔的爵位，按照"公侯伯子男"的顺序依次降等，曹霖的封地东海国相当于一个郡，嗣位的嫡长子曹髦则要降为公爵，封地要降为县，所以正始五年（244），曹髦获封为"郯县高贵乡公"。作为曹叡的晚辈，他来即位，就可以尊曹叡为父，继承其法统。

这个结果，司马师无从反驳，于是就再次召集群臣商议，对大家说起太后的提议，于是最后确定，立高贵乡公曹髦为帝，于是司马师派太常王肃持太后符节，去迎接曹髦即位。王肃等人出发两天后，在温县等着天子玺绶，司马师再派人去要，太后直接下令说，高贵乡公小时候我曾见过，到时候我要亲手将天子玺绶交给他。

曹髦这个人，许多史书上对他的评价都还比较正面，认为其无愧为曹操的子孙，而在整个迎接他的过程中，他则表现出了比汉文帝入京还要有的恭谨。嘉平六年（254）十月四日，曹髦一行到达洛阳北郊玄武馆，王肃等人建议曹髦在前殿暂住，但曹髦却认为前殿是皇帝住所，自己只是公爵，所以就在西厢房住下，群臣又建议曹髦用天子的法驾，曹髦也予以拒绝。

第二天，曹髦来到洛阳，各级官员在皇宫西掖门南侧跪拜迎接，曹髦见状赶快下车还礼，负责礼仪的官员提醒曹髦，按照仪程，可以不必回拜。曹髦说，我不也是人臣吗？于是对大臣答拜。

到了皇宫前的"止车门"，曹髦下车，左右再次提醒，您可以不必下车，曹髦又说："我被太后征召，还不知有何事。"于是曹髦步行来到太极殿东堂，拜见太后，接受玺绶，随即在太极殿前殿即位。

百官见到曹髦如此彬彬有礼，都感到非常欣慰。等到百官上朝之时，14岁的曹髦神清气爽，外表俊朗，在朝堂上说话也好听。散朝之后，司马师私下里问钟会，觉得当今天子是个怎样的皇帝。钟会回答司马师，说曹髦"才同陈思（曹植），武类太祖（曹操）"，司马师听到钟会这么说，还感叹，如果真如你所言，那真是社稷之福。后来也正是这个孩子，改变了司马氏"代魏称帝"的进程。

至于那位被废的皇帝曹芳，曹魏在河内郡兴修宫殿，让曹芳居住，曹芳又活了20年，西晋泰始十年（274），曹芳去世，西晋给了他一个很糟糕的谥号——厉。

四、淮南再叛

司马师废立天子的事情传出来后，天下人的反应并不算大，毕竟司马师另立的还是曹家人，并且有太后为这一切行为"背书"。虽然大家都知道这件事背后是司马师主导，但李胜、夏侯玄的事情估计大家也听过了，因此没有人有啥反应，只有两个人例外，一个是文钦，另一个是毌丘俭。

文钦的人品就有问题，曹操时期，有个叫魏讽的人谋反，攻击邺城，后来被曹丕得知后诛杀。文钦牵涉其中，后来曹操念及他父亲文稷为自己效力多年，就没有追究文钦的死罪。

文钦为人非常的刚直暴戾，没有礼数，根本不把上级放在眼里。曹叡在位时，他在淮南任职，担任庐江太守，他的顶头上司是王凌。王凌本来就心胸狭隘，满宠对他挺好他都能举报，何况是文钦这样的人，所以王凌

统一的前夜：司马氏鲸吞三国

多次上奏举报文钦为人贪暴（很可能也是事实），同时王凌跟朝廷说文钦根本不适合做驻外将领，于是朝廷就将文钦召了回去。不过曹爽时期，又将他派回了庐江。

曹爽死后，文钦非常害怕，但司马懿没有追究，在王凌事件之后，还将文钦提拔为扬州刺史，用来平衡诸葛诞。司马懿看人很准，他知道文钦是个小人，基本上谁得势他就依附谁，所以虽然他之前跟曹爽结交，但只要用他，他也能为司马家效力。

但司马师做大将军之后，经历了对东吴的大败，为了加强扬州地区的防守，他将诸葛诞和毌丘俭对调。这样一来，文钦就没了诸葛诞的制约，而新来的毌丘俭则主动与文钦结交，二人还成为不错的朋友。

毌丘俭字仲恭，跟文钦一样，他的父亲毌丘兴也是曹魏的名将，而且毌丘兴还因为军功，获得了高阳乡侯的爵位。毌丘俭的经历我们在前文讲过，他的立场相信也是比较明确——他是忠于曹魏的，或者说具体点儿，他是忠于曹叡的，因为毕竟在曹叡还做平原侯的时候，毌丘俭就在他府上任职，曹叡对他也是提拔有加。

司马懿征辽东，毌丘俭也参加了，论功行赏时，毌丘俭获封安邑侯，要知道这已经是县侯了，三国时期的侯爵分三等，县侯、乡侯和亭侯，孙礼到去世才封亭侯，从这也能看出曹叡对他的器重。

正始年间，两次征伐高句丽之后，毌丘俭被调往了长江前线。司马懿诛杀曹爽之际，毌丘俭没有反应，大概是因为毌丘俭也看不惯曹爽等人的作为，但自从到了扬州，毌丘俭开始结交文钦，并不是因为他喜欢文钦，而是因为此时朝廷司马氏当权，这个局面让他不安，此时放眼望去，长江沿线他能结交的也就是文钦了。

文钦自从做了扬州刺史，为了摆脱和曹爽结交带来的影响，文钦在担任扬州刺史后，多次立下战功，但文钦本性没变，多次虚报杀敌人数和俘虏人数，想靠这个获得奖赏，而司马师则多次打压他，文钦为人霸道，心中逐渐开始对司马师不满。

毌丘俭开始有变化是在夏侯玄、李丰被杀之后，这两个人跟毌丘俭私交都很好，二人被杀之后，毌丘俭更加讨好文钦，二人的同盟关系也更加紧密了。

曹芳被废之后，毌丘俭的儿子治书侍御史毌丘甸也非常愤怒，写信给毌丘俭说："您身为镇东将军，独当一面，天子被废，您却无动于衷，只守着自己的高官厚禄，如此必将遭到天下人的责备。"毌丘俭看罢，便下了造反的决心。

曹髦即位后，将年号由嘉平改为正元。正元二年（255）正月，天空中出现了彗星，从东南方吴楚两地的分界处升起，横贯天空，往西北方向而去，毌丘俭和文钦商量好了，觉得这是大吉之兆，于是决定起兵。

正月，二人以郭太后之名，在寿春起兵，上书曹髦，并昭告天下。这封上书很有意思，《三国志》裴松之注收录了全文，文中最主要的是将司马家的几个人加以区别对待，而且比较温和。总结下来，就是希望朝廷撤销司马师的职务，但看在司马懿为国操劳，屡有大功的份上，应该令司马师以侯爵身份回家，不再干预政事即可，并让司马昭接替司马师的职务。另外，特别强调太尉司马孚和护军司马望都是人才，并且为人恭谨，应该予以重用。这司马望本是司马孚的儿子，后来过继给司马家的大哥司马朗，现在也已经在朝中为官。

这一系列的要求其实就决定了这次起事要以失败告终。既然已经起兵，就要有礼有节，既然想推翻司马师，就要列举其罪状，并要求治他的罪，现在又要让他以侯爵身份回家，还让司马昭继承他的位置，这不是多此一举吗？再说司马孚是司马师的三叔，从高平陵之变到后面的一切，都是大家一起做的，而且人家是一家人，现在用这样的方式就离间得了吗？其实归根结底，还是底气不足。

曹魏有制度，所有驻守在外的，特别是三个战场的负责将领，必须有

统一的前夜：司马氏鲸吞三国

人质在京城，一旦确定为叛乱，这些人估计都会灭族，所以驻外将领反叛，往往会因为害怕连坐而投鼠忌器。

毌丘俭和文钦起兵之后，胁迫驻守在各地的扬州将领及百姓，全部进入扬州刺史的治所寿春城，再用老弱病残的军队守城，二人亲自率领淮南精兵五六万人渡过淮水，沿着颍水，向西北方向前进。

看毌丘俭和文钦的行军路线，跟当年司马懿征王凌时来的方向一致，应该也是决定先攻许昌，但这两人其实已经碰了一鼻子灰了，因为起事前，二人分别联络了豫州方向的负责人诸葛诞和兖州刺史邓艾，但两个方向的使者全都被杀，二人没有得到一点儿支持，其中兖州刺史邓艾还亲率一万军队，昼夜兼程南下，占据了通往许昌的咽喉要道乐嘉（今河南省周口市东南），并且建立浮桥，等候司马师的援助。

毌丘俭和文钦到达项县（今河南省周口市沈丘县），前方就是乐嘉，于是毌丘俭和文钦决定分兵，毌丘俭率军进入项县县城，而文钦则率军在外游击找机会。

这时，消息早已传到了洛阳。司马师找到河南尹王肃商量，王肃用当年关羽的事情举例，强调关羽在前线打得再好，孙权用吕蒙在背后偷袭，最终老家丢了，前线将领的家眷尽数落入敌手，关羽的军队顿时土崩瓦解。所以，我们的大方向是利用好这些人在洛阳的父母妻儿，一方面自然要出兵平叛，但同时也要保护好这些将士的家属，这样，毌丘俭等人的军队必然像当年关羽的军队一样，不战而自溃。司马师对这一点比较认可。

但该派谁出征成了问题，此时司马师病了。他的一个眼睛长了个瘤子，刚刚通过治疗切除，在那个年代做这样的手术可谓九死一生。司马师此时痛苦难当，所以手下人建议，像之前击败东吴一样，派太尉司马孚领兵出征即可。

但这个计划遭到了司马师此时主要的智囊团（包括尚书傅嘏、中书侍郎钟会以及河南尹王肃）的一致反对，这几个人都认为司马师必须亲征。

傅嘏说："淮南士卒骁勇，毌丘俭的优势就在于此，他现在长驱直入，无人能敌，万一大军出动，一战不利，就有可能带来连锁反应，那样的话，甚至有可能满盘皆输。"

司马师听罢，终于下定决心："我就是躺在车上，也要到前线去。"

正月初五，司马师率朝廷大军，同时征调东、西、北三个方向的军队，要求各军派人，在陈郡（今河南省周口市淮阳县）、许昌（今河南省许昌市东）会师，而司马昭则亲自统领中领军及洛阳城的部队留守京师。

出征之际，百官送大军出洛阳，司马师对王肃说："此行没有看到郑光禄，实在是遗憾啊！"郑光禄指光禄勋郑袤，这郑袤是东汉大学者郑玄的孙子，当年和王肃一起去接曹髦入京，很受司马师的赏识。

此时郑袤老先生已经快70岁了，正在家养病，王肃回去把司马师的话告诉了他，郑袤便亲自驾车去追赶大部队，追上之后，司马师笑着说："我就知道，你一定会像侯嬴那样赶来见我。"侯嬴是战国四公子之一的信陵君的门客，当年曾协助信陵君"窃符救赵"，司马师这样说，是看重郑袤。于是二人同车，司马师问郑袤如何看待此次淮南之叛。郑袤说：

> 昔与俭俱为台郎，特所知悉。其人好谋而不达事情，自昔建勋幽州，志望无限。文钦勇而无算。今大军出其不意，江、淮之卒锐而不能固，深沟高垒以挫其气，此亚夫之长也。

郑袤的意见很重要，这里面主要是两点，第一是大军应该出其不意；第二则是要与对方拼心理战和消耗战。司马师很认同郑袤的话，这其实就是当年他爹司马懿和诸葛亮打仗的战术。但这一仗，司马师手下又涌现出了一位叫王基的优秀将领，他提出了不同的看法。

王基此时担任荆州刺史，在作战中担任行监军，并持符节统帅许昌附近的军队，许昌就是曹操时候东汉的都城许都，曹丕迁都洛阳之后，许都更名为许昌，保留所有宫殿，同时还驻有重兵。王基到任后建议司马师说:"淮南之叛，并非官逼民反，而是被毌丘俭等人胁迫，为求自保，才跟着他干，等朝廷大军一到，敌军必溃，毌丘俭与文钦的首级不日可取。"

司马师听着有道理，就命王基为先锋，率军先行前进。但很快，司马师就想起了郑袤的话，便又下令王基所部停止前进。王基非常郁闷，只好继续申诉:"毌丘俭统帅几万大军，明明可以继续前进，却一直停留在项县附近，一定是遇到了麻烦。臣推测其矫诏的事已然败露，军心涣散，我们如果不及时跟进，难免给人畏战之感。如果毌丘俭适时掠夺百姓，强行征兵，再将我们士兵的家眷控制在手，作为人质，我们的军心必乱。如果东吴再趁势出手，那时恐怕淮南不保。"

接着，王基又给出了具体的执行方案，他认为应该占据并守住南顿。南顿这个地方在项县以西大约50里的地方，那里有一座名叫"大邸阁"的粮仓，据王基说，其中粮食可供他的大军食用40天，所以，必须占据南顿，但司马师却不认同，王基反复上书陈述，最终司马师才勉强接受，王基大军也随即抵达许昌南方的㶏水（石梁河）。

这一年闰一月，在闰正月初一这一天，司马师大军也抵达了㶏水，毌丘俭手下的两位将军史招、李续相继投降。这时，王基再次提出自己的看法，必须马上出击，占领南顿，不能将这些粮食拱手让给毌丘俭的军队。司马师还是不同意，王基这时为司马师分析了局势:很多人都跟您说要谨慎，谨慎没错，但不能因此就不进军，一味地耗着，事情拖得越长，越是容易有变化。南顿为兵家必争之地，不能放弃。于是王基直接率军进入了南顿。

此时毌丘俭正准备率军进驻南顿，但被王基抢先一步，只好退回项城。此时司马师再次下令各军构筑防御，等待几路大军会师，手下将领很不理解，便向司马师请战。司马师对大家解释说:"淮南的士兵本无意谋反，都是被毌丘俭和文钦欺骗胁迫，这些人本以为他们振臂一呼，天下定会响应，但实际上淮河以北的州郡并没有人配合他们，相反史招、李续等人接连投降，叛军军心必乱，此时如果我们逼迫过急，率军与之正面对决，那就遂了人家的意，即便战胜，也必然伤亡巨大，而今我们只要能困住对方，不必交战，自然可以获胜。"

于是司马师开始派兵，首先是诸葛诞率豫州兵马从安丰（今安徽省六安市霍邱县南）出击，目标是毌丘俭和文钦的老巢寿春（今安徽省淮南市寿县）；胡遵率领青州、徐州的军队，在谯县（今安徽省亳州市）、睢阳（今河南省商丘市睢阳区）之间屯兵，这两路是为了切断毌丘俭和文钦退回扬州的路。

之后，司马师率中军进军汝阳（今河南省周口市西南），并暗地里偷偷向乐嘉进军，去和早已守在这里的邓艾会合，这时乐嘉正在承受文钦军队的攻击，邓艾军队此时佯装老弱，文钦见有机可乘，便出动大军进击，但司马师的大军适时赶到，文钦发现敌军太多，一时惊慌失措，只好暂时退兵。

此时的毌丘俭和文钦已经到了山穷水尽的边缘，项县北侧是颍水，在北方则有胡遵率领的青、徐主力部队，如果转头沿颍水退回寿春，又害怕遭遇诸葛诞的进攻，西南方向的南顿有粮食，可此时已被王基占据，正面的乐嘉又有司马师的大军。许多淮南将士家都在北方，此时逃兵降将不断出现，毌丘俭和文钦二人手下只有原先在淮南屯垦的士卒，因为大多是本地人，所以还算有些战斗力。

但此时毌丘俭守在项县孤城，文钦的主力又被司马师缠住，无法脱身。这时文钦的儿子文鸯站了出来，文鸯可谓一代名将，此时只有18岁，刚刚崭露头角，他提出应该在司马师大军立足未稳之际，发动突袭，这样才有机会将其击败。于是文鸯将人马分为两队，从两路出击，夜袭司马师大营。

夜晚之际，文鸯率军攻入司马师大营，霎时间战鼓齐鸣，喊杀声震天，司马师的军队没有防备，立刻陷入混乱，此时司马师正在自己的营帐休息，听到喊杀声，受到惊吓，刚做了手术的那只眼睛，眼球掉了出来（惊而目出），此时的司马师表现出了惊人的冷静，他害怕将士见到自己的样子，引发恐慌，便用被子蒙住自己的头，剧痛难忍，司马师就紧咬被角，最后左右竟然没有人意识到司马师出了问题。

而营外反应过来的中军虽然还是挡不住文鸯的左右驰突，但总算稳住了阵脚，此时天色已然破晓，文鸯见文钦的大军迟迟未到，而司马师的军队也逐渐反应过来，人数越聚越多，文鸯只好率军撤退。

此时，司马师将各路将领招至大营，忍着剧痛，命众人立即追击。众人纷纷表示可能有诈，理由就是文鸯并没有受到致命的攻击，却主动脱离战场，可能有埋伏。但司马师强调，正所谓"一鼓作气，再而衰，三而竭"，文鸯必然是没有等到接应部队，才率军离去！

文鸯回到大部队后，文钦军开始后撤，但此时司马师已派大军追击。左长史司马琏率8000骑兵从侧翼包抄，将军乐綝等人率步兵压阵。眼见箭如雨下，文鸯再次率几十名骑兵杀入司马师军中，反复进出达六七趟，杀伤百余人，终于为文钦等人赢得喘息的机会，率军往项县方向撤退。

撤退的路上，文钦遇到了一位熟人——尹大目。尹大目是曹家的家奴，职责就是服侍天子，他此次出征是司马师的要求。尹大目心中一直是忠于曹家的，但他又不敢说什么，此次来见文钦，是他自己争取来的，尹大目对司马师讲，文钦本来是司马氏的人，此次肯定是被毌丘俭蒙蔽，才走上谋反之路，再者文钦是谯郡人，与天子是同乡，跟我关系也不错，请您让我去试试劝降他。

司马师同意后，尹大目便披甲上马，一路追上了文钦，二人隔着一段距离，尹大目喊道："将军为何不能多忍耐一些时日？"尹大目此时有口难言，很多话不敢说，他是见司马师眼睛伤口已经迸裂，推测其命不久矣，所以才说让文钦忍耐。

第六章 ■ 司马氏的危机

不过之前郑袤早说过文钦是"勇而无算",此时刚刚打了败仗,气急败坏的文钦根本没有听出尹大目的弦外之音,只有大骂道:"你身为曹氏家臣,不懂得知恩图报,反而跟着司马师为虎作伥,忘恩负义,天理不容!"说罢,文钦张弓搭箭,要射杀尹大目,尹大目只好哭着再道:"今大势已去,将军珍重吧。"说罢,尹大目回营。

文钦没有时间考虑尹大目的事情,抓紧时间率军赶回项县,但到了项县,发现项县早已人去城空,毌丘俭不知去向,而自己这点兵力根本无法守城,只好准备退回大本营寿春。路上又接到消息,说寿春已经被诸葛诞攻占,文钦走投无路,此时东吴丞相孙峻正率军在巢湖附近观望,文钦父子便投降了东吴。

毌丘俭之所以不在项城,正是因为收到了文钦战败的消息。作为两平高句丽的名将,毌丘俭此时竟然慌乱不堪,其实只有一个解释,就是手下人根本不听他的。仓促之间,毌丘俭率军撤离项县,沿颍水败退,看方向毌丘俭应该也是想回寿春,但此时士兵的心早就散了,大军刚一出项县,便四散溃逃,土崩瓦解。

毌丘俭一路逃到慎县(今安徽省阜阳市颍上县北),此时连毌丘俭贴身的侍卫都不断地开小差,到这里,一行人停下,躲在颍水边的草丛中休息。闰正月二十一日,有个住在附近的平民张属发现了毌丘俭的行踪,将毌丘俭杀死,将首级送往洛阳,后来张属还获封侯爵。

此战之后清算,毌丘俭被灭三族。毌丘俭有个孙女,本在三族之内,但因为怀有身孕,被下狱待产,等产后再行处斩,后来司隶主簿程咸出面求情,后来朝廷批准,自此以后,已经出嫁的女子不再算作"三族"之内。

同时,毌丘俭同党700余人被下狱,侍御史杜友审讯下来,只处斩了十几个人,其他的都得以免死,这场风波至此平息。但在返回许昌之后,司马师因为眼睛的问题去世,曹魏也迎来了他最后的时光。

第七章

东吴内耗

统一的前夜： 司马氏鲸吞三国

东吴太元元年（251），驻守在柴桑（今江西省九江市）的立节中郎将陆抗回建业养病，痊愈之后，陆抗按要求返回戍卫区，按规定进宫向天子孙权告辞，此时的孙权已经是 70 岁的老人，又见故人之子，不禁潸然泪下，孙权对陆抗说："都是我被奸人蒙蔽，听信谗言，才导致我与你父亲陆逊，没能成为君臣典范，朕实在是有愧于你，之前我问你的那些话，你都烧掉吧，不要让外人知道。"

孙权话中所指，是当年他逼死陆逊后，曾当面质问陆抗的那些话。常言说："人之将死，其言也善。"陆抗见孙权之后不久，孙权便中风瘫痪，没多久就去世了。孙权的晚年，已经知道了太子孙和是冤枉的，也知道了自己曾经处置失当，甚至在自己中风之后，还想着能召回孙和，但一切都已经晚了。

孙权去世后，中书令孙弘企图搞小动作，事情败露后被杀。之后太子孙亮即位，诸葛恪等人遵诏辅政，大赦天下，同时改年号为建兴，东吴正式进入了"后孙权时代"。

一、太傅诸葛恪

对于用诸葛恪辅政，孙权刚开始是不同意的，理由是孙权觉得诸葛恪过于刚愎自用，不是能够承担大事的人。可最终孙权发现，此时的东吴已经没有值得托孤的人，当年和自己在赤壁、在石亭、在芍陂并肩作战的那些老兄弟，现在都已作古，虽然陆抗、朱绩这些二代、三代的将领尚在军中，但他们毕竟年纪小、资历浅，很难担任辅政的大任，所以，最后还得是诸葛恪。

当命诸葛恪回京的诏书传到武昌（今湖北省鄂州市）时，诸葛恪的长辈、上大将军吕岱告诫诸葛恪说："此时国家正值多事之秋，每做一件事都不容易，你回去做事，一定要'每事十思'。"

诸葛恪回答道："当年季文子三思而后行，孔子听说后，强调想两次就够了。今日先生却教我'十思'，这分明是说我太笨了啊。"

吕岱没说话，当时在场之人都以为吕岱是说错话了，但实际上可能真不是这样。吕岱说这话的时候已经90多岁了，他之所以这么说，是意识到了诸葛恪将要承担的责任，也是针对诸葛恪性格中的弱点。当然，从诸葛恪的回答当中可以知道，诸葛恪还是那个诸葛恪，他丝毫没有听懂吕岱的话，也丝毫没有意识到自己的问题所在。

诸葛恪是诸葛瑾的长子，年少时就和顾谭、张休、陈表同为太子孙登的门客。后来孙登去世，孙和与孙霸争位，其他三人都早早去世，诸葛恪因为当时在武昌驻守，得以幸免。

诸葛恪在年少时，就表现出惊人的辩才，说话旁征博引，有理有据，逻辑清晰，并且出口成章，经常将对方噎得说不出话来。虽然东吴绝大多数人都说不过他，但这并不意味着大家认同他的观点，如果辩论大事，很多人嘴上说不过他，但心里其实很不以为然，不过辩论小事，诸葛恪却经常有博大家一笑的本事。

《太平广记》《古今概谭》等书上记载了不少诸葛恪的"段子"，比如说诸葛恪的父亲诸葛瑾脸很长，长得像驴，有一次孙权与诸大臣聚会，派人牵了一头驴进来，在驴的长脸上写了个字条"诸葛子瑜"，子瑜是诸葛瑾的字，熟悉孙权的人都知道，这种玩笑是孙权喝酒时的"基本操作"。

诸葛恪见自己父亲吃亏，便向孙权要求要在字条上填两个字，孙权准许后，诸葛恪接过纸笔，在字条的后面接着写"之驴"，这下字条上变成了"诸葛子瑜之驴"。众人见诸葛恪解嘲解得好，哄堂大笑，孙权就将这头驴赐给了诸葛瑾。

还有一次，有只头顶白色的鸟落在东吴的大殿前，孙权便问群臣，这是什么鸟。诸葛恪回答，此鸟叫"白头翁"。这时在座的大臣中，张昭年龄最长，张昭听罢觉得诸葛恪是在影射自己，便开口指责诸葛恪欺君，说："从未听说有鸟叫这样的名字，如果有白头翁，那是否有白头母呢？"诸葛恪不慌不忙地答道："有种鸟名曰鹦母，却没有与之配对的鸟，不如让辅吴将军找个鹦父来吧。"张昭哑口无言，又是引来哄堂大笑。

关于诸葛恪的这类故事很多，除此之外，诸葛恪还特别懂得如何让孙权开心。有次孙权问诸葛恪，诸葛瑾和诸葛亮是本家兄弟，你觉得哪个更贤明？诸葛恪回答是父亲诸葛瑾更贤明，孙权问原因，诸葛瑾开口便说，我父亲能选择明主，这一点就比我叔叔强。孙权听完很是高兴。

在接待蜀汉使者的宴会上，孙权对蜀汉使者说，诸葛恪喜欢骑马，让你们丞相多给他侄子送点好马来。诸葛恪听罢立即谢恩，孙权问他马还没到，为何谢恩，诸葛恪说，蜀汉不过是陛下养马的马厩，您说话，他们就一定会送来。诸如此类，不胜枚举。古往今来，像诸葛恪这样能言善辩的聪明人，都会有一个毛病——自大，这也是诸葛恪性格的第一个弱点。

可是等到孙权真的用政务试他时，诸葛恪则很不喜欢。孙权让诸葛恪掌管军粮。诸葛亮听说后，马上给陆逊写信说："我家兄长年纪大了，诸葛恪性情粗疏，现在让他管粮草，粮草乃军中最为重要之物，我远在汉中，私下里都觉得十分不安，您一定要替我转达我的看法。"陆逊看过信之后，便转交给孙权，孙权便将诸葛恪调往军队，让他领兵。

之后，诸葛恪表现出了在军事方面的才能。他认为丹阳郡地势险要，百姓刚直好斗，朝廷之前虽然发兵，但只不过是将一些外围县中的百姓迁出，至于躲在深山之中的，却没有能够纳入统计。对此，诸葛恪多次上书孙权，自请去丹阳郡做官，并承诺三年内，可获得4万名士兵。

东吴人口有限，缺少兵源，不然也不会派卫温和诸葛直去找什么海外的领土。但面对诸葛恪的提议，朝臣都认为难度太大，因为丹阳郡地势太过险要，与吴、会稽、新都、鄱阳四郡相连，其间山谷纵横，居住在其间的百姓大多粗野无知，一未进过城，二未见过官员，许多逃散的罪犯也都在那里，依托山中矿产，私自打造兵器盔甲，这些人又尚武好斗，再加上地形熟悉，常常出来袭扰当地百姓。

而官府每次出动军队进剿，他们进则蜂拥而上，败则作鸟兽散，自从前代以来，根本拿这些人没有办法，所以很多人对此都不支持。事情传到诸葛瑾这里，诸葛瑾感叹道："这诸葛恪不能使家族兴旺，反而可能招来灭族之祸！"

可无论怎么说，诸葛恪还是坚持认为这件事肯定能成功。最后孙权同意，任命诸葛恪为丹阳郡太守，并加扶越将军，同时配备给诸葛恪300名骑兵，授官之后，诸葛恪在鼓乐声中，回到了家中。这是孙权给诸葛恪的礼遇，这时诸葛恪刚刚32岁。

诸葛恪到任之后，就向周围相邻的四个郡发去了文书公告，要求四郡照管好各自的边界。同时将已经归附的山越人聚集在一起，命令他们不要给山里的人提供援助。之后，诸葛恪又下令丹阳郡的军队，在地势险要之处派人把守，但只守不攻。就这样将山越人困在山中。

等到粮食成熟之际，诸葛恪立即派人收割。这样一来，存粮吃完，这些山民不耐饥困，只好走出山来归降。诸葛恪下令，凡是出山之人，一定要予以优待，将这些人迁居到山外各县即可，不要猜疑、拘禁。这么做也是为了起个示范作用。

统一的前夜：司马氏鲸吞三国

这时，出现了一个插曲。白阳县长（白阳究竟是哪里，目前无定论）胡伉在出山之人中抓到了一个逃犯，名叫周遗，此人本就是当地有名的恶棍，后来因为生活窘迫才选择进山，但胡伉认为周遗心中仍怀谋反之心，便将其绳捆索绑，送到诸葛恪的府上。

诸葛恪见到周遗，并没有审问，而是直接以违反军令为由，将胡伉捉拿斩首，并将尸体示众，同时，上书孙权说明此事。这下山越人知道朝廷不过是想让他们出山，并没有害他们的意思，于是纷纷响应，一年之后，诸葛恪真的达成了之前他的设想，增兵4万，人口增添10万。

这件事的结果固然不错，但还是暴露了诸葛恪的第二个问题——不近人情。胡伉的做法虽然有违军令，但其实有很多种方法可以处理，并非一定要将其诛杀，诸葛恪用这样的方式立威，恰恰反映其对于人命缺乏敬畏，以及为达目的不择手段的行事风格，这些都对其后来的失败有着很大的影响，但纵观整个"后三国时代"，三国名将的第二代或第三代，几乎都有类似的问题，以杀戮立威，成为一种展示"铁腕"的手段。

结合上述两点，就催生出诸葛恪第三个，也是最致命的问题——好大喜功，不切实际。诸葛恪因为此次治理山越有功，被晋封为都乡侯、威北将军，孙权还特命尚书仆射薛综写文书赞颂诸葛恪的功绩。于是诸葛恪受到鼓舞，上书请求到庐江郡的皖口（今安徽省安庆市）屯田，其间派小股军队偷袭舒地（今安徽省六安市舒城县附近），掠夺了一些人口后返回。

尝到些甜头的诸葛恪再派人深入曹魏的扬州各地，侦察地形地貌、交通要塞，甚至打起了曹魏的扬州首府寿春的主意。但这可不是开玩笑的，所以孙权拒绝了诸葛恪的这个提议。

赤乌年间（238—251），见到诸葛恪在庐江、丹阳一带反复横跳，当时的司马懿就计划攻打诸葛恪，得到情报的孙权准备派人接应，但占卜之后，结果不是太好，占卜之人说一旦开战，可能失利，于是孙权就将诸葛恪调往柴桑（今江西省九江市西）。

赤乌七年（244），陆逊接替顾雍为相，作为诸葛瑾的老战友，看着这个恃才傲物的侄子，陆逊曾经通过杨敬叔提醒过他：

在我前者，吾必奉之同升；在我下者，则扶持之。今观君气陵其上，意蔑乎下，非安德之基也。

陆逊在朝中为官，打了一辈子仗，不管是鼎盛时期的刘备，还是不可一世的曹休，无论对手强弱，陆逊从未有过一次败绩，他当然一眼就能看出诸葛恪是个什么样的人，所以提醒他的话，就是告诉他不可唯我独尊，应该注意团结，这才是东吴得以存续的根基。

诸葛恪也知道陆逊的分量，但他认为陆逊是听信谗言，误解了自己，所以写信给陆逊，这封信写得非常"诸葛恪"。文章先是肯定了陆逊的观点，认为"团结"十分重要。进而通过孔子和七十二贤者的故事，说明人无完人，不能因为别人有短处，就忽略了其长处，所以选贤举能要宽容，不能吹毛求疵，更不能像当年许劭搞的那种"月旦评"，对人物肆意品评或者诽谤，那样是仇恨产生的根源，并且一旦抓住小的过失不放，时间久了大家就成了仇人，也对国家不利。

诸葛恪的这番言论其实就是在为自己辩驳，同时也以另一种形式表达了对陆逊评价自己的抗议。《三国志》中所收录的诸葛恪的文章，基本上都是这种风格，诸葛恪永远不会承认自己的过错，永远是用古代先贤的实例为自己的行为开脱。最终，这样的行为也毁掉了他。

不过陆逊此时深陷太子孙和与孙霸的储位之争，根本无暇顾及诸葛恪，而且不久之后，陆逊便因为被孙权骂"不忠不义"幽愤而死。之后，孙权提拔诸葛恪为大将军，持符节驻守武昌，接管陆逊的军队，这一年，诸葛恪刚刚43岁。

七年之后，诸葛恪又接过了辅政大臣的角色，成为东吴的头号人物。

二、东兴之役

从东吴的都城建业沿着长江向南逆流而上，经过芜湖，会到达一个河口。这个河口叫作濡须口（今安徽省马鞍山市含山县东关镇），沿着濡须口北上，就可以直达巢湖，这条连接长江与巢湖的河叫作濡须水（今裕溪河），这条河基本上在东吴境内，但巢湖却在曹魏一边，每次东吴出兵，几乎都会从濡须口和巢湖之间的濡须坞出发，经过巢湖，就能到达曹魏的合肥旧城，建安十七年（212），孙权命人在濡须水注入长江前的地方修建了一座关隘，名叫东关，也称濡须城，主要的作用就是防止曹魏从此地偷袭。

黄龙二年（230），孙权下令在濡须水上修筑一道堤坝，名叫东兴堤，主要是希望能够将巢湖上的曹魏水军挡在东吴境外，但芍陂之战，东吴被曹魏反攻，水涨之时，大水漫过东兴堤，曹魏的战船随即驶过东兴堤，最终虽然被击退，但东吴也就放弃了对东兴堤的修建。

诸葛恪掌权之后，做的第一件事，就是重建东兴堤，不光兴建大坝本身，还在濡须水，东兴堤的两侧山上建了两座城池，分别为西城和东城，全琮的儿子全端率军1000人守西城，留赞的儿子都尉留略率军1000人守东城，安排妥当后，诸葛恪率军返回建业。

按照三国的"光荣传统"——你有大丧，我必出兵的原则，曹魏这边马上就有了反应，上一章我们也提过，最先上书的，就是身在寿春（今安徽省淮南市寿县），距离最近的扬州地区的"掌门人"诸葛诞。

其实当时驻防在长江沿线的所有将领都提出了自己的作战计划。在朝廷讨论时，尚书傅嘏总结了一下，并提出了自己的观点，首先他说，以目前的计划来看，有的主张用水军横渡长江，有的主张四路并进，以攻城为主，还有的主张应在边境扩大屯田范围，静观其变。这些都是克敌制胜最寻常的做法，如果实行得当，那么自然可以扬名立万，建立功业，但如果一旦节奏不对，一定会带来无穷的后患。

傅嘏说，我自从参与军事以来，已经三年了，我军并非是靠偷袭的军队，东吴国主刚刚去世，如果他只想着退守，将战船摆在交通要道上，坚壁清野来防守我军，那么我们肯定是无法横渡长江的。况且东吴占据江东六十余年，如果诸葛恪废除前政的弊端，那是天去其疾，我们很难战胜。

况且我们的军队，与东吴相去甚远，敌人在边境地区岗哨密布，我们的侦察人员无法渗透，没有情报支撑，贸然出兵动手，一切全凭天意，还希望能够取得胜利。先动手，再去想如何取胜，这恐怕不是长久之计。

所以综上所述，傅嘏认为，只有屯田的办法可行，并且提出了这一战略的七点好处：

> 夺其肥壤，使还耕瘠土，一也；兵出民表，寇钞不犯，二也；招怀近路，降附日至，三也；罗落远设，间构不来，四也；贼退其守，罗落必浅，佃作易之，五也；坐食积谷，士不运输，六也；衅隙时闻，讨袭速决，七也。

傅嘏认为，这七点全都是最为紧要的军务，如果不屯田，那么土地一直在东吴手中，如果屯田，资源就可以由曹魏掌握，屯田一旦开始，各地就会自然形成一座座堡垒，到时候既有利于发动攻击，也有利于情报搜集。而东吴资源减少，就只能增加赋税，时间一长，敌人定会内乱。正如《兵法》所言："屈人之兵，而非战也；拔人之城，而非攻也。"

之所以我们要了解傅嘏的观点，是因为这些计策和司马懿当年任命邓艾屯田的理由基本一致，但阐述更加系统。在夷陵之战以后，三国鼎立的局面基本形成，三国在边境上的摩擦不断，而且谁也无法"吃掉"谁，在

统一的前夜：司马氏鲸吞三国

这样的局面下，三方采取的策略基本是坚壁清野，目的也很简单，就是不能让对方攻进来之后，吃着我的粮食打我。所以曹魏在西北和东南两线，都采取了将百姓内迁，在边境上留出大片荒地的做法，所以诸葛亮在最后两次北伐时，才会带着士兵准备屯田。

而在东吴和曹魏争夺最为激烈的扬州一线，长期以来，东吴的水军占据绝对的优势，曹魏根本无法防守东吴的战船在河道中穿梭，而在长距离的河道上部署军队防守显然是不现实的，所以哪怕在淮南这样的传统农耕区，也有大面积的土地没有耕种，而人口也相对较少。

但现在时过境迁，局面早已是今非昔比，此时的曹魏水军在胡质、王昶等一批将领的发展下，也已经初具规模，芍陂之战，曹魏水军也有不俗的表现，所以傅嘏认为，现在已经到了要步步蚕食东吴的时候，方法就是发动屯田，而不是像过去那样，发动一次袭击，或胜或败，都很难动摇东吴的根基。

不过司马师现在想的恐怕不是这些，孙权去世这样的机会可谓千载难逢，此时司马懿刚刚去世，虽然司马师身为大将军，但没有军功实在是个硬伤，甚至他都没有指挥过像样的战役，所以此次打东吴势在必行，无论如何司马师也要刷一刷这份战功，所以他没有听从傅嘏的建议，最终还是决定采纳诸葛诞的办法，三路出击，攻打东吴。

十二月，三路大军准备就绪，开始发动攻击。征南大将军王昶从新野（今河南省南阳市新野县）出兵，进攻江陵（今湖北省荆州市江陵县）；镇南将军毌丘俭从安城（今河南省一带）出兵，进攻武昌（今湖北省鄂州市）；征东将军胡遵和镇东将军诸葛诞从寿春出兵，集结大军7万人，攻击东兴堤。

从这个打法，就能看出司马师要的就是一场胜利，而不是战略上的什么目标。王昶和毌丘俭那两路明显是打酱油的，曹魏前线的军队通常是自保有余，进取不足，二人的兵力，再加上指挥能力，充其量保证不败，根本没有取得战果的可能。

而作为主攻的胡遵、诸葛诞部，则要面临攻城的局面。二人到达东兴堤之后，就在堤坝之上扎营布阵，并搭建浮桥，将濡须水的东西两岸连上，之后，开始同时向两岸的东、西二城发动攻击——这基本是是个人就能想到的最笨的打法，这两座城都是新筑的，修的时候就是为了防着曹魏这一手，而且两座城全建在山上，中间隔着濡须水，即使搭了浮桥，攻城器械也基本无法发挥作用，因此虽然城中只有守军各千余人，但曹魏大军一时之间也无法攻下城池。这个局面，基本印证了之前傅嘏的预言。

十二月十九日，东吴收到情报。这时已经开始有人拍诸葛恪的马屁了，有人说："敌人闻听太傅亲自赶来，等我军登岸时，敌人必然逃走。"还好此时冠军将军丁奉站出来说："并非如此，曹魏倾许昌、洛阳之兵前来进攻，怎么可能没有目标呢？我们不能心存侥幸，还是要靠我们自己击退敌军。"

商量之后，诸葛恪迅速集结4万大军星夜兼程驰援前线，东吴军走水路，诸葛恪担心来不及，就命冠军将军丁奉，率领吕据、留赞、唐资沿着山路西进，争取以最快的速度到达前线。

丁奉又建议说："现在诸君并进，走得太慢，如果让曹魏军队先占据有利地形，我们就很难与之抗衡了。"于是诸葛恪命船队让开航道，丁奉率领手下3000人，扬帆前进。当时江上正刮北风，丁奉命部下张起风帆，全速前进，只用了两天，就赶到了东关（今安徽省马鞍山市含山县西南），随后丁奉率军进驻东关东侧的徐塘。

这时已经到了十二月下旬，天降大雪，东兴堤两侧的山上都落满了白雪，天气寒冷，胡遵和诸葛诞便在营寨之中摆酒设宴，畅饮取暖。这时丁奉发现曹魏大营的防守稀疏，便对部下们发表演讲，大声喊道："封侯请赏，就在今日！"说罢，丁奉命自己的士兵全员卸甲，扔掉枪矛一类的武器，全部只戴头盔，并配以大刀加盾牌两种武器，赤裸上身，沿着大堤两

统一的前夜：司马氏鲸吞三国

侧冲上去。

曹魏军队此时正在嬉闹，没有防备，东吴军队攀上堤坝，喊杀声惊天动地，挥刀直冲曹魏大营。正当此时，东吴留赞、吕据等人的部队也恰好赶到，随即加入战团。魏军见东吴军队来势凶猛，便开始败退，逐渐演变为崩溃之状，士兵们争相准备越过浮桥，到对岸逃命，可此时浮桥之上人满为患，最终浮桥抵不过人马的重量，顷刻间断裂垮塌，士兵们纷纷落水，先是淹，再加上骑兵马匹践踏，现场惨不忍睹。

激战之中，曹魏的乐安太守桓嘉与士卒一起落水淹死；之前从东吴叛降过去的韩当之子韩综，此时在曹魏为前军督，也在乱军之中被杀。之前孙权在世时，对韩综投敌这件事非常恼火，每当提起就恨得牙根痒痒，诸葛恪直接砍下了韩综的首级，送到首都建业，祭祀了孙权的宗庙。

这一战可谓大获全胜，曹魏大军损失数万人，诸葛恪缴获了多辆曹魏的战车，同时俘获的马、牛、骡、驴等牲畜数以千计，其他的辎重更是堆积如山，曹魏撤军之后，诸葛恪也凯旋班师回朝。

王昶和毌丘俭听说主战场失利，士气低落，只好放火将营垒烧毁，之后撤退。虽然司马师最后承担了这件事情的后果，但整件事还是打击了曹魏前线的士气。不过时任光禄大夫的张缉对司马师讲，他认为虽然这一仗东吴打赢了，但诸葛恪很有可能会被杀。司马师问为何，张缉回答："功高盖主，即使想不死，又怎么可能呢？"当然，我们知道，张缉说的话很有道理，但还是更快地应验在他和夏侯玄的身上。

如果回看这次战役，其实不难发现，并不是东吴打得有多好，丁奉虽然勇猛，但他提出的办法都是一些常规操作，只要是合格的指挥官基本都能想到，这场战役失败主要是诸葛诞的计划本身就有问题。

与东吴作战，要么就像傅嘏说的，先大规模屯田，要么就全方位出击，诸葛诞的这个计划，分明是想"掏一把就跑"，打赢了也没有什么实际意义，不过就是攒点升官发财和吹牛的本钱罢了。

打也就算了，还偏偏把主攻方向定在了东兴堤，从目前的史料来看，看不出诸葛诞制定这个作战计划时，是否知道东兴堤后新筑了两座城。按照常理推断，东兴堤加高应该是肉眼可见的，曹魏应该知道。那么既然知道人家新筑了城，为何不去实地勘测地形，研究作战计划呢？最后竟然用最笨的方法硬攻，然后在坚城拦路的情况下，竟然在大本营喝酒聚会，连犯这么多条兵家大忌，只能说明诸葛诞和胡遵对东吴太过轻视了。

诸葛恪回到东吴之后，可谓荣光万丈，太傅上马能战，下马能治，孙亮加封诸葛恪为当阳侯，原来的都乡侯被封给了这次战役中表现突出的大将丁奉。同时，诸葛恪还兼任荆州、扬州两州的州牧，并都督中外诸军事，可谓权势通天，风头一时无两。

不过滔天的权势并没有给诸葛恪带来满足，反而让他产生了一个错觉——曹魏并非不可战胜。于是诸葛恪决定主动出击，击溃曹魏。这个想法是当年东吴极盛时期都不曾有过的，其实如果翻看诸葛恪的履历，不难发现，此时的诸葛恪已经认定了这个想法，没有人能让他回头。

三、再攻合肥

诸葛恪准备讨伐魏国。

这个想法对东吴内部来说太过震撼，大家纷纷出面劝阻，从军力、财力等各个角度阐述困难，进而论述北伐是不可能的，但诸葛恪完全听不进去，中散大夫蒋延，一再上奏，强调绝不可以出兵，诸葛恪起先还解释，后来不耐烦了，直接命左右卫兵将其架了出去。后来由于朝廷反对的声音太大，诸葛恪直接写了一篇评论文章，并将其公之于众，让大家了解自己的观点。

这篇文章的大概意思是，所谓天无二日，国无二主，天下没有不想统一的君王，这一点从古至今都没变过。古代战国时期的各国，都依仗自己

统一的前夜：司马氏鲸吞三国

的实力，遇事相互救援，认为这样就能安稳度日，最后却让秦国强大起来，最终将六国吞并。

离我们最近的刘表刘景升，当年占据荆州，拥兵十余万人，钱谷无数，但刘表却不思进取，坐视曹操连破袁绍、袁术等人，日益强大，等到曹操平定北方，之后率大军南下，刘表的儿子刘琮也只能束手就擒。

所以，两个敌对之国，互相都想消灭对方，祸患不早日解除，就会发生在后世子孙的身上。当年伍子胥评价越国"十年生聚，十年教训，二十年后，吴国必亡"，可夫差却对此嗤之以鼻，最后被越国灭国时，夫差才想起伍子胥的教诲，悔之晚矣。越国之于吴国来说，不过是一小国，尚且如此，何况大国呢？

现在的曹魏，占据的领土巨大，而东吴加蜀汉，领土还没有当年六国的一半大，之所以能和曹魏抗衡，就是因为当年追随曹操那批士兵已经逐渐死去，而后续力量没有成长起来，再加上司马懿已死，他的儿子毕竟太年轻，虽然曹魏也有些有识之士，但他们没有得到重视，所以，曹魏此刻正处于困厄之时。

而我们现在的军队已然是比较强的时候，如果再过十多年，曹魏的士兵恐怕会比今天多上一倍，而我们现在的兵源地恐怕早已枯竭，所以如果我们坐等着手上的精兵变老，到时候就算有伊尹、管仲之贤，恐怕也再难有所作为了。

所以说，当年刘邦为何不入驻函谷关，在关中称王呢？反而与项羽决战多年，就是因为知道楚汉不可能并存，每当我想到这里，觉得自己肩负着萧何、霍光一般的责任，如果不趁着今日为国家开疆拓土，等到我老了，敌人必将更加强大，到那时即使我自杀谢罪，又有什么用呢？

最后，诸葛恪还不忘抒情，说：我每次看到荆邯劝公孙述出兵时的谋划，又看到我叔父诸葛丞相的计谋，总是深深感慨，我日夜辗转反侧所忧虑的，就是这些，今日写下这篇文章，来回应诸君的问题，如果有一天我死去了，但谋略不能得以实施，还希望后人能够懂得我的忧虑，也可以在后世给人启示。

这篇文章原文很长，就像诸葛恪一贯的风格，引经据典，文采飞扬，情真意切，从文学的角度堪称佳作；从政治上说，这篇文章分析历史的部分颇有些道理，对东吴和曹魏未来的展望也算是基本正确。但诸葛恪的观点中最糟糕的，也是最重要的，就是对现状的分析——这部分是不成立的。

士兵数量不是他那么算的，士兵的多少主要取决于人口的基数，士兵的战斗力主要取决于将领的带兵水平和后勤保障是否完备，这些都是最基本的常识。另外，司马师和司马昭此时都已经40多岁了，虽然军功一般，但是也展现出了很多方面的才干，关键是诸葛恪才比司马师大6岁，却说人家"幼弱"，这实在不能成为曹魏处于困厄的理由。

其实东吴的大臣们也都明白，诸葛恪这么说无非就是堵大家的嘴，意在坚持讨伐曹魏的计划，所以朝臣也就没有人敢再说什么。不过此时的诸葛恪还有一些朋友，丹阳太守聂友与诸葛恪私交不错，他此刻写信劝阻诸葛恪。聂友认为，虽然我军刚刚取得大胜，但那是仰仗宗庙神灵，特别是大行皇帝孙权的庇佑，天时不见得对我们有利，所以还是应该等待时机，不可冒进，如果任性为之，实在是令人不安。

诸葛恪此时已经油盐不进，仅在聂友的信上写下一句话："足下虽有自然之理，然未见大数。熟省此论，可以开悟矣。"言外之意就是你聂友根本不懂军国大事，建议好好学习我之前写的文告精神，读懂了你就顿悟了。

最后一个来劝诸葛恪的是太常滕胤，滕胤和诸葛恪是儿女亲家，诸葛恪的儿子诸葛竦娶了滕胤的女儿，二者同为辅政大臣，又是多年的同僚好友，滕胤对诸葛恪说了一番恳切之言。

滕胤指出，你诸葛恪作为朝廷的伊尹、霍光，这次东兴之战，安定边

统一的前夜：司马氏鲸吞三国

境，破敌立威，名扬天下，民心归附，都希望能看到太傅治国，万民受惠，可是您先发东兴堤的徭役，再与曹魏争锋，此时百姓刚刚得以喘息，就又要出征。此时曹魏已有准备，如果我们攻城不克，野外又难以取得粮食，不仅会前功尽弃，还可能招来无穷的祸患。不如我们这次先不出兵，让军队充分休整，等以后有机会，再行攻击。

能看出，滕胤的这番话，已经算是苦口婆心了，虽然说的观点基本还是老生常谈，但处处都是站在诸葛恪的立场，最后，滕胤又加上了一条建议，他说："出兵作战乃是国之大事，大事就需要大家一起完成，如果所有人都不愿做，你一个人怎么能办得到呢？"

作为这一时期的东吴重臣，滕胤的最后一句，充分显示了他谨慎持重的性格。但显然诸葛恪并非这样的性格。诸葛恪还挺失望，对滕胤说："群臣都不同意，是因为他们只想苟安，不能领悟我的谋略，想不到你也这么认为，我还能指望谁呢？现在魏帝昏聩，朝政全在司马师之手，百姓离心，我们携东兴之战大胜之余威，必定战无不胜！"

建兴二年（253）三月，诸葛恪终于决定，下令征发全国所有的部队，最后得到20万大军，这个数量，再加上在武昌、西陵等地驻防的军队，恐怕总数得有23万人上下，要知道东吴灭国时，户籍人口不过只有230万人左右，如果按照正常的人口比例，去掉妇女、老人、儿童，恐怕每四五个人就要出一个兵，这个比例实在是太过惊人。

而且纵观中国历史，所有几十甚至上百万人倾巢出动，希望借人数优势扫平对方的战役，发动一方往往也是失败的一方。其实究其原因，一是后勤问题，二是协调问题。这么多军队出击，吃喝拉撒睡，行动坐卧走，每天的消耗都是天文数字，正所谓"皇帝不差饥饿兵"，后勤是个很大的问题，这里除了吃饭，还有医疗。赤壁之战，早在曹操大军南下之际，诸葛亮和周瑜都预言曹军远道而来，必生瘟疫，后来这果然成为曹操失败的一个重要因素。

至于协调问题，几十万大军出击，训练水平如何，战斗指挥如何，后世的淝水之战，前军一后退，后军就以为前军败了，竟然直接撤走，这其实也是人多造成的心不齐，而心不齐又是战斗意志不坚定所致。

这么大规模的出兵，诸葛恪当然要联系蜀汉共襄盛举。此时费祎刚死，姜维上位，于是诸葛恪派司马李衡去游说姜维，李衡的话估计是诸葛恪教的，他对姜维强调，曹魏此时国力空前空虚，机不可失，失不再来，我们吴国攻东方，你们蜀汉攻西线，曹魏必定顾此失彼。姜维也同意了，其实主要也是因为有没有东吴，姜维可能都会北伐。

于是诸葛恪上奏孙亮加封滕胤为都下督，自己则率军进击曹魏，而姜维也率领数万人从石营（今甘肃省陇南市礼县西北）出击，包围曹魏陇西郡的治所狄道（今甘肃省定西市临洮县）。

按照诸葛恪的意思，这次出动如此规模的大军，应该在淮南炫耀一下武力，掳掠一些当地百姓。但手下将领都建议说，如今大军出征，当地人估计早就吓跑了，抓了人就要管饭，还得派人看管，这些都要由我们自己负担，无疑会削弱我军战斗力，不如我们还是按照老打法，直接去围困合肥新城（今安徽省合肥市西北），合肥新城一旦被围，曹魏必然派大军来援，到那时我们再与敌军决战，才有获胜的把握。这一点诸葛恪倒是听进去了，东吴大军五月就围困了合肥新城。

注意，这次东吴出兵是联合了蜀汉，但东吴自己并没有多路进军，也就是说，20万大军全由诸葛恪率领，直接就全部摆在合肥新城之下。这个打法和之前诸葛诞的战术何其相似。

这时，曹魏已经得到消息，司马师反应倒也迅速，马上命自己的叔叔太尉司马孚率军20万去救援合肥。不过东吴从来没有出动过这样规模的大军，再加上还有蜀汉在西路配合，司马师心里估计也是怵，所以就问身边的参谋虞松，现在东西两线同时遭受袭击，将士们刚刚经历失败，士气低落，该如何是好？

统一的前夜： 司马氏鲸吞三国

虞松回答说："当年周亚夫固守昌邑，吴、楚大军自然失败，事情有时看着对我们不利可实际却相反，不能不明察。现在诸葛恪倾巢来犯，其兵力足以在淮南肆虐，可他现在却偏偏将大军集结在合肥新城，其目的无非就是想跟我们决战。如果让诸葛恪等人攻城又攻不下，决战又做不到，他的后勤压力这么大，士兵疲惫后必然退兵。我们的将领不愿出战，正是对付诸葛恪的好时机。姜维虽然军队不少，却是孤军深入，目的不过是为了呼应诸葛恪，走这么远只能吃我们地盘上的粮食，根本不能长久，现在他认为东吴势大，西部防守必然薄弱，所以才敢长驱直入，如果令关中的人马星夜驰援，出其不意，姜维必退！"

司马师听罢虞松的分析，直接命车骑将军郭淮、雍州刺史陈泰率领关中的全部大军去狄道解围，同时命驻守寿春的毌丘俭不要去救合肥新城，也不必出击，死守寿春就好，后来西路的蜀汉果然不出所料，陈泰的大军一到洛门（今甘肃省天水市武山县），姜维便因为粮草不足，先行撤军了。

这可就苦了合肥新城的守将张特，合肥新城只有3000名士兵，张特此时只能凭借这些人马苦苦地支撑，三个月下来，守军的死伤就已经过半。城外，诸葛恪堆土为山，向合肥新城猛攻，随即城墙倒塌，一时难以修补，眼看合肥新城危在旦夕。

守将张特此时登城向东吴军高喊，我军已无力再战，我张特希望投降，但朝廷法律规定，守城满百日后投降，家眷不必连坐，现在已经90多天，城中战损早已过半，现在只有少数不愿归降，等我下城之后就去一一查问，明早定将士兵花名册送至将军大营，说罢将自己的印信丢至城外，以示归降的决心。

诸葛恪到底是个书生，见敌军守将这么说，便下令停止进攻，同时也没有去捡张特的印信，以这种方式表示对张特的相信。不过张特这明显是缓兵之计，跟守城比起来，印信算什么？张特主要的目的是在等黑天，趁东吴军队没有防备之际,连夜拆毁城中民房等器物,将城墙坍塌的地方补上两层。

第二天,张特面对前来接收花名册的东吴大军高喊:"我张特必将守城至死!"诸葛恪这才发现中计了,勃然大怒,再次下令攻城,但这次却没能成功。大家可以回想一下司马懿征辽东时是如何处理公孙渊投降的,由此可以看出,诸葛恪毕竟还是志大才疏,战争经验不足。

从五月到七月,连着三个月的进攻,东吴的军队也疲惫不堪,再加上天气炎热和饮用水卫生不达标,瘟疫迅速在军中蔓延,士兵腹泻、浮肿、水土不服的症状比比皆是,东吴军队的大营中躺满了尸体和伤病士兵。

各个营的负责人每天向诸葛恪汇报新增加了多少病号,诸葛恪还不信,认为这是下面的人欺骗自己,竟然还要杀相关人员,从此后,就没人敢将实情告诉诸葛恪了。

此时的诸葛恪气急败坏,却也黔驴技穷,面对眼前的坚城束手无策。其实诸葛恪心中已然意识到了自己的问题,却羞于承认,愁绪之下,更表现得色厉内荏,军中将领开始质疑诸葛恪。

先是名将朱桓之子朱异公开与诸葛恪发表不同意见,诸葛恪直接将朱异的兵权夺去,将其赶回都城。都尉蔡林多次提出自己的主张,诸葛恪全都不予理会,结果蔡林一怒之下直接骑马去投降了魏国。

其实这时司马孚率领的20万救援大军都已经到寿春一个多月了,司马孚刚到时有人请战,但司马孚这一点跟他哥司马懿一样,既然之前制定好了不与东吴决战的战术,就认真执行,硬是拖了一个多月,等到东吴士兵久攻不克,军中瘟疫横行,司马孚才选择进军。

秋七月,眼见破城无望,司马孚又率军进逼,诸葛恪只好率军撤退。其实诸葛恪本不愿撤军,士卒虽然死伤颇多,还有很多得了瘟疫,整个军营哀鸿遍野,哭声一片。但诸葛恪却像没看见一样,情绪丝毫没有波澜。

进入东吴国境之后，诸葛恪也没有马上回建业汇报战况，竟然在长江中的小岛上停留了一个多月，并打算率军在浔阳屯田。此时孙亮的诏书一道接一道地传往前线，诸葛恪这才缓缓地率军班师。

回到建业之后，诸葛恪还排场不减，由军队开道，直接回了府。回府之后的第一件事，就是召来中书令孙嘿，并质问其为何一道接一道圣旨催自己回京。孙嘿吓得赶紧请病假回家。

诸葛恪的一系列表现，伤透了东吴人民的心，大家开始怨恨诸葛恪——由此可见，诸葛亮能在几乎没有战果的情况下数次北伐，蜀汉人民还对其拥护有加，实在是一种非凡的能力和魅力。诸葛恪走到这一步，也就离覆灭不远了，可随着诸葛恪的死，东吴在短短的几年之内，就爆发了多次政变，不管是否付诸行动，只要有谋反的意图，就会被屠灭三族，许多功勋家族被屠戮殆尽，国家损失惨重。这也成了东吴迅速衰落的原因。

四、权臣之死

在诸葛恪出征之前，有一位披麻戴孝之人进入诸葛恪的府中，手下人将此事上报，诸葛恪命人将这个人赶出府，并加以问讯，结果这人说自己不自觉就进来了。当时诸葛恪的府中戒备森严，内外都有人把守，但是没有人看见这人是如何进来的。之后大军出征，诸葛恪大营中的房梁突然折断，在出东兴堤之前，又有白虹萦绕在诸葛恪的座舰周围，战后诸葛恪去祭拜孙权墓，又有白虹围绕着他的车。这一切似乎都在预示着诸葛恪的结局。

诸葛恪退兵之后，曹魏的汝南郡守邓艾就上书对司马师说，孙权已死，东吴的大臣们还没有完全归附于新君，东吴的名宗大族都有自己的私兵，也就有自己的势力，这样足以对抗君命。诸葛恪刚刚掌握朝政，然而却得不到国君的支持，他不想着团结军民，巩固统治根基，却多次发动战争，奴役百姓，竟然把全国的军队都屯于坚固的城池之下，寸土未得而损失数万，大败而归，这便是诸葛恪的治罪之日。想当年伍子胥、吴起、商鞅、乐毅还都是国君信任之人，尚且难逃失败的命运，更何况诸葛恪那两把刷子怎么可能和这四位圣贤相比，诸葛恪的败亡，指日可待了。

邓艾的预言当然应验了，不过死的却不仅仅是一个诸葛恪。整个东吴也因为诸葛恪的死，陷入了权臣相杀的局面，短短六年，孙权托孤的重臣全部惨死，并遭到灭族，东吴实力也大打折扣。

诸葛恪返回京城之后，对于自己不在这段时间，相关部门奏请任命的官员一概弃用，所有职位全部另行安排，诸葛恪也变得越发刻薄，手下官员动辄得咎，所有晋见的官员见到诸葛恪连大气都不敢出。

同时，诸葛恪还加强了对孙亮的控制，所有宫廷禁军全部由他自己的亲信担任。作为诸葛恪这样的"聪明人"，攻打曹魏失败的事让他无法接受，回到建业后还不断下令，要求军队整装备战，准备去攻击曹魏的青州和徐州。

回顾诸葛恪失败的这一仗，打得可真是一塌糊涂，东吴攻打合肥一共六次，前五次全是孙权时期，出兵最多的一次就是本书开篇的那次战役，孙权出动了号称十万大军，如果单就战果来说，诸葛恪二十万大军，最后却是一样的结果，实在是说不过去。因此，诸葛恪回来之后，表现得像个做错了事又怕被人发现的小孩，一方面装作一切都好像没有发生一样，一方面又摆出一副不容置疑的样子，其实就是色厉内荏的表现。

但问题在于，诸葛恪这样做，其实伤了将士们的心。同时，那么多百姓家里有人阵亡，都在等着要一个说法，但诸葛恪对他们却不予理睬，这样一来，诸葛恪就犯了众怒，不仅是民怨沸腾，连东吴的朝臣都开始对诸葛恪的能力产生怀疑。就在这样的背景下，本来倾向于诸葛恪的武卫将军

统一的前夜：司马氏鲸吞三国

孙峻，对皇帝孙亮说诸葛恪可能要谋逆弑君，于是他暗地里开始与孙亮密谋，准备除掉诸葛恪。

其实在诸葛恪刚刚回来的时候，之前劝阻他出兵的丹阳太守聂友就写信给滕胤说：当一个人权势正盛之际，哪怕是大河高山，也皆可拔起，可一朝失势，人情冷暖，世态炎凉，世事变迁，实在是让人唏嘘感叹。

东吴建兴二年（253）冬十月，孙峻布置好后，请孙亮下旨，宴请诸葛恪。宴会前夜，诸葛恪感觉心绪烦躁，坐立不安，洗脸觉得水腥；侍从伺候他穿衣服，他感觉衣服有臭味，无论换哪一件衣服，这种气味总是挥之不去，出门时，家里的狗咬住他的衣服不放。

此时诸葛恪心生疑惑，但还是按照既定计划，天亮之后，诸葛恪坐车赶到皇宫门口，孙峻此时早已埋伏下刀斧手，但是害怕诸葛恪临时变卦，事情泄露，便先出来迎接，并试探地说道："您如果觉得身体不适，自然可以以后再行拜见天子，我自会向天子解释此事。"诸葛恪示意不必，并说自己定当尽力。说罢进入皇宫。

此时散骑常侍张约、朱恩等人送给诸葛恪一份密报，大概意思是说，今日之情，颇有异常，只恐生变。诸葛恪看过后，就准备起身离去，此时孙峻还没有准备完毕，诸葛恪还没有走出宫廷的大门，正遇上了太常滕胤，诸葛恪对滕胤说自己忽然腹痛难忍，就不进去了。

此时的滕胤对今日之事一无所知，对诸葛恪说："自从出征淮南以来，使君您还未正式拜见过天子，今日天子设宴，您都到了门口，还是应该尽量去拜见一下。"此时的诸葛恪还在犹豫，听到滕胤这么说，便直接穿鞋佩剑，进入大殿之中。

当年汉高祖刘邦给萧何三项特权，分别是见君不趋、称臣不名、剑履上殿。"趋"的意思是小步快走，是在见到比自己地位高的人时，应该采取的态度；称臣不名是指在天子面前陈述事情不必称自己的名字；剑履上殿则是指穿鞋佩剑上殿，后世一般情况下都会将这些特权赐给有功之臣，诸葛恪当然就是这样的人。

剑履上殿之后，诸葛恪拜见孙亮后入座。酒宴摆上来，诸葛恪看着眼前的酒犹豫不决，因为在他的心中，酒中下毒应该是天子唯一的手段，所以他没有端杯。这时，孙峻为了稳住诸葛恪，特意过来说，使君如果病体未愈，您也可喝您自备的平日里喝的酒。诸葛恪听罢一颗心终于放下，旋即命人倒上自己带来的酒，宴席这才正式开始。

吃了一段时间，首先是皇帝孙亮先行起驾回宫，这属于正常操作，孙亮此年不过10岁，另外天子离席也是为了大家放松一些。又过了一会儿，孙峻起身如厕。就在厕中，孙峻脱掉华服，换上短装，持刀入内，大声高喊："奉天子诏书，立即诛杀诸葛恪！"

此时诸葛恪大惊失色，一跃而起，马上去摸刚才带入皇宫的佩剑，不过为时已晚，还没等他拔出剑来，孙峻和早已埋伏好的杀手双双下手，直接砍死了诸葛恪。此时之前通风报信的张约也拔刀砍向孙峻，孙峻躲闪不及，伤了左手，之后孙峻抬手还击，张约的右臂被斩断。

此时，孙峻所属的武卫亲兵听到喊杀之声，急忙赶来维持住了局面，孙峻手下的武卫营和曹魏一样，是天子的禁卫军，孙峻之所以能担任这个角色，想必诸葛恪还是比较信任他的，但孙峻也正是利用自己的这一重身份，实施了这一次政变。

控制局面以后，孙峻代表天子宣布："此次行动的目标只有诸葛恪，现在其已经伏法。"之后孙峻下令武卫营刀剑入鞘，将诸葛恪的尸体拖出去，并将血迹擦掉，众人继续喝酒。

诸葛恪共有三个儿子，长子诸葛绰曾经出任骑都尉，但其属于鲁王孙霸的阵营，后来鲁王孙霸被赐死，孙权命诸葛恪将孩子领回家好好管教，诸葛恪直接用毒酒将其鸩杀。剩下的两个儿子诸葛竦和诸葛建，此时分别担任长水校尉和步兵校尉。听到诸葛恪被杀的消息，二人赶忙接上母亲，仓皇出逃。

孙峻派人追捕，追兵追至白都，诸葛竦被杀，之后诸葛建准备投降曹魏，最终也被追上杀死。之后，孙峻又下令无难督施宽前往荆州传旨，命驻守在江陵的将军朱绩和驻守夏口的孙壹出兵，杀死诸葛恪的弟弟奋威将军诸葛融及其三子，诸葛融当时驻防公安，听说大军前来围城，便饮毒酒而死。

其实诸葛竦多次劝过诸葛恪行事要多加留意，但诸葛恪坚决不听，最终，连同诸葛恪的外甥张震和常侍朱恩等人，全部被夷灭三族。连之前写信规劝诸葛恪的丹阳太守聂友，都因为诸葛恪朋友的身份遭到孙峻的忌恨，想要贬他去做郁林（今广西壮族自治区玉林市）太守，后来聂友忽然发病，忧郁而终。

当时，民间曾有歌谣唱道：

诸葛恪，芦苇单衣篾钩落，于何相求成子阁。

这"成子阁"按照音韵，可以切为"石子冈"的读音，这个石子冈则是建业城南的乱葬岗。负责埋葬诸葛恪的人果然用芦苇当作衣服，而用编筐的竹条当作腰带，将诸葛恪的尸身扔到了石子冈。最后还是一个叫臧均的人上表陈述古今利弊，最终孙亮和孙峻才允许诸葛恪的手下人收殓了诸葛恪的尸身，并葬在石子冈。

诸葛恪死后，群臣联合上奏，推举孙峻为太尉，而滕胤担任司徒。但此时时代已经变了，孙峻上位，马上就有一些阿谀奉承的小人向孙峻建议，朝廷大权还需掌握在孙姓之手。如果滕胤位列三公，他的威信素来很高，恐怕会成为朝堂领袖。

就这样，朝廷官员在孙峻的授意下再度上奏，这次建议让孙峻担任丞相兼大将军，都督中外诸军事，同时，朝廷不再额外任命御史大夫。这套任命比曹魏的司马师还要过分，三公孙峻自己占了俩，剩下一个还不设置了。这样搞下来，东吴的世家大族及朝廷各级官员纷纷对孙峻主导的朝廷感到失望。

不过孙峻倒也没有为难滕胤。滕胤是诸葛恪的搭档，他的女儿还嫁给了诸葛恪的儿子诸葛竦，所以诸葛恪一死，滕胤就提出辞职。不过孙峻没有同意，他对滕胤说，当年鲧和大禹是父子关系，鲧治水不利，他的罪都没有连累到大禹，先生又何必辞职呢？所以滕胤继续在朝中为官，孙峻还将其晋封为高密侯，虽然二人心中的想法并不相同，但还在一起共事，并且还基本能够做到相互宽容。

但对于其他人，孙峻就没有那么好心了。齐王孙奋是孙权的儿子，听说诸葛恪被杀，竟然从豫章郡（今江西省南昌市）的封地赶到了芜湖（今安徽省芜湖市），准备来个静观其变，同时看看有没有机会做点什么。在他出发之前，齐王孙奋的封国国相谢慈出来劝阻，孙奋竟然直接将谢慈斩首，孙亮下旨将齐王孙奋贬为平民。

另一位，南阳王、前太子孙和的王妃张氏，是诸葛恪的外甥女。而当年诸葛恪在太子与鲁王的争夺中又是站在太子一边的，之前诸葛恪曾有意将都城迁回武昌，还曾下令整修武昌的宫殿，于是民间有传言，说诸葛恪准备另立前太子孙和即位。等诸葛恪死后，孙峻便以此为由，同时也为了讨好和孙和不睦的全公主孙大虎，便直接褫夺了孙和的爵位，将其放逐到新都郡，之后又派使者逼着孙和自杀。

孙和死前，和自己的王妃张氏诀别，张氏对孙和说："吉凶祸福，臣妾必将跟随大王，绝不独活。"就这样，孙和死后，张氏也自杀身亡。此时孙和还有四个儿子在世，其中孙皓的生母何氏站出来说，如果我们都死了，谁来抚养这些孤儿，于是何氏活下来抚养四个孩子长大。

大家注意孙家的遭遇，孙权共有九子，此时尚在人世的只有孙奋、孙休和皇帝孙亮，孙奋此番被贬，已经出局，所以孙休是孙亮之外的唯一选择。同时，孙和作为前太子，他的儿子在孙权的孙子辈中间天然地具有合法性，特别是年龄也是重要的优势，可就是这个孙皓，将东吴一步步送入灭亡的深渊。

孙峻掌权以后，很快大家就发现，他还远不如诸葛恪。孙峻为人残酷暴戾，经常残害他人，东吴百姓对其恨之入骨，甚至很多朝臣都不用正眼去看孙峻。同时孙峻还秽乱后宫，不只和宫女多有悖逆的行为，和全公主孙大虎也有私通关系，所以在他主政的东吴，每一年都有针对孙峻的暗杀事件。

五凤元年（254），司马桓虑想要暗杀孙峻，另立前太子孙登的儿子吴侯孙英即位，但事泄被杀。

五凤二年（255），听说毌丘俭与文钦谋反，孙峻率领骠骑将军吕据、左将军留赞，准备出兵攻击寿春。大军刚走到东兴堤，就听说毌丘俭兵败的消息，后来文钦父子走投无路，前来归降。孙峻听说寿春已经被诸葛诞攻占，便下令班师，同时任命文钦为都护、镇北大将军、幽州牧，这很明显都是虚衔，文钦也只能接受。

七月时，暗杀事件再次发生，宗室孙仪等人再次密谋诛杀孙峻，这次应该是付诸实施了，但最终失败，连累几十人被杀，全公主孙大虎还趁机诬陷妹妹孙小虎为孙仪同谋，结果孙小虎也被杀害。

太平元年（256）九月，投降的文钦为了证明自己的价值，多次怂恿孙峻北伐。终于在这一年，孙峻同意，于是他派文钦、骠骑将军吕据、车骑将军刘纂、镇南将军朱异、前将军唐咨共同率军伐魏，既定路线是从江都（今江苏省扬州市邗江区瓜州镇）沿中渎水北上，进入淮水、泗水，进而袭击曹魏的青、徐二州。

中渎水又叫古邗沟，是春秋时期的吴国挖的，目的在于沟通长江和淮河，也是后来京杭大运河的一段。看这个路线，基本又是一次骚扰计划，大军出征之时，孙峻和滕胤亲自为大军送行。

到达军营之后，孙峻见到吕据的部队军容壮盛，队列齐整，忽然产生了不祥的预感，于是借口心口疼，提前离去了。回家睡着后，孙峻梦见自己被诸葛恪攻击，之后便忧惧而死，时年 38 岁，死前，孙峻将国家交给了自己的堂弟孙綝，这个决定，让整个东吴陷入了更大的混乱。

第八章

九伐中原

统一的前夜：司马氏鲸吞三国

费祎被刺身亡是在延熙十六年（253）春天，到了夏天，姜维就率军开始了又一次的北伐。蜀汉的国策此时进入了一种不太明确的时段，这一切都跟费祎有脱不开的关系。

诸葛亮时期，蜀汉北伐的目的是"攘除奸凶，兴复汉室，还于旧都"，别管这个目标有多难实现，但至少蜀汉的所有人在诸葛亮的领导下，为了这个目标团结一致，六出祁山，诸葛亮还留下了"鞠躬尽瘁，死而后已"的美名。姜维正是在这一时期得到了诸葛亮的重用。

蒋琬当政以后，很明显他并不愿意和诸葛亮一样北伐，而且他也代表了一大批蜀汉官吏的态度，他们都认为北伐是没有希望的。所以，蒋琬选择退守涪县。这一时期，姜维是最受到压制的，因为可供给他去执行"骚扰"战术的兵力可谓少之又少。

但蒋琬的计划执行没多久，就出现了问题。曹魏发觉蜀汉汉中空虚，曹爽和夏侯玄率军来攻，那一次要不是靠着王平当机立断，再加上护军刘敏鼎力支持，汉中是非常有可能被突破的，至少也得被劫掠一番。

之后费祎率大军击退曹爽，延熙七年（244）九月，费祎返回成都；延熙八年（245）十二月，因为蒋琬去世，费祎再次到汉中，以防不测，延熙九年（246）六月返回；延熙十一年（248），费祎再次率军去汉中屯田，这次待了三年，延熙十四年（251）返回；延熙十五年（252），费祎开府，延熙十六年（253）被刺身亡。

就是费祎在汉中屯田的这段时间，姜维得到了第一次北伐的机会，不过总体上还是兵力偏少，而他的对手也实在是过于强大，结果蜀汉折损了一路偏师，整个行动自然也失败了。

延熙十四年（251）以后，费祎本想回成都，但最后因为占卜的原因，滞留在了绵竹。也就是说，蜀汉在费祎时代，并没有经历过曹魏的进攻，但也没有像样的北伐，最主要的是，费祎本人并没有像诸葛亮或蒋琬那样明确的策略，就是在这样的背景下，姜维以卫将军的身份，都督中外诸军事，成为蜀汉的统帅。

一、姜维的想法

姜维字伯约，他的出身天水姜氏也是雍州的大族，姜维的父亲姜冏曾做过郡中功曹，天水这个地方一直是曹魏所占，且羌、胡杂居，时常发生叛乱，一次叛乱中，姜冏为保护郡守战死沙场。姜维便和寡母相依为命。

姜维年少时就喜欢东汉大儒郑玄的经学，读书很是刻苦，后来在郡中出任上计掾，之后又被征召为州从事。姜维父亲去世后，天水郡本打算上奏，请封姜维为将，但姜维自幼读书，家中又是士族，所以不愿做将军，郡中就改为其请封为郎中。

建兴六年（228），诸葛亮发动了第一次北伐，当时的姜维及一系列的属官跟着天水郡太守马遵沿着渭水到洛门（今甘肃省天水市武山县洛门镇）巡视。此行最大的官是雍州刺史郭淮，当一行人走到洛门时收到消息，说诸葛亮已经率军到达祁山（今甘肃省陇南市礼县东北），郭淮便对马遵说："这次对方恐怕来者不善。"

大家注意，这次是诸葛亮第一次出兵，上一次雍州这一带爆发大战还是在建安二十三年（218）刘备攻汉中的时候，所以曹魏从上到下都缺乏准备，雍州刺史郭淮听到消息后，便赶紧退回上邽（今甘肃省天水市清水县）——这并不是逃跑，上邽这个地方位于两条河之间，段谷西侧，地理位置重要，郭淮是要退到这里防守。

天水太守马遵的治所在冀县（今甘肃天水市甘谷县），马遵一看郭淮去了上邽，而冀县在上邽以西，显然处于诸葛亮的攻击范围，太不安全，于是便决定跟着郭淮去上邽。

此时姜维对马遵说您应该回冀县。但马遵坚决不同意，他指责天水郡的这些属吏，说："你们这些人都是些居心叵测之辈，不值得信任！"姜维见马遵是这个态度，便与一些家在冀县的郡吏们返回冀县。

当时诸葛亮出兵声势浩大，天水、南安、安定三郡纷纷投降，姜维等人回到冀县，乡亲们非常高兴，马上请姜维等人作为冀县代表去见诸葛亮，准备投降。姜维无奈，便去拜见诸葛亮。诸葛亮听说冀县来降非常高兴，但还没来得及去接收，前方传来战报，马谡在街亭被张郃击败，于是诸葛亮便带着姜维撤军，姜维也就此归降蜀汉。

姜维一开始就得到了诸葛亮的赏识，诸葛亮任用姜维为仓曹掾、奉义将军，还封姜维阳亭侯，并且诸葛亮在给蒋琬等人的信中兴奋地夸赞姜维，说他"忠勤时事，思虑精密"，综合考察下来，李邵、马良也比不上他，真是凉州上等的人才。

之后，诸葛亮还为姜维量身定做了"培养计划"，让他先行训练虎步兵五六千人。并说姜维在军事方面颇有才干，精通兵法，最关键的是，姜维这个人"心存汉室，而才兼于人"，对于诸葛亮来说，这无疑是对一个人至高的评价，姜维训练虎步兵完毕，诸葛亮将其正式介绍给了后主刘禅。

此后数年，姜维一直跟随诸葛亮在汉中前线，诸葛亮死后，姜维回到成都，升任右监军、辅汉将军，封平襄侯，此后姜维跟随蒋琬再次回到汉中，延熙六年（243），"汉中会议"之后，姜维获封镇西大将军、凉州刺史，凉州其实根本不在蜀汉境内，之所以有这个官职，就是让姜维以偏师入氐、羌。

因为姜维是天水人，他认为自己对西北的风土人情比较了解，延熙十年（247），姜维和费祎一起"录尚书事"。之后不久，出现了一个机会，曹魏雍州、凉州等地的羌、胡部族派人来联系，准备投降，姜维亲自率军到陇右去接。这次，他与曹魏西北的两员名将郭淮和夏侯霸遭遇，双方在洮水西侧大战，最终姜维成功接到了白虎文、治无戴两位羌胡首领，并将他们的部众迁往蜀汉的地盘。

延熙十二年（249），姜维的机会终于来了。曹魏内部发生了重大变动，司马懿高平陵之变，诛杀曹爽等人之后，征西将军夏侯玄被调回京城，司马懿的嫡系郭淮在雍州征战了30多年后，终于成为独当一面的征西将军，不过此时征蜀护军夏侯霸的位置就显得十分尴尬，因为他和郭淮不和。

夏侯霸是夏侯渊的儿子，当年夏侯渊被黄忠斩杀，夏侯霸从此对蜀汉恨之入骨，后来曹爽掌权，重用曹氏和夏侯氏的子孙，论辈分，他是征西将军夏侯玄的叔叔，再加上夏侯霸一直在雍州地区做官，对当地情况比较了解。但他和郭淮作战时，郭淮经常坑夏侯霸，但好歹二人算是平级，并没有什么直接的冲突。

等到郭淮当上了征西将军，夏侯霸感觉大事不妙，仇人一下变成了顶头上司，夏侯霸直接撂了挑子，逃往蜀汉投降。夏侯霸南下接近阴平郡，走阴平小道前往蜀汉，但阴平附近的地势太过复杂，夏侯霸迷了路，粮食吃完了就杀掉战马，吃马肉步行，脚磨破了，在岩石之下休息，正不知要往哪走时，蜀汉派人来接他，夏侯霸这才顺利到达成都。

要说夏侯霸和蜀汉还颇有渊源。建安五年（200），夏侯霸的一个妹妹在出门捡柴火时被张飞的部队抓获，张飞见这姑娘是良家女子，就将其纳为妻子，后来还产下女儿，这个女儿就是刘禅的张皇后。当年夏侯渊战死，还是张飞的夫人为其收殓下葬，这次后主刘禅见到夏侯霸，不但重重封赏，还特意指着儿子对夏侯霸说："这孩子也是夏侯家的外甥啊！"这样一来，夏侯霸便安心地在蜀汉待了下来。

《三国志》中并没有记载夏侯霸的年龄，但建安五年（200）张飞娶的夏侯家姑娘是十三四岁，那这样算下来，延熙十二年（249），夏侯霸至少已经六十多岁了，对于姜维这样关心曹魏政局的人来说，来了这样一位"老资格"的降将，肯定要问一问那边的情况。

姜维最关心的就是司马懿还是否有征伐汉中之意，对此夏侯霸回答说，司马懿现在需要稳住局面，来巩固自己的权力，应该没有余力对外征伐。姜维应该是受了这段话的启发，秋天，姜维就组织了第一次北伐。

这一时期的所谓北伐，其实费祎能给姜维的支持很少，所以为了应对兵力不足的问题，姜维只能发展一些地方武装，特别是羌人、胡人的部队，姜维的做法是，先派兵劫掠一些当地部落人民的妻子和儿女，之后以此为人质，要求这些部族派兵在蜀汉和曹魏的边境上袭扰，这样一来，姜维就可以避免蜀军的伤亡，而且出击也比较灵活。

为了让骚扰达到最大的效果和最小的伤亡，姜维选择的地方一般都是雍州和凉州交界的陇西郡，这里也是羌、胡比较集中的地方。同时，姜维还在陇西郡和南安郡交界处的麴山（今甘肃省定西市岷县东50公里处）修建了两座城池，命牙门将句安、李歆二人把守。

面对蜀汉姜维操纵羌、胡军队所发出的挑衅，刚上任不久的雍州刺史陈泰对郭淮说："蜀汉在麴山筑的城就算再坚固，但毕竟离汉中太远，所有的粮食等一应军需物资全都需要从汉中运输而来，这一路之上很不好走，姜维一定是将这个累活交给羌、胡军队负责，这些人不会甘心为姜维干这样的活儿，所以他们一定没有什么战斗力，我们直接去将麴城包围，再切断其补给，定可不战而胜。最后蜀汉即使发来救兵，也不是短时间能赶到的。"

郭淮同意了陈泰的建议，于是就派陈泰率领接替夏侯霸担任讨蜀护军的徐质和南安郡太守邓艾共同出兵，围困麴城。此时城中的补给已然被切断，没过多久，又被切断了水源。城中的牙门将句安此刻坐不住了，率军出城邀战，但陈泰等人的目的就是围城，所以紧闭营垒，拒绝出战。蜀汉军队见不能速战，便只好回城，将剩余的粮食仔细分成若干份，并且将积雪融化，作为饮用水，这样尽可能地延长守城的时间以等待救援。

姜维听说麹城被围，马上点齐人马，越过牛头山（今甘肃省定西市岷县南），进逼陈泰大军。此时面对姜维的咄咄逼人，陈泰跟周围人说，兵法云"不战而屈人之兵"，姜维孤军深入，我们只需断了他的后路，则姜维必被我擒。

方针定下，陈泰下令诸军闭门坚守，不要出战，同时派人去找自己的上司郭淮，建议其向牛头山方向进军，作势要截断姜维的归路。郭淮认为陈泰的建议靠谱，立刻率军向洮水进发。

此刻姜维的军队应该不多，向前强攻陈泰应该不行，一旦后路再被郭淮截断，那后果不堪设想，所以姜维只好率军退出牛头山。姜维一撤，句安和李歆的物资耗尽，无法支撑，只有投降曹魏。郭淮率军到达后，见姜维退走，就继续向西，将那些被姜维驱使的羌人部队打了一顿。

正当郭淮、陈泰准备撤军之时，南安太守邓艾提出，姜维用兵深得诸葛亮真传，此刻他走得并不远，非常有可能突然杀我们一个回马枪，我愿意率领一支军队断后。于是郭淮给了邓艾一支军队，驻防在白水（今甘肃白龙江）的北侧。

三天之后，姜维果然派廖化率军抵达白水南岸，并扎营与邓艾隔白水对峙。此时邓艾又对属下说："蜀汉回军，就是为了决战，此时我们兵少，他们兵多，本应该强渡白水与我军交战，但对方竟然按兵不动，这说明其目的不在我们这，廖化此举不过是为了吸引我们的注意，姜维真正的目标应该是洮城！"于是邓艾在夜里偷偷开拔，直奔白水以北30公里外的洮城。邓艾刚到，姜维果然也率军赶来，见邓艾早有准备，姜维只好率军离去。

如果盘点这场战役，姜维基本上可以用"完败"来形容，不光损失了两座城，两员武将，还搭上了许多羌、胡的军队，丝毫没有取得战果，在这场战役中，曹魏的三位表现突出的将军，正好是接下来十多年姜维的三个对手：郭淮、陈泰、邓艾。然而姜维能派出的武将都是像句安、李歆这样的无名之辈，再加上兵力不足，实在是难有作为。

这是姜维的第一次北伐，接下来的延熙十三年（250），姜维再次率军绕了个大圈，走羌人的地盘，去进攻曹魏凉州的西平郡，大家看地图就知道，西平郡的治所西都县，就在今天的青海省西宁市，这里已经属于青藏高原的东麓，海拔超过了2000米。

如此，大家也就明白了，姜维可调动的资源实在是有限，所以才不得不专门找一些没有什么防备的地方出手，就这，西平郡还没打下来。也正是在此战中，姜维抓获了曹魏的中郎将郭脩，郭脩随后刺杀了蜀汉的大将军费祎。

其实姜维的心中一直有个想法，那就是通过煽动曹魏境内羌人、胡人部落造反来制造混乱，从而进军收割陇山以西。但是依照之前汉中会议的精神，姜维如果取得重大突破，费祎才有可能率主力跟进，这其实是个悖论，姜维无法取得突破的重要原因之一就是兵少，所以这个规定就是做样子的，目的其实是为了限制姜维的北伐。

但从结果来看，费祎主政期间，姜维的活动限度很大，行事也相对蒋琬时期更加自由，但对于北伐的兵力，费祎基本还是严格加以限制。不过费祎为人宽厚，他也知道姜维对此不是很满意，所以多次安慰姜维说：

> 吾等不如丞相亦已远矣；丞相犹不能定中夏，况吾等乎！不如且保国治民，谨守社稷，如其功业，以俟能者，无为希冀徼幸，决成败于一举；若不如志，悔之无及。

这段话可能说出了无数蜀汉士人的心声，他们都是诸葛丞相的崇拜者，也都认同诸葛丞相的理念，但他们同时又都认为北伐没有什么前途，这两点并不矛盾，相反是相辅相成的，正是因为大家都觉得诸葛亮是如此的英明，才会产生"丞相都干不成，我也白搭"的想法。

但延熙十六年（253），费祎死了，对于姜维的最后一道约束也随之不见，这时正赶上东吴的诸葛恪轰轰烈烈的北伐，姜维出兵配合，包围了狄道（今甘肃省定西市临洮县），但这一战明显没准备好，后来粮食吃完，姜维退军。但姜维的"北伐时代"，也就正式开始了。

二、姜维的对手

费祎死后，姜维就像脱缰的野马，从延熙十七年（254）到延熙二十年（257），这四年间，姜维连续进行了四次北伐。

延熙十七年夏四月，曹魏陇西郡狄道（今甘肃省定西市临洮县）县长李简秘密派人送来书信，请求归降蜀汉。消息传回成都，大家都觉得不可信，毕竟此时的三国，诈降诱敌已经是玩儿烂的套路，再加上费祎刚刚被曹魏降将刺死，大家实在是不相信这个李简。

这时，刚刚从越嶲郡回来的张嶷同意姜维的主张，并要求参与此次北伐。张嶷也是蜀汉的名将，此前已经在越嶲郡待了15年，将本来一片混乱的越嶲郡治理得井井有条。此时由于多年身在潮湿的南方，张嶷的双腿已经患有很严重的风湿病，几乎无法走动了，但仍坚持要跟姜维出征。

张嶷这人很不一般，他虽然常年在遥远的越嶲郡为官，但对于天下的动向摸得非常清楚，而且很有见地，除了之前提醒费祎要注意"岑彭之祸"外，还曾经预言过诸葛恪的结局，说诸葛恪"离少主，履敌庭，恐非良计长算之术也"，后来诸葛恪也果然覆灭。他离开越嶲郡时，百姓全都扶老携幼，前来送别张嶷。

此次他支持姜维出征，临行时，还上书刘禅：

> 臣当值圣明，受恩过量，加以疾病在身，常恐一朝陨没，辜负荣遇。天不违愿，得豫戎事。若凉州克定，臣为藩表守将；若有未捷，杀身以报。

六月，姜维出兵陇西，李简率狄道百姓出城投降，并献上许多粮草，姜维士气大增，率军向东沿渭水去进攻陇西郡的治所襄武县（今甘肃省定西市陇西县），与曹魏讨蜀护军徐质遭遇，激战之中，张嶷一马当先，在前线阵亡，不过随后姜维率军进击，斩首徐质，大败魏军。

之后姜维乘胜追击，接连攻克河关（今甘肃省临夏回族自治州积石山保安族东乡族撒拉族自治县北）、临洮（今甘肃省定西市岷县）两地之后，姜维将狄道、临洮、河关三地的百姓全部迁移到蜀地，之后率军撤退。

这次战役其实暴露了很多问题，第一，张嶷作为坚定的主战派，从他写的上书来看，他应该抱定了必死的决心，所以张嶷支持姜维北伐，可能也跟他想建功立业有关；第二，还是老问题，为何要北伐？其实此次出征整体上算是比较成功的，虽说打下的几个县无法守住，但总算是斩杀敌将，又掠回了一些人口，取得了胜利，可是那又怎么样呢？比起大军出动的劳民伤财，取得的战果可谓微不足道，所以，蜀汉开始有将领公开反对北伐。

第一个站出来的是征西大将军张翼。延熙十八年（255），姜维听说司马师去世的消息，觉得有机可乘，便再次上书刘禅，请求出兵，这时，张翼出来反对，理由也很简单——"国小民劳，不宜黩武"。这个理由其实跟东吴的群臣反对诸葛恪是一样的，姜维的反应比诸葛恪小一点，只是不予理会，倒没有大怒。

这时的蜀汉朝廷，当权的人是尚书令陈祗，陈祗虽然和宦官黄皓"互为表里"，但他总体上是支持姜维，也支持北伐的，所以姜维这次仍然顺利地拿到出兵授权。张翼此次也跟随大军一道出征,姜维还上奏晋升他为镇南大将军——这一点蜀汉和曹魏不同,张翼的原职务是征西大将军,蜀汉的规矩是"四镇"将军比"四征"将军的职位高,和曹魏相反。

此时曹魏的征西将军已经换了人,就在延熙十八年(255)的二月,在西北征战40年的郭淮去世,原本的雍州刺史陈泰获封征西将军,都督雍凉诸军事,雍州刺史的职位,则是由刚刚调来的王经担任。

开战伊始,王经禀告陈泰,说收到情报,姜维和夏侯霸准备分兵三路,分别向祁山(今甘肃省陇南市礼县东北)、石营(今甘肃省陇南市礼县西北方)、金城(今甘肃省兰州市渝中区)三个方向进军,所以王经请求三路迎战,他自己带雍州兵去石营,讨蜀护军去祁山、至于金城方向,应该调凉州的军队去守。

这王经是个书生,根本没打过仗。首先他这条情报本身就有问题,熟悉蜀汉行事风格的人都知道,从诸葛亮时代开始,从来没有过兵分三路的情况,况且石营和祁山还算是相距不远,这金城在凉州,要想攻击需要穿过陇西郡,姜维就是雍州人,而且久经沙场,是不可能犯这种错误的。

再就是应对问题,蜀汉就算是三路派兵,肯定也是有主有次,不可能平均分。按照王经的建议,整个雍凉地区的军队全得动起来,这样等于被人牵着鼻子走,根本就是不可行的。此时郭淮刚刚去世,邓艾又被调到别处,换来的人看来是真的不行。

陈泰毕竟也在雍州待了好几年,和姜维也是老对手了。他思来想去,还是觉得蜀汉不可能三路派兵,而且大军在合不在分,凉州的军队也不应该越境作战,所以他回复王经,让其继续打探消息,了解姜维军队的动向,然后先行到狄道等着,等到陈泰率中军赶到,双方再同时攻击,此时陈泰的大军还在陈仓(今陕西省宝鸡市)。

八月,姜维率大军数万到达枹罕(今甘肃省临夏市),准备进攻狄道。王经此时已经率军赶到狄道附近,但王经认为,蜀汉大军远征,兵力又不如自己，所以他先沿着洮水北上，在狄道北边的故关和姜维打了一仗，王经无悬念地被击败。

此时，王经决定与姜维一决雌雄，于是他便率大军渡过洮水，在洮水西岸与姜维正面交锋。蜀汉和曹魏打了这么多年仗，还从来没有过如此轰轰烈烈的时候，这次见曹魏大军前来，姜维随即指挥大军进击，结果王经被打得大败，最后率领残部一万余人，渡过洮水，退守狄道县城。

这一战，王经手下的雍州兵损失超过一万人，还有许多士兵被打散，四处奔逃。此前收到军报的陈泰听说王经没有固守狄道城，就有一种不祥的预感，所以命令部下日夜兼程。其中陈泰先派五营的士族快速进军，他自己率中军在后，此刻刚刚到达上邽，为了防止蜀汉有军队从祁山偷袭，陈泰分了一部分兵把守战略要冲，自己则率领中军，继续往西赶路。

王经逃回狄道之后，张翼便对姜维说，现在应该停止进军，不要再追击了，不然的话，我们有可能丢掉已经到来的胜利，那样就真是画蛇添足了。姜维听罢大怒，对张翼的意见不予理会，直接率军包围了狄道。

陇西战事不利的消息传到京城，司马昭开始派兵救援，首先是刚刚参加平定文钦、毌丘俭叛乱的邓艾，淮南之后，邓艾获封长水校尉，此刻司马昭又为其加代理安西将军的头衔，与陈泰携手去对抗蜀汉；其次则是"救火大队长"、司马昭的三叔太尉司马孚，司马昭命其为后援预备队，率大军屯驻在关中。

陈泰紧赶慢赶，终于在八月底前到达了陇西郡，邓艾等人也都到达前线，大家开始交换意见，众将认为，王经所部新败，姜维军士气正盛，而陈泰手下的军队本来就成分复杂，属于乌合之众，古人云："蝮蛇螫手，壮士解其腕。"《兵法》上也讲"兵有所不击，地有所不守。"所以应该避开姜维的锋芒，直接放弃狄道的王经及守军。等以后有机会再进兵占领狄道。

但陈泰本人不认同这一点，他对部下强调，王经本应该凭城拒守，消耗蜀汉军队的锐气，但他却和姜维野战，结果导致大败，困守孤城。如果放任姜维拿下狄道，他就会乘势东进，一旦被他占领略阳（今甘肃省天水市秦安县东北），得到略阳的存粮，再去攻击陇西、南安、天水、广魏四郡，那样就大事不好了。

万幸的就是姜维自己把军队屯于坚城之下，而且蜀汉大军深入，补给线太长，此刻又背靠洮水，无路可退，所以必须去救援，姜维也没什么可怕的。

于是陈泰选择进军，从陇西郡向西走到狄道，路很难走，陈泰判断姜维肯定会在路上埋伏，于是陈泰命大军出其不意，从南道越过首阳县（今甘肃省定西市渭源县）西边的高城岭，并于夜晚时分登上狄道东南处的高山，陈泰命这些士兵在山头燃起烽火，擂鼓吹号，大张声势，城内的守军一看救兵已到，纷纷精神抖擞，以一当十，姜维攻城攻不下来，陈泰再派人作势要截断蜀汉军的粮道。

九月二十五日，姜维担心粮道安全，随即撤军。王经等人出城叹息道："城中余粮已经不足十天的量了，如果救兵再不来，恐怕狄道要遭遇屠城了。"陈泰命人做好善后，重新整修城池，之后率军退回上邽（今甘肃省天水市）。

纵观姜维的北伐，这一次是取得战果最大的。而面对王经的溃败，陈泰的处置还是基本得当且及时的，在王经被困之际，他还写信给朝廷说明情况。当时朝中的大臣都认为王经大败意味着陇西四郡全都会乱，所以建议司马昭调集天下军队去解围，但司马昭却认为姜维不会有什么作为，更关键的是，司马昭坚定地相信陈泰前往救援的策略是上策。

而且陈泰是那种很少跟组织要东西的将领，遇事很少上奏，大部分的时候都是自己解决，司马昭对此十分赞赏，认为陈泰可以独当一面，也是各地守将的典范。不过陈泰年龄也大了，因此，这次战役之后，司马昭就将陈泰调回中央，雍凉地区的实际负责人终于换成了邓艾，蜀汉也迎来了这个敲响灭亡丧钟的人。

邓艾是义阳郡棘阳县（今河南省南阳市新野县）人，很小就失去了父亲。建安十三年（208），曹操夺取荆州之后，邓艾全家迁到了汝南郡，12岁的邓艾靠给别人放牛为生。

一年后，邓艾又随母亲迁到了颍川郡。在这里，邓艾读到了已经去世的东汉名士陈寔写的碑文，上面说"文为世范，行为士则"，邓艾读罢大受震撼，便将自己的名字改为邓范，不过后来因为这个名字和本家的其他人重名，所以又改回邓艾。说起来颇有渊源，陈寔正是陈泰的太爷爷，颍川陈氏也是东汉末年颍川郡乃至北方的士族领袖。

邓艾很有学问，曾经担任过都尉官的属官，但因为天生口吃，邓艾无法做一些沟通性较强的工作，于是最后，终于找到了一项基本不用说话的职位——稻田守的丛草吏，这个官已经小得不能再小了。

虽然官职很小，但邓艾还是做得很认真。他还喜欢观察，特别是看到高山大泽，总是要规划测量一番，想象着如果要是打仗应该在哪驻军，大军应该如何调遣。当时他周围的人都笑话他，觉得你这么一个芝麻小的官还想操将军的心。后来邓艾因为工作出色被提拔为典农都尉的纲纪，后来又当过上计吏，基本上除了跟说话有关的职位，邓艾把基层"农业口"的工作做了个遍。

在目睹了曹魏政权基层农业工作现状后，邓艾产生了一系列的想法，后来机缘巧合，邓艾得以见到了自己的伯乐——司马懿。司马懿听邓艾陈述自己的想法，马上就看出他是个人才，便将其辟为属官，后来又安排他做了尚书郎。

正始二年（241），芍陂之战爆发，司马懿南下平叛，此时司马懿就有了在淮水以北屯田的想法，他命邓艾从许昌一路向东南，考察沿途陈县（今河南省周口市淮阳区）、项县（今河南省周口市沈丘县）、直到寿春（今安徽省淮南市寿县）的情况，制定一个屯田的计划。

第八章·九伐中原

司马懿看人很准，这个工作可以说是邓艾最擅长的，邓艾考察一番之后，写了著名的《济河论》。首先，邓艾提出屯田太有必要了，每次和东吴开战，淮南的粮食都要从北方运来，运送粮草的士兵就得占总兵力的一半，而且路上人吃马喂，损耗巨大，对百姓也是一项沉重的负担。

因此，邓艾提出，应该修建水利工程，并且派兵在淮河南北屯田。扬州这个地方驻扎着很多北方的士兵，这些士兵需要定期放"探亲假"，之前放假经常是很多人同时休息，造成扬州兵力空虚。邓艾提出应该实行"分休"，淮南3万人屯田，淮北2万人，每次休息20%，这样就能保证常年有4万人屯田，这样六七年的时间，就可以攒出粮食3000万斛，足够10万大军吃上5年。

司马懿认为邓艾所言很有道理，便下令执行，开凿广漕渠，并开始在淮河流域屯田。可以说之所以后来西晋能够灭吴，跟司马懿、邓艾所领导的屯田有着密不可分的关系。所以《晋书·食货志》上才说：

> 每东南有事，大军出征，泛舟而下，达于江淮，资食有储，而无水害，艾所建也。

屯田之事安排妥当以后，司马懿就将邓艾调往西北，让他担任南安郡太守，在郭淮手下历练，跟姜维的洮城之战打完，邓艾获封关内侯、讨寇将军，又被调往青州，担任城阳郡太守，后来又当汝南郡太守，在文钦等人叛乱前，邓艾升任兖州刺史。

邓艾不管去哪里做官，基本上都是以建设为主。当时的社会风气虽然还不像两晋时期那样浮夸，但已经开始显现出许多迹象。文人士大夫开始热衷于对"名士风流"的追逐，比如大名鼎鼎的夏侯玄，写人记事无比简略的《三国志》用了很大的篇幅完整收录了夏侯玄给司马懿的信，其中谈到精简朝廷机构、改变服饰等建议，司马懿的回复往往就是"很好，但改不了"。

其实这个问题在三国当中普遍存在,也是后来魏晋时期很多名士的共同问题,就是说得很多,也很对,但是并没有什么实际的用处。曹爽周围,大概就聚集了这么一群人,这样的风气下,邓艾便显得尤为难能可贵,他行事风格务实稳重,不喜欢夸夸其谈(当然也是条件不允许),最关键的,是他真的能做成事情。

邓艾做官,总强调两件事,所谓"国之所急,惟农与战,国富则兵强,兵强则战胜。然农者,胜之本也"。在参与平定了文钦、毌丘俭的叛乱后,邓艾又被调往西北驰援被姜维击溃的王经。陈泰调走后,邓艾就成为姜维新的对手,也是姜维从未战胜过的对手。

与此同时,蜀汉内部,也在逐渐发生着变化,蜀汉的北伐计划,也逐渐受到来自成都的质疑。

三、兴汉与仇国

延熙十八年(255),姜维从狄道退兵,这场战役姜维算是取得了胜利。其实大家都能看出来,北伐其实没啥效果,曹魏的实力实在是太强,姜维的军队已经是蜀汉最为精锐的兵团,但此时的雍、凉地区,至少存在着四股大军:

其一是征西将军的兵团,此时陈泰刚刚调走,雍凉地区的临时统帅是安西将军邓艾;其二是讨蜀护军手下的军队,说它是讨蜀护军也好,征蜀护军也罢,征蜀将军也行,这几个职务都属于带有临时性质的职务。最后一位记载了姓名的讨蜀护军是斩杀了张嶷的徐质,自从徐质被姜维杀死后,整个职务就不知道由谁担任了,但从之前洮西之战来看,应该还是有这个职务,并且其下辖一支军队;其三是凉州的军队,由于蜀汉和曹魏的主要战场一直在雍州,所以凉州往往存在感不强。其实凉州也有至少一支军队，凉州的这支军队主要负责看住时不时就发生叛乱的羌人，所以军队的战斗力并不弱，此时的凉州刺史应该是"竹林七贤"之一王戎的父亲王浑，这个王浑并不是王昶的儿子王浑，而是原幽州刺史王雄的儿子；其四，就是上次在洮水西岸被姜维击溃的王经的军队，这支部队直属于雍州刺史，平时驻扎在上邽，就在祁山的西北方不远，主要是用来防守陇右地区。

从这个布置就可以看出，这四支军队，从实力来讲，应该都和姜维在伯仲之间，甚至比姜维的军队要强，而且曹魏还可以从关中或者洛阳调兵，所以即使姜维取得了洮西之战的胜利，最后也不能前进半步，还是得从狄道撤军。

延熙十九年（256），为了表彰姜维的功劳，刘禅下诏封姜维为大将军。蜀汉的整套官制，尤其是中央官制，整体上还是延续了汉朝的制度，以武职为例，蒋琬曾做过大司马，蒋琬之后，大司马不再授予，费祎的封号为大将军，在大将军之下，还有骠骑将军、车骑将军和卫将军，此前的姜维就是卫将军。

延熙十六年（253）开始，姜维已经连续三年北伐，到延熙十九年，曹魏方面的绝大多数人已经认为姜维没有能力再发动战争了，这一点主要是考虑到蜀汉的兵力和国力，诸葛亮当年伐魏也基本上都是雷声大雨点小，姜维几乎每次出兵都需要绕很大的圈，这样做，粮草等方面的消耗是非常大的。

但只有安西将军邓艾不这么认为，邓艾对手下强调，洮西之战，整个雍州受到的损失很大，雍州刺史直辖的军队近乎崩溃，许多仓库都已经搬空，陇右的居民也有很多流离失所。此时如果姜维冷静下来想想，就会认为优势在蜀汉一边，他们斗志旺盛，正有扩大战果的意思，而我军却士气低落，这是第一个值得出兵的理由。

再者蜀汉的军队作战多年，姜维也身经百战，这支军队将帅配合默

统一的前夜：司马氏鲸吞三国

契，相互信任；而我们的军队则是为了填补雍州刺史王经战败带来的损失临时招募的新兵，主将也刚刚完成调整，还在磨合阶段，这是对方出兵的第二个理由。

姜维此刻驻扎在钟提（今甘肃省定西市临洮县南），处于洮水流域，他们可以走水路进退，而我军要想进击，则需要走陆路，全靠步行，所以双方消耗不同，这是姜维出兵的第三个理由。

现在我军沿着边境布防，狄道、陇西、南安、祁山都要派兵驻守，兵力分散，而姜维却亲率大军，从一点出击，这是姜维出兵的第四个理由。

南安郡、陇西郡都有羌人所耕种的土地——这羌人原指在西北游牧的人，而氐人有许多是定居生活的群体，但此时由于西北已经汉化多年，很多羌人也过上了半农半牧的生活。邓艾认为，姜维会抢收羌人的粮食，同时还可以收割祁山附近已经成熟的千顷麦田，这是姜维出兵的第五个理由。

所以，综上所述，邓艾认为姜维必然会再次出击，为了防止姜维抢收秋麦，还特地在祁山附近部署重兵。

秋七月，姜维出兵，目标直指祁山，之所以挑七月份，想必姜维就是冲着秋麦来的，但在路上姜维就听说邓艾早有防备。姜维便率大军转而向西，直奔董亭（今甘肃省天水市武山县南），准备进攻南安郡。

邓艾见姜维向西走，也率军在武城山（位于董亭北侧约40里）设防，姜维派人向武城山进攻，想要占领制高点，但被邓艾击退，没有成功。于是姜维便连夜渡过渭水，并沿着武城山向东逆流而上。

姜维之所以选了这么一个奇怪的方向，是因为他之前跟征西大将军胡济已经约好，双方在规定日期前到达上邽会合。邓艾见姜维跑了，就在后面紧追不舍，最后在天水县西南的段谷，追上了姜维，双方大战，本应及时赶到的胡济，迟迟没有出现，姜维军被邓艾打得大败，士卒离散，伤亡惨重。

史书上说，从这次损失惨重的段谷之战以后，蜀汉的人民开始对姜维有了怨言，哪怕姜维亲自上表，请求处罚，最后刘禅下旨贬姜维为后将军，但代行大将军的职责。值得玩味的是本次失约的征西大将军胡济，在此战后还被晋升为右骠骑将军。

延熙二十年（257），曹魏出事了，方向还是淮南，征东大将军诸葛诞再一次起兵造反。司马昭指挥平叛，从关中调走了一批军队，大家注意，是关中，不是雍、凉地区，关中地区一直是作为雍、凉地区的后备力量存在。因为从诸葛亮死后，姜维伐魏这些年，从来没有打过关中，基本全是在祁山以西的方向，所以司马昭才会调关中的军队去援助淮南战场。

姜维得到消息后，马上点齐大军，要趁曹魏内部空虚之时，率军进攻关中。这次姜维走的是傥骆道，就是当年曹爽的进军路线。姜维大军进抵沈岭（今陕西省西安市周至县南），沈岭再往北，就是曹魏沿蜀汉边境修建的长城。

此时关中的守将已经换成了司马望，虽然实际上雍、凉二州的事务都是邓艾在负责，但理论上这一地区的负责人应该是司马望。司马望是司马孚的第二个儿子，年少时因为司马家的长子司马朗无子，便将司马望过继给了司马朗。

司马家掌权后，司马望的官位一路升迁，高贵乡公曹髦接替曹芳即位时，司马望已经做到了护军将军、安乐侯，并且加封散骑常侍。虽然是司马家的人，但司马望深受曹髦的喜爱，为了随时能见到他，曹髦还给他专门配了一辆车以及五位虎贲勇士。

可是这样一来，司马望就觉得比较尴尬，一方面自己的两位哥哥司马师和司马昭相继掌权，基本上所有的政事，连问都不问曹髦，而曹髦又对自己百般亲近，所以司马望为了避嫌，请求到外地做官，于是司马昭就将其封为征西将军，到关中任职。

这次姜维进攻关中，司马望采取了司马家祖传的办法——死守，死守的理由也很简单,此刻的关中兵少粮多,除了死守,根本没有更好的办法。不久邓艾率军赶到,二人一起防守。

对于邓艾和司马望来说,此时重点在于守住现有的防线,因为淮南正在打仗,他们这里不能添乱,万一出战被姜维打败,是没有后援的,防守就是最好的选择。姜维见一时难以取胜,便率军在芒水旁安营扎寨,并且多次派人挑战,但曹魏那边没有任何动静,就是闭门不出。

就这样双方相持了半年多,淮南传来消息,寿春城破,诸葛诞兵败。对于姜维来说,这意味着战机已经失去,如果再不走,成千上万的魏军就会向关中靠拢,于是姜维只好退军,本次出征无功而返。

就在这次姜维出兵之时,蜀汉国内爆发了一场争论。争论的双方,是尚书令陈祗和中散大夫谯周,争论的焦点还是老问题:到底要不要北伐?

陈祗,之前我们已经介绍过,他是费祎选出来接替董允为侍中的。陈祗先是担任了几年侍中,在延熙十四年(251),尚书令吕乂去世后,陈祗便以侍中守尚书令,成为成都的实权人物。

延熙十六年(253),费祎被刺身亡后,蜀汉的权力结构发生了很大的变化。陈祗作为蜀汉政权的主要负责人,在费祎时代,主要的事务还都是费祎决定,所以陈祗的权力受到限制,而姜维接替费祎后,原本"都督中外诸军事"的军队统帅的他,便不太过问朝中的事了。

姜维一心关注的只有北伐,而陈祗在原则上是支持北伐的,也正是因为有陈祗的支持,姜维才能发动连续五年的大规模北伐。陈祗很会做人,宦官黄皓、后主刘禅、大将军姜维都和他相处得不错,因此陈祗的权力逐渐膨胀,此时已经可以说是蜀汉朝廷的头号人物了。

至于谯周,则是另外一个极端。谯周是个学者,精通六经,更重要的,他对于东汉以来非常流行的谶纬之术很有研究。年轻时谯周只喜欢读书,州郡征召他去做官,他都没有到任。虽然反应很快,也很有学问,但谯周本人并不擅长辩论。

诸葛亮主政时期，谯周担任劝学从事，后来蒋琬主政，又任命他为典学从事，主要负责管理益州的学者。刘禅册立太子以后，谯周被任命为家令，不光平常督导太子读书，也多次对后主刘禅的行为进行规劝。

之所以谯周和陈祗会有这场争论，其中一个重要原因，就是当时姜维的北伐确实给蜀汉的百姓带来了非常大的负担，关键是这种北伐实际上毫无结果。特别是近几年，姜维连年北伐，用"穷兵黩武"一词形容也不为过，因此，谯周和陈祗就北伐的利害问题争论一番后，回家写了一篇文章，名叫《仇国论》，这篇文章类似于一个寓言，他虚构了一个场景，讨论了北伐的问题，而这篇文章，基本也预示了蜀汉政权的结局，这篇文章的原文如下：

因余之国小，而肇建之国大，并争于世而为仇敌。

因余之国有高贤卿者，问于伏愚子曰："今国事未定，上下劳心，往古之事，能以弱胜强者，其术何如？"

伏愚子曰："吾闻之，处大无患者恒多慢，处小有忧者恒思善；多慢则生乱，思善则生治，理之常也。故周文养民，以少取多，勾践恤众，以弱毙强，此其术也。"

贤卿曰："曩者项强汉弱，相与战争，无日宁息，然项羽与汉约分鸿沟为界，各欲归息民；张良以为民志既定，则难动也，寻帅追羽，终毙项氏，岂必由文王之事乎？肇建之国方有疾疢，我因其隙，陷其边陲，觊增其疾而毙之也。"

伏愚子曰："当殷、周之际，王侯世尊，君臣久固，民习所专；深根者难拔，据固者难迁。当此之时，虽汉祖安能杖剑鞭马而取天下乎？当秦罢侯置守之后，民疲秦役，天下土崩，或岁改主，或月易公，鸟惊兽骇，莫知所从，于是豪强并争，虎裂狼分，疾博者获多，迟后者见吞。今我与肇建皆传国易世矣，既非秦末鼎

统一的前夜：司马氏鲸吞三国

沸之时，实有六国并据之势，故可为文王，难为汉祖。夫民疲劳则骚扰之兆生，上慢下暴则瓦解之形起。谚曰：'射幸数跌，不如审发。'是故智者不为小利移目，不为意似改步，时可而后动，数合而后举，故汤、武之师不再战而克，诚重民劳而度时审也。如遂极武黩征，土崩势生，不幸遇难，虽有智者将不能谋之矣。若乃奇变纵横，出入无间，冲波截辙，超谷越山，不由舟楫而济盟津者，我愚子也，实所不及。"

这里面的"因余之国"就是蜀汉，而"肇建之国"指的就是曹魏，高贤卿、伏愚子都是虚构的人物，当然，你也可以将其理解为高贤卿就是陈祗，而伏愚子就是谯周。这两人争论的内容主要涉及两个层面。

第一个是老生常谈的问题，小国跟大国有仇，大国可以怠慢，可以犯错，但小国要努力做事，因为小国没有怠慢的资本。小国要想战胜大国，就必须像周文王那样与民休息，像越王勾践那样体恤百姓，这才有可能以弱胜强。

第二个问题是高贤卿问的，就是楚汉相争之际，楚强汉弱，两国以鸿沟为界，刘邦本来想撤军，但张良对刘邦讲，如果民心安稳下来，接受了自己的国家，那么再想动摇就很难了。所以刘邦追击项羽，最后击败了他。这似乎是说明了以弱胜强并不一定要按照周文王的方法办，如果趁着肇建之国内部出问题，攻击他的边境，也能寄希望于压力之下，其内部可能犯错。

对于这一点，谯周假托伏愚子之口，给予了详尽的分析，总结起来就是，刘邦项羽的年代是秦末乱世，豪杰并起，而因余、肇建两国都是王位承袭有序的国家，这样的国家就得用周公的办法。如果用了刘邦的办法，百姓日子过不下去，就会发生动乱，不是不能打，而是要等到时机成熟，到那时，周武王的军队一出，自然不战而胜。至于那些上天入地、过河不用船的办法，自然不在讨论之列。

谯周的这篇文章，影响很大，也代表了绝大多数蜀汉大臣的想法。特别是景耀元年（258），陈祗病死，樊建继任尚书令，樊建在没有担任尚书令的时候就多次劝谏过姜维的北伐。所以，从景耀元年到景耀四年（261），姜维都没能再次北伐，就连曹髦被杀、洛阳一片混乱之时，姜维也没有趁机出兵。而蜀汉的朝廷也逐渐被宦官黄皓等人控制，黄皓最擅长的就是利用刘禅的信任进谗言，刘禅的亲弟弟刘永，因为得罪了黄皓，就被黄皓诬陷，让刘禅疏远他，以至于刘永多年都见不到刘禅。

此时的蜀汉，只有姜维还在想着作战。从刘备让魏延守汉中开始，蜀汉的防守核心一直在汉中附近，汉中这个地方，在几条路的出口，守住这里，敌人便很难进入汉中附近，这一点直到曹爽率军攻击的时候还是这样。所以，姜维建议将敌人放进来打，军队应该分散到两侧的汉城（即沔阳，在今陕西省汉中市勉县东）和乐城（即成固，在今陕西省汉中市城固县东），多储存粮食，这样先放敌人进来，我们再凭城拒守，这样敌人的补给线过长，不可能长久维持，等到敌军撤退，我们再共同出击，这样便可歼灭敌人。

姜维的这份上书，真是让人看着心酸——这不就是这些年曹魏对待姜维的方式吗？看来姜维总结之后，准备将其一次性地用在曹魏的身上，后主刘禅也批准了这个计划，于是命右骠骑将军胡济后撤到剑阁东南的汉寿（今四川省广元市南，一说故址在今湖南省常德市东北），再命监军王含守乐城，护军蒋斌守汉城，不过蜀汉并未等到曹魏前来进攻。

景耀五年（262），也就是蜀汉灭亡的前一年，姜维再次上表，要求北伐。这次连多年的战友廖化都站出来反对，廖化此时官拜右车骑将军，他反对的理由也很简单，用兵如果没有节制，必然会引火烧身。智谋比敌人强不了多少，而力量又远不如人，却要无休止地出战，这怎么可行呢？

但姜维还是出兵了。冬十月，姜维率军进攻洮阳（今甘肃省甘南藏族

统一的前夜：司马氏鲸吞三国

自治州临潭县），邓艾率军赶到洮阳东50里左右的侯和（今甘肃省甘南藏自治州卓尼县东北，一说在洮阳外围关隘）迎战，双方激战下来，姜维再次战败，只好退守沓中（今甘肃省甘南藏族自治州舟曲县西北）。

此时的姜维，不知是否会感受到孤独，他是天水人，始终是蜀汉的客人，虽然诸葛丞相对他有知遇之恩，但他已经用连年不辞劳苦的征战还了回去。眼见着朝廷被黄皓之流把持，姜维非常不满。而此时，黄皓与右大将军阎宇交往密切，正打算削夺姜维的军权。

姜维听说后，直接对刘禅说，此人牙尖嘴利，胡作非为，长此以往国家危矣，应当立即诛杀。刘禅对姜维说，黄皓不过是一个在殿前等候吩咐的宦官，过去董允就一直不待见他，让我很是为难，而今大将军又何必跟他一般见识呢？

此时的姜维才发现，自己北伐在外的这些年，黄皓已经把持了朝政，朝中之人，不是跟他相交，就是他的心腹，自己已经无力制约他。想到这里，姜维十分后怕，于是马上上表，婉言道歉，刘禅又命黄皓亲自去跟姜维谢恩，感谢大将军宽让。姜维更加惶恐，干脆上书请求回到沓中屯田，不敢再返回成都。

姜维的遭遇，让人唏嘘，可姜维为何一定要北伐呢？那就得从诸葛亮的《后出师表》说起。诸葛亮在文中提出：

> 先帝深虑汉、贼不两立，王业不偏安，故托臣以讨贼也。以先帝之明，量臣之才，固知臣伐贼，才弱敌强也。然不伐贼，王业亦亡。惟坐而待亡，孰与伐之……

如果看完诸葛丞相的表述，再回想谯周的言论，不难发现，二者所说的并不完全是一回事儿。对于诸葛亮以及他的信徒们来说，北伐是为了"兴复汉室"，是最高的正义，也是蜀汉政权存在的根基，所以在蜀汉人民和北伐大业中，诸葛亮毫不犹豫地选择后者。虽然诸葛亮已经竭尽所能，让蜀汉人民都对自己爱戴有加，但在诸葛亮心里，"兴汉"仍然是蜀汉政权的第一目标，当年诸葛亮评价姜维"心存汉室"，无疑是至高的夸奖。

而谯周这个人，和他所代表的一系列益州本地士族，大家对于兴复汉室的兴趣没那么大，或者说没那么执着。一旦这个大目标不一致，这些人，包括许多蜀汉百姓，自然就会觉得以姜维为首的一些人，根本不顾百姓的死活，根本不考虑益州的未来，只为了去追求那个虚无缥缈的目标，他们对蜀汉政权越来越没有归属感，很多人不愿意为其战斗，当然也不愿意为其而死。

所以，最后蜀汉覆灭之际，很多父辈、祖父辈跟随过刘备、诸葛亮的将领们都奋战而死，可是许多有着益州本地背景的人都归降了曹魏。后来还在西晋做官，尚书令樊建甚至还冒险上书为邓艾平反。他们是益州的臣子，或者说，谁占领益州，谁就是他们的君主。

当那些汉朝的信徒纷纷作古，姜维最后成了孤家寡人，而蜀汉也迎来了它的末日。

第九章

司马昭之心

统一的前夜：司马氏鲸吞三国

就在平定了文钦、毌丘俭的叛乱之后，司马师的眼睛伤口崩裂，病情愈发严重，大军返回许昌之际，司马师命贾逵的儿子、中郎将贾充留在许昌，因为这里有大军，地理位置也十分重要。

此时司马昭已经得知哥哥病重的消息，正在从洛阳赶来许昌的路上，没等司马昭赶到，司马师就去世了，遗命让司马昭执掌大权，总统诸军。

就在这时，京城传来圣旨，圣旨是下给尚书仆射傅嘏的。曹髦以"东南未定"为由，要求卫将军司马昭率军屯驻许昌，为各路战场做后援，其余诸军由傅嘏率领，班师还京。

曹髦这一年只有14岁，不知这封诏书出自谁手，又或者就是曹髦的手笔。如果司马昭真的遵旨，那很有可能会重蹈曹爽的覆辙，一旦傅嘏率军回到洛阳，曹髦再下令将洛阳城门关闭，号召天下勤王，那估计司马家的统治就很难继续了。

不过司马昭不是曹爽，虽然从后面的表现来看，他可能不如他大哥司马师，但好歹也随着父兄历练多年。曹髦的圣旨里有文章，司马昭还是能看出来的，好在傅嘏是司马家自己人，所以事情比较好操作。更为重要的是，此时司马师的府上，有个叫钟会的年轻人，官职是中书侍郎，基本相当于司马师的秘书，这次他为司马昭解了围，从此成为司马昭最重要的智囊之一。

钟会，字士季，是前太傅、大书法家钟繇的小儿子，廷尉钟毓的弟弟。钟会在少年时读书用功，颇有才情。当年蒋济喜好品评人才，还曾为此著书立说。钟繇让钟会拜见蒋济，蒋济对钟会的评价是"非常人也"。

等到钟会逐渐长大，声誉也逐渐提高，而且钟会非常聪明，以至于当时和后世的许多书中，很多"段子"都被冠以钟会的名号。比如《世说新语》中有个故事，说钟会年少时和他哥钟毓晋见曹丕，曹丕早听说二人有才名，见钟毓满脸大汗，便问为何，钟毓回答说："战战惶惶，汗出如浆。"曹丕转而问钟会为何不出汗，钟会答道："战战栗栗，汗不敢出。"其实钟会生于黄初六年（225），黄初七年（226）曹丕就去世了。这样的故事之所以放在钟会的身上，就是因为他的聪明。

钟会和傅嘏为司马师设计的方式就是，先由傅嘏上书，内容主要是陈述司马昭必须回到洛阳的理由，上书之后，司马昭直接率军返回洛阳，不必再等圣旨，这样一来，无论圣旨内容是什么，等曹髦反应过来，司马昭应该已经到达了洛阳。

就这样，二月初，司马昭带着司马师的灵柩回到洛阳，曹髦此时应该已经收到了傅嘏的上书，可能是知道自己力弱，也没有进一步的挣扎，而是穿上素服，亲自来吊唁司马师，并下诏依霍光旧例，加封司马师为大司马，谥号武公。

同时在二月五日，曹髦下旨封司马昭为大将军、录尚书事，正式接管政权。在整件事中发挥了关键作用的钟会，此年还不到30岁，对自己的本次筹谋，经常沾沾自喜，一副骄傲的神色。对此，傅嘏对钟会说了一番意味深长的话：

子志大其量，而勋业难为也，可不慎哉！

一、寿春三叛

司马昭接过权柄后，姜维就发动了洮西之战，虽然这次经历了一些波折,但最终总算是逼姜维撤了军。

至于淮南方面,文钦、毌丘俭覆灭之后,司马昭对淮南进行了一番改造,按照功劳,征南大将军王昶被封为骠骑将军,继续坐镇荆州;征东将军胡遵被提拔为卫将军,继续都督青、徐诸军事,原本的镇南将军诸葛诞在此战中占领寿春,逼退孙峻,表现突出,接替胡遵成为征东大将军,都督扬州诸军,此战中一马当先的王基被任命做了镇南将军、豫州刺史,都督豫州诸军事,文钦的扬州刺史,则由名将乐进的儿子乐綝接任。

整个阵线看一圈,诸葛诞明显是个"异类",这些人当中,只有诸葛诞是受到曹爽提拔的。关键他还和夏侯玄、邓飏等人是挚友。司马家之所以一直用他,除了考虑其作为名士的影响力外,就是两次淮南动乱,诸葛诞的立场都非常鲜明,至少可以确定他还是忠于朝廷的。

但诸葛诞不放心,眼见着淮南的王凌、毌丘俭接连出事,诸葛诞实在是害怕。于是他决定给自己留条后路,首先诸葛诞拿出自己的全部积蓄施舍给寿春那些穷苦百姓,解救他们于危难之中,之后又赦免了一些有罪之人,想以这种方式来收买人心,效果也确实不错。人心归附后,诸葛诞开始私募死士,很快就有了几千人。

甘露元年(256)冬,东吴想要攻打徐堨,本来诸葛诞手下的人马足够,但他还是坚持让朝廷为自己增兵十万人,说是要保卫寿春,并且要以这些人在淮水边修建一座新城来防守,其实具体不过是他自己想独占淮南。

不知道诸葛诞的想法是什么,淮南这个地方水网纵横,南北皆有强敌,怎么可能靠他的这点人就占领呢?他这一有动作,朝廷马上有所察觉。就在这一年,为了及时了解朝臣的想法,司马昭派亲信长史贾充巡视东、西、南、北四征将军,说是四个人,其实贾充走访完诸葛诞就回去了。

贾充见诸葛诞时,假装闲聊地问:"洛阳有许多人都希望能实行禅让,对此您怎么看?"

诸葛诞一听，便厉声说道："您难道不是贾豫州之子吗？您的家族世代蒙受魏国恩德，难道此时竟想将国家拱手予人吗？您的话我实在是不忍听，如果有朝一日，洛阳有变，我诸葛诞必将赴死！"

贾充沉默不语，作为司马家最忠实的爪牙之一，贾充回京后，将见闻如实地呈报给司马昭："诸葛诞此番二镇扬州，部署效力，民心归附，深受扬州士人爱戴，这种情况实在是个隐患。我们还是应该将其召回京城，授予其高官，卸下其军权。只要这么做，诸葛诞必反。但今日其反，祸小；如果今日不逼他反，日后恐怕会酿成大祸！所以，还需早做决断。"

从司马昭的一系列反应来看，他应该准备好了想要走出当年曹丕登顶的那一步。所以既然如此，贾充说的在理，司马昭也就欣然接受。甘露二年（257）四月二十四日，朝廷下诏晋封诸葛诞为司空，令其返回京城就职。

诸葛诞接到诏书后，怀疑是扬州刺史乐綝说了自己的坏话，便亲自带领几百人将乐綝杀死。这下没有退路了，于是诸葛诞集结了淮南、淮北各地的屯田军十余万人，再加上扬州本地的士兵四五万人，全部退入寿春城中，另外还在城内准备了够吃一年的粮草，准备跟司马昭来个死守。

同时，诸葛诞还派手下长史吴纲和自己的小儿子诸葛靓出使东吴，希望用称臣的方式换取东吴的武力支援。东吴的主政者孙綝大喜，马上加封诸葛诞为左都护、大司徒、骠骑将军、青州牧、假节，还封诸葛诞为寿春侯。同时，孙綝下令，命全琮的儿子全怿、侄子全端，加上唐咨、王祚等四名将军和文钦一起率3万人出击，去增援诸葛诞和寿春城。

这时，得到消息的司马昭对群臣说："诸葛诞见过毌丘俭兵败，所以他一定会找东吴做外援，这会让诸葛诞的兵力增加，但大军数量庞大，行动必然缓慢，这就给了我们时间来对付诸葛诞。"

接下来就是准备出征。通过上一次司马师去世时曹髦的表现，司马昭已经看出来了，当今这位14岁的小皇帝不是白给的。这次可不能再让他一个人在京城，当然，太后也不能在京城。

于是，司马昭上书说："想当年汉初英布作乱，高祖刘邦亲自平叛；隗嚣悖逆，光武帝刘秀出征；后来的汉明帝刘庄随军征讨，这些都是为了宣扬国威，彰显国家的力量。今番出征，陛下应该亲临，使将士们得以感知天子威仪，诸军共计五十万众，以众击寡，定可一战而胜！"

司马昭的这番话一说，基本就是告诉曹髦，别以为我看不出你的心思。就这样，甘露二年（257）六月，司马昭拖着天子曹髦和郭太后一起出征，前往淮南平叛。本次出征，司马昭动员了青、徐、荆、豫四州的军队，同时还调动了征西将军司马望在关中为雍、凉地区做后援的军队，诸军各由主将率领，在淮水以北会合。

出征淮南这条路，司马懿和司马师已经分别走过了一遍，今天终于轮到了司马家的第三位掌门人司马昭。六月二十五日，曹髦和皇太后驾临项县（今河南省周口市沈丘县），司马昭亲率26万中军抵达项县西南50里的丘头。

此时各路将领基本已经来到，司马昭命镇南将军王基暂时兼任镇东将军——因为原本的征东将军胡遵刚刚去世不久，加上陈矫之子安东将军陈骞，一起包围寿春。王基作为前线指挥官，包围圈还没有完成，东吴派来的文钦、全怿等人就率军赶到，他们此行的任务是帮助诸葛诞守城，眼见着诸葛诞就要被包围，于是从寿春城东北角的八公山，进入城内。之后，王基大军完成了对寿春的包围。

这场战役打到这个份儿上，已经堪称一道奇景。按照前文说的，诸葛诞发动了淮南淮北屯田的军队十万人，加上寿春本地的守军四五万，文钦手下的军队又有三万，小小的寿春城中，已经聚集了十七八万大军，这些军队每天要吃多少粮食？就算诸葛诞有准备，寿春城又能装下多少粮食？

何况这场战争根本没有胜利可言，司马昭的大军可以从淮南淮北补给，也可以从许昌补给，实在不行可以从全国调粮，可寿春城中的粮食有限,一味消耗下去,必然是死路一条。可如果要作战的话,大军主力全都困守在孤城之中,值得期待的只有东吴,那么我们不妨看看东吴统帅孙綝的表演。

七月,孙綝率军进驻镬里(今安徽省巢湖市西北)。这就是孙綝作为统帅,自统中军,所做的全部的事。镬里这个地方距离战场几百里,而且刚刚越过曹魏和东吴的边界一点点,也就是说,孙綝根本没有勇气亲自和曹魏交战,而他的排兵布阵,则更是一塌糊涂。

不过司马昭也没高明多少,想想司马懿南下平叛,主打的就是一个兵贵神速;司马师平叛,对手可是文钦、毌丘俭这样的名将,司马师也是亲力亲为,最后才能一举克敌制胜。而今司马昭动员了这么多军队,连关中的人马都给调来了,让司马望和邓艾在长城死守了大半年,结果面对的就是一个孤零零的寿春城,加上一个基本没打过啥像样胜仗的诸葛诞。

司马昭给王基下的命令很简单,死守营垒,困死诸葛诞。王基作为这一时期曹魏最能打的名将,作战的名言是"夫兵动而无功,则威名折于外",哪肯老老实实地等着,所以多次请求出战。

正在此时,东吴的援军到了,朱桓的儿子镇南将军朱异率领武昌方向的援军3万人赶到寿春西方,进驻安丰郡(今安徽省六安市霍邱县西南),在此和寿春城遥相呼应。

此时司马昭怕朱异进兵后,王基腹背受敌,于是命其进驻八公山。王基接到命令后,对周围人说:"现在我军营垒坚固,包围已经完成。我们现在这么多人马,只要加强防御,将敌人困死在寿春城即可。如果现在转移到八公山去,虽然地势更占优,但敌军就有机会出城,如果要是给这十几万人放出城来,恐怕谁也没法收拾这个局面了。"

王基选择拒绝执行命令。并上书给司马昭讲道理,说:"大军围城,应该不动如山,如果此时迁营,必然造成军心不稳,那样一来,声势必落下风。现在我手下各路军队都已经进入阵地,战斗意志坚决,不能破坏大军的士气,这才是作战的首要!"司马昭见王基态度坚决,便同意了他的主张。

得到批准后,王基对于营垒防守进一步加强,深沟高垒,等待城中的动静。此时城内的文钦已经反应过来了,这么困守下去早晚是死,于是多次尝试突围,但都被王基打了回去。

王基不愿撤到山上,但朱异的威胁仍然存在。司马昭决定,既然等着朱异来,不如主动出击。于是派遣都督青州诸军事、奋武将军石苞率领兖州刺史州泰、徐州刺史胡质,带精兵在寿春包围圈以外游击,兖州刺史州泰所部在阳渊(今安徽省六安市霍邱县东北,颍水与淮水交汇处)与朱异的援军遭遇,激战之下,朱异大败,率军向东南方向败走,州泰一路追击,斩杀了朱异所部2000多人。

此时,朱异的大军并未崩溃,而是撤到了芍陂以北。从此可见,朱异应该是要全力救援寿春,所以虽然没打过州泰,但还是突破了魏军在阳渊的防守。此时孙綝派丁奉等人率5万人来援,归朱异节制,于是朱异命手下任度、张震等将领,选拔了6000勇士突前,将辎重全部留在都陆(具体位置不详,应该位于芍陂以北不远处),大军挺进黎浆(寿春南,黎浆水转弯处)。

朱异亲自率领这6000勇士,在黎浆西侧6里的地方,连夜搭建浮桥,渡过黎浆水,在东岸筑起了一道"偃月形"的营垒。结果被回军的石苞和州泰的大军击溃,朱异且战且退,占据制高点后,稳住阵脚。接下来朱异又以包围之势,准备进攻五木城(具体位置不详,应该在黎浆南侧),结果被石苞和州泰的大军追着屁股再次击败。

此时,石苞手下的泰山太守胡烈率领手下奇兵5000人,从小路秘密进军,忽然出现在了朱异后方的都陆,一把火烧掉了朱异所有的粮草和辎重。这下朱异大军崩溃了,朱异本人只能带着手下仅剩的军队,沿途靠吃树叶充饥,退回到了孙綝的镬里大营。

此时孙綝见朱异败回,非常生气,再次调拨3万人,要求朱异再次出战,拼了命也要援助寿春方向,但朱异拒绝,理由是士兵疲惫不堪,而且沿途吃树叶造成营养不良,应该好好休养,不能再次出战。结果孙綝大怒,要求朱异晋见,朱异准备前往,陆抗想阻止朱异去见孙綝,朱异说:"子通(孙綝字子通)是家人,有什么可怀疑的呢?"结果到了孙綝大营,孙綝便派力士在座中拿下朱异,朱异此时还大喊:"我乃吴国忠臣,何罪之有?"但孙綝不听,直接将朱异处斩。

对于《三国志》上所记录的兵力,大家不必过于较真儿,如果按数量算,文钦带走3万人,朱异带来3万武昌军,丁奉又带去5万援军,之后还能派出3万人给朱异,就算这里面有重复计算,但那也已经十多万人了,孙綝打这场战役之前,并未进行过大规模的动员,所以这些数字想必都是虚张声势而已。

九月三日,就在斩杀了朱异之后两天,孙綝率大军返回建业。无论从哪个角度说,孙綝作为东吴的统帅,这一战可谓丢人到了极点,他自己不敢出战,还临阵斩将,就算兵力数字虚浮,但此战肯定也损失不小,到最后既没能救出诸葛诞占据寿春,又损兵折将,铩羽而归。也就是这一战,激怒了东吴的人民,也敲响了孙綝的丧钟。

东吴退军之后,司马昭对手下说:"东吴军无法救援寿春,孙綝还将朱异杀了,这件事情估计是孙綝对诸葛诞的表态,目的就是为了让诸葛诞坚定意志,继续死守。所以越是在这样的情况下,我们越要防备城中突围,而且我们要使用一些手段,先扰乱城中的军心。"

之后,司马昭下令加强包围,同时分批派出一些老弱的士兵前往淮河以北有粮食的地方去补充给养。文钦听说这种情况之后,觉得魏军粮食就要吃完了,非常高兴。随后,司马昭再派人散布谣言,同时以反间计的方式,多次向城中传递救兵就要到来的消息。

城中诸葛诞听到曹魏就要断粮,而救兵也快到来的消息,顿时放松了对城中粮食消耗的管制。没过多久，之前据说可以吃一年的军粮开始见底，而吴国的救兵却遥遥无期。

二、克定淮南

寿春城逐渐陷入困境，而老天爷似乎也不站在诸葛诞一边。寿春紧邻淮水和肥水，每年雨季，淮水都会泛滥，经常淹没城邑。所以在司马昭派王基等人围困寿春城时，诸葛诞还笑话司马昭，对左右人说，司马昭这样围城，恐怕会不攻自破。可是秋天都要过去了，今年却亢旱异常，淮水根本没有上涨的迹象。

这时，城中的军心开始动摇。首先是诸葛诞的两名心腹蒋班和焦彝，二人作为诸葛诞的智囊，为诸葛诞分析道："之前朱异的大军明明已经到了寿春附近，却没能再前进一步，结果孙綝杀了朱异后，竟然返回了建业，说是要再次集结大军，前来寿春解围，但现在看来，恐怕孙綝已经对眼前的局面束手无策，回到东吴也不过是坐观成败而已。"分析一番后，二人进而提出了解决的办法："现在寿春的守军军心还算稳固，士气尚可一战，我们应该把握这最后的机会，寻找敌军的弱点，将兵力集中，奋力一战。即使不能取得全面的胜利，但至少有人还能逃出生天，如果就在这里死守，恐怕只是坐以待毙而已。"

此时，文钦站出来反对，他对诸葛诞说："东吴已经很久没有在北方向曹魏发难了，况且将军您手握十万大军，归附吴国，本就是奇功一件，现在我和全端等一众将领，同居死地，我们的父祖兄弟都在南方，就算孙綝不愿北伐，皇帝和这些家眷会听他的吗？"

给诸葛诞打气之后，文钦接着分析："现在的中原，没有一年没事的，曹魏的军民都已经疲惫不堪，现在对方要是围我们一年，其势头已经减弱，有些将领、士卒已经有了不同的看法，所以我判断敌军变乱将起，敌军溃乱,指日可待。"

虽然文钦极力反驳,但其实大家都知道诸葛诞和文钦有私仇,互相看不顺眼,蒋班和焦彝并未妥协,仍然坚持主张。最终,文钦大怒。诸葛诞此时为了稳固军心,也想杀了二人。十一月,蒋班和焦彝翻墙出城,投奔了围城的魏军。

蒋班和焦彝刚刚来降,曹魏又迎来了一个好消息,城内守将全怿的侄子全辉、全仪因为家庭琐事,带着老娘,率领全家的私兵部曲数十家,从建业出逃,投奔曹魏。

此时全怿跟另一个侄子全靖,全端的弟弟全翩、全缉等人全都在寿春防守,东吴内部现在正在酝酿着一场大规模的冲突,竟然连本该做人质的前线将领家眷都看不住。这些人来到曹魏大营,钟会给司马昭出了个主意,由他自己暗中模仿全辉、全仪的笔迹写了封信,大家记住钟会的这项技能——模仿笔迹。

信写好后,又派全辉、全仪的亲信将其带进寿春城中,并让他们对全怿说:"朝廷因为全怿等人不能解寿春之围,准备将全氏一族屠灭,所以我们才逃亡至此,归降曹魏。"

十二月,全怿等人权衡之后,率领全氏将军所部几千人偷开城门,投降了守城的军队。这样一来,寿春城内开始人心惶惶,大家都不知道该如何是好。司马昭封全怿为平东将军,还赐予临湘侯的爵位,全端等全氏一族,都得到了相应的封赏。

到了这时,王基、石苞等人都认为时机已经成熟,可以发动攻城战役了,可是司马昭并不同意,他对将领们解释道:"寿春城高池深,诸葛诞手下仍有大军十余万人,如果我们强攻,必然会导致比较大的损失,万一此时东吴的援军赶到,我们就会腹背受敌,这样实在是冒险。现在,敌军的三个首领诸葛诞、文钦、唐咨都在一座城中,实在是天意,我们还应该想办法将敌人一网打尽!"

统一的前夜：司马氏鲸吞三国

接着，司马昭又说："现在我军三面围城，如果东吴派援军从陆地上来，那人数估计不会太多，我们就用奇兵出击，直接断了东吴的粮道。那样的话，便可不战而屈人之兵。等到东吴援军败北，文钦等人必然是束手就擒。"

司马昭虽然军事上一般，但好在政治上比较成熟，他想得很好，但实际上东吴根本不会有援军再来了，而他也没有等到文钦束手就擒的那一刻，因为文钦被诸葛诞杀了。

甘露三年（258）正月，寿春城中已是人心惶惶，此时文钦对诸葛诞建议道："蒋班、焦彝到了那边一定会说我们不会突围，此时全怿、全端又刚刚投降，现在曹魏防守必定松懈，应该到了我们突围的时候！"诸葛诞跟唐咨也都认同文钦所说，认为这已是突围的好时机，于是城中开始准备攻击营垒的器具，准备好后，大军开城出击！

连续五六天的时间，昼夜不停，诸葛诞的军队向曹魏包围圈南方方向的大营发动了猛烈的攻击，南方也是诸葛诞准备突袭的方向，看来诸葛诞和文钦想的都是要投奔东吴去。

不过曹魏的守军也准备得很充分，见诸葛诞的大军出城，这些围城的军队纷纷爬上营垒的高墙，并用抛石机扔出巨石以及无数燃烧着的箭矢，在漫天的巨石和火雨中，诸葛诞的军队不停地倒下，死伤惨重，鲜血流入营垒前的壕沟，而曹魏的包围圈纹丝未动，仍旧没有丝毫破绽。

既然打不动，文钦和诸葛诞只好退入城中。可此时，寿春城的粮草已经消耗殆尽，每天都有出城投降的军队，已经累计有几万人了。这时，文钦再次提出，应该把城中居民和之前的屯田军全部遣散出城，只留下文钦带来的东吴军守城，等待东吴方向的救援。这么做一来是因为这些军队比较有战斗力，二来也能减少粮草的消耗。

此时，诸葛诞和文钦的矛盾再次成为互相猜忌的原因。虽然史书上没说，但我们可以假想一下，如果我们就是诸葛诞，文钦说这个话，你会怎么想？莫非是文钦想将我的军队遣散，之后再杀我不成？与其这样，不如我先下手为强，想到这里，诸葛诞便趁文钦前来议事的时候，亲手格杀了文钦（诞手刃杀钦）。

此时文钦那个万夫莫敌的儿子文鸯正和他的弟弟文虎率军屯驻在寿春城门外的瓮城中，听到父亲被杀的消息，文鸯便掉头率军去打诸葛诞，可此时文鸯手下的士兵不听从命令，文鸯只好带着文虎出城逃走，进入曹魏的军营投降。

文鸯身上可有着司马昭的杀兄之仇，要不是当年他劫营，司马师也不至于眼珠吓得掉出来，当然也就不会那么快死去。这时文鸯来降，司马昭的左右都想将其手刃，但司马昭说："文钦十恶不赦，他的儿子固然该死，但文鸯、文虎兄弟二人，走投无路，前来投奔，此时寿春城未破，如果这时杀了此二人，那等于帮着诸葛诞稳定军心。"

就这样，司马昭下令赦免了文鸯和文虎，并且命他们二人率领数百名骑兵展开心理战，一边绕着城跑，一边大喊："文钦之子尚可不受诛，城上还有何惧？"司马昭同时又上书推荐了文鸯担任将军，并赐封关内侯。

此时城中守军已然知道了文鸯和文虎的事情，非常高兴，仿佛看到了朝廷不株连的希望。再加上城中粮食越来越紧张，军心本就不稳。以至于司马昭亲自到寿春城外视察围城包围圈的阵地，城上守军分明看见了有人，虽然引弓搭箭，却并未发射。

此时，司马昭知道城中的军心已散，对手下将领说："时机已到，此刻应该可以攻城了。"一声令下，曹魏的军队如洪水一般，从四面八方倾泻而来，喊杀声响彻天际，攻城的大军逼近城墙，攀登而上。

二月二十日，寿春城被攻破。诸葛诞被逼得困窘不堪，一个人骑着马，带着贴身卫士，从瓮城突围，准备出城亡命，被曹魏军司马胡奋的部将斩杀。诸葛诞手下数百人拱手排成一列，虽不抵抗但拒绝归降。曹魏的将领每斩杀一人，便问余下之人是否投降。得到否定的回复后，便继续杀人,就这样一直杀到最后一个,都不曾有一人投降。当时的人都将此事与当年的"田横五百士"相提并论。

城内的东吴将领中,文钦被杀,唐咨和王祚选择归降,而将军于诠却说:

> 大丈夫受命其主,以兵救人,既不能克,又束手于敌,吾弗取也。

说罢,于诠摘下头盔,冲入曹魏敌阵而战死。东吴援助寿春的大军还剩下1万多人,全都陆续归降,曹魏缴获的武器堆积如山。此时,亢旱了大半年的寿春也下起了大雨。

此时,有人向司马昭建议,淮南这个地方屡次造反,而这投降的1万多人,家眷全都在长江以南,这些人既不能用,也不能放,应该全体坑杀!

司马昭此刻表现出了一个成熟政治家的态度,他说:"古人用兵之道,保全国家才是上策,对于敌人,只需要杀死元凶即可。假若吴军的士兵逃亡回国,不正好显示我中原大国的气度吗?"于是这1万多人得以活命,司马昭命人将这些人安顿到了首都洛阳周围的"三河地区"(三河即河南郡、河内郡、河东郡,因其都在黄河流域,故称三河)。

投降曹魏的原东吴将领中,唐咨被封为安远将军,其他各位将领也都按照原来的职位高低授予官职,这些降将都很配合,结果也算是皆大欢喜。至于原本的淮南士卒、平民,都是受到诸葛诞的威逼利诱,司马昭下令全部免罪,还准许文鸯、文虎兄弟二人收殓了文钦的尸身,并用牛车将棺椁灵柩送回故谯郡的文氏祖坟安葬。

战争结束后,司马昭写信夸王基说:"想当初开战时,大家众说纷纭,朱异来了,人们都认为大军应移防八公山,我当时没有实地了解情况,也认为大家说得有道理。当时幸好将军审时度势,坚持您的作战方略,对上抗命,对下力排众议,终于可以克敌制胜,即使是古代先贤,也没有超过您的了。"

司马昭这一顿猛夸有两个用意,第一是出于对王基在这次战役中表现的鼓励;第二是为了让王基意识到自己曾在战场抗命,虽然司马昭是称赞的语气,但毕竟这个事情被重提起来,这肯定是司马昭故意为之的。

其实司马昭写这封信还是为了跟王基商量事情,之所以写信,恐怕就是因为不想让更多人听到,也代表了这就是司马昭一时兴起的想法,并不是什么成熟的方略。司马昭打算让各地的守军派出一些轻骑兵,深入吴国做"间谍",主要的目的是找机会把唐咨等人的家眷接回来,但如果发现有机可乘,干脆趁大军还在,就一鼓作气地展开进攻,直接灭了东吴。

司马昭的这个想法估计自己越想越刺激,但他也知道不太可能实现,所以王基的想法对他来说,应该是佐证自己想法可行性的重要参考。而针对这一问题,王基给了否定答案,而且王基没有给司马昭回顾古代的经验教训,而是用最直观的例子加以说明——诸葛恪和姜维。

王基说道:"诸葛恪在东关大胜,携余威出兵,包围合肥新城,最后战败而走,士卒死伤过半;姜维洮西大胜,之后孤军深入,终因粮草不济,大败于段谷。凡大捷之后,上下都可能有轻敌的情绪,想问题也不会先考虑困难。现在东吴在寿春大败,内部又有隐患,正是他们加紧防备之时。而且我们的士兵从集结到现在已经超过一年了,大家都很想家,如今我们一战击溃十万人,有罪之人也得到了应有的制裁,这是历代征伐都没有过的壮举,当年武帝(指曹操)在官渡大破袁绍,也是自认为收获颇多,就不再追击,是因为害怕一旦小败,也会折损兵威锐气。"

司马昭看罢王基的想法,也知道时机尚未成熟,便下令褒奖王基,晋封其为东武侯,让王基代替诸葛诞做征东将军,都督扬州诸军事。甘露三年(258)四月,司马昭带着天子和太后,率大军回到洛阳。

如果回顾这场战役，司马昭在军事方面的才能只能说一般，但从人才的角度，曹魏却是完胜。甘露四年（259），王昶去世了，加上之前去世的郭淮和胡遵，司马懿留下的老将们已经几乎都不在了，但司马师和司马昭已经培养起了司马家新一代的班底。

王昶死后，他的儿子王浑承袭京陵侯的爵位，封地四千七百户。这些年王昶的职责一直是"都督荆豫诸军事"，但实际上从毌丘俭担任镇南将军开始，豫州的防务已经有了专门的人负责，到此时，司马昭正式将南方与东吴对峙的战场改成每州设置一个主将。

其中，荆州还分为新野和襄阳两个战场，王基负责原王昶的驻地新野，州泰防守襄阳。同时，石苞接替王基镇守扬州，陈骞守豫州，钟会的哥哥钟毓守徐州，河南郡人宋钧守青州。这一轮安排之后，司马昭终于解决了淮南的问题，新到任的这些人不光能打，而且对司马家忠心耿耿，很多人都成为西晋开国的股肱之臣。

至此，司马昭已经准备往前走，不想再做魏臣了。

三、天子之血

萧萧东伐，悠悠远征。泛舟万艘，屯卫千营。

这首四言诗的作者正是曹魏此时的天子曹髦，他也继承了曹家文采风流的传统。钟会当年见到他之后的那句"文若陈思，武类太祖"，看来至少前半句还是靠点儿谱的，至于后半句，曹髦一个十几岁的孩子，在司马家大权独揽的局面中，又能做点儿什么呢？

曹髦是个很有想法的人，这一点从他当初进京时所做的事就能看出来。而且做了皇帝之后，虽然政务没有他插手的份，但曹髦并没有像曹芳那样亲近阉宦小人，而是非常努力地读书学习。跟一些儒生们讨论历史，品评人物，更是曹髦的一大兴趣。

甘露元年（256）二月九日，曹髦在皇宫太极殿的东堂，宴请文武官员，在席间大家讨论到夏朝的少康和汉高祖刘邦，哪一位是更为优秀的君主的问题。

刘邦大家比较熟悉，少康是夏朝的天子，据说在启去世后，太康即位，但太康本人喜欢游猎，不理朝政，后来有穷氏的首领后羿占据了夏朝都城，太康无法回去，这叫"太康失国"。之后在少康时，成功复国，恢复了夏朝，所以叫"少康中兴"。

大家谈论到这个问题的时候，荀彧的儿子荀顗以及一系列官员都认为刘邦作为创业者，上承天命，下顺民心，显然更厉害，而少康若要比，应该也是和刘秀相比。

但曹髦却说："自古评价帝王，肯定是功德言行，各有高下，也未必创业之君就一定好，商汤、周武王和刘邦都是创业者，谁更贤德不是一目了然吗？况且少康是在身为奴隶，勉强保住性命的情况下复兴夏朝，如果没有伟大的仁德之心，怎么会有这样的成就？刘邦是抓住了秦末天下大乱的机会，建功立业，但在他死之后，国家却多次遭遇挫折，如果让刘邦和少康对调，刘邦恐怕难以完成少康的功业，所以，我觉得少康更为突出！"

第二天，老师们为曹髦讲完课，侍中荀顗，尚书崔赞、袁亮、钟毓，中书令虞松等几人又讨论起这个问题。荀顗、袁亮认为，夏商周三代，主要依靠道德治理；而战国以后，强弱相差悬殊，互相兼并，这靠的是智谋和勇力。所以解决秦的问题，需要武力，而少康的中兴，则需要仁德。刘邦和少康并不是一类天子，然而单论仁德，少康还是超过了殷商祖乙和武丁两位天子，所以一如天子所言，还是少康更胜一筹。

但是钟毓和虞松又提出不同意见，二人认为少康虽然仁德，但是江山是大禹打下的，但刘邦"起自布衣，率乌合之士，以成帝者之业"，所以，要论仁德是少康优秀，可要比功绩，还是高祖刘邦更多。如果算出身资本，少康更容易，而比较大势，还是高祖更难。

这时，曹髦再次阐述自己的看法，首先他承认了钟毓和虞松所说的"少康凭资本，高祖创功业"的说法，但是如果算上时代背景，在夏商周的时代讲究德行，可要比在秦末之际依靠武力要难得多。而且《左传》上说了，太上立德，其次立功，高祖刘邦虽然功高，但还是不像少康这样道德高尚，而且"仁者必有勇，诛暴必用武"，怎么知道少康的武力就一定不如高祖呢？现在夏朝的书籍信息太少，所以宣扬夏朝德行的书也比较缺乏，即使谈到，也多是称赞大禹的功绩，如果要是夏朝的史书得以流传至今，那么想必大家就不会有不同意见了。

曹髦此番话说完，大家就心悦诚服了。

此时的曹髦不过十五六岁，按照今天的标准还是个孩子，就算放在古代，也没有成年，但从曹髦阐述观点时的逻辑和学识来看，他绝对是个早慧的孩子，而且曹髦谈论这些，看似单纯地与大臣对谈学问，其实也是在考察大臣们的态度，展示自己并非庸主。

至于辩论的内容，少康和刘邦根本就不具备什么可比性，曹髦之所以选择这两个人，肯定是有他的用意，少康不用说了，明显是曹髦自己的投射，他渴望建功立业，渴望成为中兴之主，只是苦于没有机会，而刘邦则是大家都熟悉的人物，也是中国历史上最传奇的君主，甚至都不用加上之一。

天子之所以是天子，其实自古以来都是有传承的，这个传承叫作"天命"。夏朝末年，夏桀暴虐，"天命"就到了商，总之"天命"在不在，是一个王朝能不能延续的关键。秦朝建立时，秦始皇统一六国，靠的不是天命，而是武力。秦始皇还为自己取名为皇帝，到了秦末，刘邦作为一个草莽出身的混混，最后成为皇帝，这其实是代表"天命"选择了他，所以，谁有"天命"谁就能做皇帝，可"天命"是要看德行的，所以曹髦引用了

《左传》上的话，为的就是论证自己的观点，在这套观点背后，则隐含了自己作为曹魏天子的唯一合法性，当然，也寄希望于自己能成为像少康那样的中兴之君。

听曹髦说完，中书令虞松进言："少康之事，离现在已经很远了，关于其记载很少，所以古往今来议论他的人也很少，这就使得少康这样德行高尚的人得不到宣传，陛下竟然对少康之事有如此高远的见解，同时又是为了赞美少康的德行而发声，考虑到流传千古的名声，陛下还是应该将自己的观点写成文章。"

曹髦自谦说自己知识水平有限，自己说了一大堆，其实值得采纳的没有几句，写了只会招来后人嘲笑罢了。从这也能看出曹髦是比较谨慎的，大家说说就算了，这要是写下来被司马昭看见了，可不是闹着玩的。不过后来这次辩论还是被钟会完整地记录下来。从这件事也能看出来，曹髦是个很有见识，也很有能力的君主，最主要的是，曹髦不甘于眼前的现状，他想做少康那样的君主。

但面对司马家的朝廷，曹髦能做的其实很有限，他比较不受约束的就是"做学问"的领域。四月十日，曹髦又到了太学，跟太学的儒生辩论《尚书》《周易》和《礼记》等内容，儒生们都比不上曹髦——这就有点儿夸张了。说句题外话，如果大家看一看《贞观政要》或者诸如此类的书籍，其实不难发现一些做臣子的窍门，很多人跟皇帝谈话，其实都是故意留下一些破绽，好让皇帝有话说，有机会来教育你，这样才能彰显皇帝的水平高。由此也可以推断，太学中的许多人也都是司马家的人，之所以没有辩论，估计也就是让皇帝开心罢了。

可司马昭前进的脚步却比曹髦要快得多。就在曹髦去太学辩论的前几天，他刚刚赐给了司马昭"衮冕之服，赤舄副焉"，"衮"就是绣了龙的礼服，"冕"则是天子的冠，除了这俩，还有一双天子穿的赤红色木底靴。这套礼仪实际上就是所谓"禅让"的开始。

统一的前夜：司马氏鲸吞三国

"禅让"这趟列车，开出去就无法回头，只要上位者流露出了这方面的意思，就会不停地有人以各式各样的方式，让你朝这方向前进。甘露元年（256）八月，曹髦下诏，给司马昭加上了"大都督"的头衔。

这个大都督的头衔最早就是为了司马懿设的，在这一时期品评人才的"九品中正制"中，大都督属于第一品，这个与东吴周瑜做的"大都督"不同，东吴的都督是在战时临时设置的，平时并没有人担任。曹魏的大都督，凡是授官，一定会颁给象征天子威仪的黄钺，可以直接撤换管理高级武将。同时，还是一样，赐予司马昭"奏事不名"的特权。

除此之外，各种"祥瑞"也在按部就班地出现。甘露元年正月，有青龙出现在轵县（今河南省济源市南）的井中；五月，邺城及上洛郡有人说见到天降甘露；六月，元城县（今河北省邯郸市大名县）境内井中又出现青龙；甘露二年（257）春二月，司马昭的老家温县（今河南省焦作市温县西）井中出现青龙。

正当"祥瑞"不断出现的时候，淮南第三次叛乱爆发，诸葛诞占据寿春，司马昭带着曹髦亲征淮南，这一下祥瑞又不见了，史书上再见祥瑞，已经到了诸葛诞被杀、一切尘埃落定之后。

甘露四年（259）春正月，宁陵（今河南省商丘市睢县）井中，出现了两条黄龙，之前都是青龙，这次竟然是黄龙，而且还不是一处，顿丘（今河南省濮阳市清丰县西）、冠军（今河南省邓州市西北冠军寨）、阳夏（今河南省周口市太康县）等地的水井中，都发现了黄龙。

面对着"祥瑞"大爆发的局面，满朝文武全都认为此乃大吉的预兆。但时年十九岁的曹髦已经不是小孩了，他心里也知道，这祥瑞也不是他的祥瑞。曹髦对周围人说："龙乃天子的象征，今日现世，既不能腾云飞天，也不能泽被稻田，只能委屈在这深井之中，这哪是什么吉祥的预兆呢？"说罢，曹髦还亲自写了一首《潜龙诗》，此诗已经失传，《三国演义》中留存了一个版本，应该是作者所作，内容为：

第九章・司马昭之心

伤哉龙受困，不能越深渊。上不飞天汉，下不见于田。

蟠居于井底，鳅鳝舞其前。藏牙伏爪甲，嗟我亦同然！

胡三省曾评价《潜龙诗》，说这首诗彰显了曹髦诛杀司马昭的志向，这一点，《三国演义》的版本倒是能看出些端倪，总之，司马昭看到这首诗后觉得非常厌恶。

甘露五年（260）四月，司马昭再次向前进逼，曹髦下诏，晋封司马昭为相国，封晋公，加九锡。熟悉的剧本再次上演，九锡出现，往往意味着权臣出现，之后便是改朝换代。

面对着越来越逼仄的生存空间，20岁的曹髦已经忍无可忍，他决定不做汉献帝，而是去拼一下成为少康的可能。五月初六的夜里，曹髦命令自己的心腹冗从仆射李昭和黄门从官焦伯在曹丕所筑的凌云台附近安排甲士若干，计划在第二天朝会的时候出来直接拿下司马昭。可是这一次，老天爷站在了司马家一边，第二天下了大雨，相关部门上奏，将朝会推迟了。

虽然朝会上杀死司马昭的计划泡汤，但这支箭已经搭在了弓上，如果现在停下来，事情也必然败露，所以他只好干到底。五月初七，曹髦召见了三个人，分别是侍中王沈、尚书王经、散骑常侍王业，从这里开始，曹髦恐怕已经抱定了玉石俱焚的决心，这三个人中王沈作为侍中，管理宫廷，主要就是负责看住曹髦，所以他一定就是司马家的人。王业的记载不多，但从他后来担任中护军来看，他肯定也是司马家的人。

至于这个王经，就是在洮西率军跟蜀汉野战，被姜维打败的那位，他之所以能够做雍州刺史，想必跟他当年不愿为曹爽做事有关，但洮西一战，证明了他就是个书呆子，不会打仗，所以战后就被调回京城，雍州刺史改由邓艾的部将诸葛绪担任。此时曹髦召见这三人，对他们说出了那句著名的话：

统一的前夜：司马氏鲸吞三国

> 司马昭之心，路人所知也。吾不能坐受废辱，今日当与卿等自出讨之。

此话一出，王沈和王业没有说话，只有王经回答道："过去鲁昭公无法忍受季氏专权，奋起反抗，最后败退逃走，为天下耻笑。而今之时，司马氏大权在握已经很久了，从京城到前线，天下都愿为其而死，这些人不顾君臣之礼已非一日。而且陛下身边宿卫宫廷的士兵人数太少，也没有战斗力可言，陛下拿什么去讨伐司马昭呢？一旦您做了，本想除疾去病，却很可能加重病情，而且灾祸实难预料，希望您重新考虑一下。"

话说到这个份上，其实曹髦应该也明白，但他还是拿出怀中写好的诏书，直接扔在地上，并说："我意已决，就算是死，又有何惧？何况又不一定会死！"于是曹髦亲自前往永宁宫禀报太后。王沈、王业准备趁机开溜去找大都督司马昭禀报此事，临行时二人叫王经一起去，但被王经拒绝，书呆子就是认死理，此刻他选择和天子站在一起。

禀报太后已毕，曹髦乘坐辇车，亲率一些卫士、仆人、宦官等数百人东出云龙门，大声鼓噪以壮声势，直奔司马昭的相国府。司马昭的相府位于西掖门外，而且离西掖门很近，中间只隔着一座武库，但曹魏的皇宫如果从西侧的神虎门出，由于向南的道路不通，反而绕远，所以，曹髦设计的路线应该是从东侧的云龙门出，再沿着宫墙走到东、西掖门的大路上，再向西沿着南面的宫墙出西掖门。

这个路线看着不远，但实际上要经过好几道关卡，不仅要面对宫内的守军，还要面对司马家在宫外的各方势力，此时司马昭的弟弟抚军中郎将司马干已经率军赶到皇宫的正门阊阖门，但被把守宫门的满宠之孙满长武拒绝。满长武是司马干的大舅哥，他给出的理由是从此门带兵入宫，没有先例，要求司马干从东掖门进入，司马干此时才20多岁，听满长武说完也就率军绕道了，但这也导致司马干没有及时参与到平定风波的事件中。

曹髦一行人按既定路线前进，行至东止车门，迎面遭遇了司马昭的另一个弟弟屯骑校尉司马伷，曹髦身边的随从大声呵斥司马伷和他带来的人，结果司马伷手下的兵一哄而散，这其实也好理解，对面毕竟是皇帝，宫城中的军队从来就是效忠天子的，在这种情况下，谁敢上前阻拦曹髦？就这样，曹髦通过了第一道关卡，绕过宫墙，开到了皇宫南侧的路上。

这时，中护军贾充率相府的士兵赶到。中护军的职责是护卫京城，此时的贾充应该是接到司马昭的命令，率相府的士兵进宫平叛，至于走的哪个门，史书上并没说。

曹髦见贾充拦路，便拔出佩剑，口称讨伐叛逆，所有妄动者一律灭族。这一下贾充手下的士兵虽说没有一哄而散，但也都愣在当场，不敢上前。此时贾充手下成济官拜太子舍人，见状问贾充，今日之事紧急万分，不知应当如何？贾充怒斥道："司马公畜养尔等，正是为了今日，你们还有什么犹豫的！"成济一听，直接口中称是，举戈上前刺死了车上的曹髦。戈刃直接将曹髦的身体刺穿，曹髦血溅当场，顿时毙命。

贾充弑君的消息传到相府，司马昭接到消息后吓得从床上滚了下来。而此时曹髦的尸体就躺在宫城的南墙之下，无人敢动，此时接到消息赶来的只有太尉司马孚和尚书左仆射陈泰，二人痛哭流涕，此年已经80岁的司马孚将曹髦的头放在自己的腿上，哭号道："杀陛下者，臣之罪也！"陈泰也伏在曹髦的腿上大哭。

一切尘埃落定，司马昭来到大殿之中，召集群臣讨论如何善后。陈泰拒绝出席，司马昭命陈泰的舅舅尚书荀顗去请。陈泰见荀顗前来，便对他说："世人都将我陈泰和您相比，今日看来，舅父您不如我陈泰啊。"荀顗哑口无言。

不过颍川陈氏本就是名门望族，陈泰的家族子弟在朝中为官的人很多，上上下下都逼着陈泰必须前往，最后陈泰无奈，只好流着泪进入皇宫。司马昭将陈泰请入密室，二人相对而泣，司马昭问："玄伯（陈泰字玄伯），如果你是我，此刻该当如何？"

陈泰说："只有诛杀贾充，才能稍稍向天下谢罪。"

司马昭沉默良久，说："请您为我再想个次一等的办法。"

陈泰说："我只有比这更高一等的办法，不知再次一等的方法。"

至此，司马昭也就不再说话了。其实他心中已经有了次一等的办法，那就是诛杀成济，包括成济的兄长成倅，全部被下狱，夷灭三族。其他在此次事件中表现出不忠于司马家的人也没有逃过，王经及其家眷均被下狱诛杀。司马昭质问司马干为何来得这么晚，司马干如实以对，司马昭授意参军王羨将满长武下狱杖杀，其父满伟被褫夺爵位，废为庶人。

五月七日，就在曹髦去世当天，郭太后下令，文中指责曹髦性情乖戾，日甚一日，我多次教育他，但其怀恨在心，多次行悖逆之事，竟企图谋刺于我，多亏王沈、王业报信，最终曹髦与护驾的军队冲突，被军队杀死。从前昌邑王刘贺为帝，犯罪后被贬为平民，今天也应将曹髦废为庶民，以百姓之礼下葬。

陈寿写《三国志》时，已经是晋朝，所以这个太后的诏书被全文收录在曹髦的传记之中，但内容很明显是司马昭颠倒黑白之辞。五月八日，为了对太后的说法给予回应，司马昭联名太尉司马孚（一般三叔的名字都是司马家的执政者自己写上去）、太尉高柔、司徒郑冲上奏，内容也是说曹髦悖逆，自取灭亡，为天理不容，其中司马孚还单独上书，请求以王爵之礼安葬曹髦，太后批准。

至于新的天子，大家商议之后，决定立燕王曹宇的儿子曹璜为帝，司马昭派自己的儿子中垒将军司马炎去接曹璜到京城登极。当初曹髦即位的时候，郭太后以给曹叡留后为由，选择了曹髦，这次选择非曹丕系的曹氏即位，郭太后也已经没有了话语权。六月一日，曹璜改名曹奂，第二天登极为帝，曹魏也改年号为景元。

另外，这件事情带来的后果是，司马昭意识到自己"前进"的步伐恐怕已经不能再走，因为无论如何自己都已经背上了弑君的名声，如果再接受封赏，只会让天下物议沸然，所以他推辞了之前受到的"晋公、相国、加九锡"的封赏。

司马昭现在要做的，是要建立一个前无古人的功勋，因为只有这样，才能让自己获得接受"禅让"的机会。

第十章

灭国与禅让

统一的前夜：司马氏鲸吞三国

自从曹髦被杀以后，史书上的"祥瑞"又变少了，曹魏似乎又回到了之前的平静，可是这样的平静背后，其实酝酿着一场风暴。

景元元年（260）春三月，胡遵的儿子襄阳太守胡烈上书，说东吴的邓由、李光等18个屯正在谋划集体投降朝廷，已经派来使者和人质，希望我们出兵去江边迎接。司马昭接到上书后大喜，马上命荆州的负责人王基前去接应，司马昭还写信给王基说，一旦邓由等人投降，江东都会因此震动。

东吴出现这样的问题已经不是第一次了，当年周鲂就是诈降，引得曹休在石亭大败，后来也多次有人用过这样的招数，引诱曹魏的军队到江边接应，因为只有在水边，东吴的水军才能发挥最大的优势。这么多年总结下来，其实是有规律的——基本凡是某地方有组织的举城投降，基本都是假的，而真正投降曹魏的人，往往都是一个人带着家属偷跑出来的，司马昭之所以想都没想，就是因为他从内心憋着一股劲儿，他比谁都希望这件事是真的。

王基作为久经沙场的宿将还是很清醒的，他不但上书司马昭说了这件事的可疑情况，表示不宜马上出兵，还劝谏司马昭说："夷陵这个地方东西两侧地势险要，树木竹林丛生，如果对方在要害之地埋伏，那么我们的骑兵和弩兵全都无法列阵。此时正值春夏之际，弓弩受潮无力，而且雨刚刚降下，人们正要开始种田，现在耽误农时，去追逐那些不靠谱的好处，这是非常危险的做法。"

讲完现实的战况，王基继续为司马昭分析实例，作为"姜维的资深研究者",王基还是跟之前一样,没有讲古,而是举了姜维和文钦的例子,说:"几年前姜维攻上邽,文钦入寿春,都是因为贪功冒进,最终孤军深入敌境,以致全军覆没。这些都是眼前的实例,非常值得借鉴,况且自嘉平(249—254)以来,朝廷屡有内乱,当务之急,应该发展民生,安抚百姓,重农务本,不应该再兴师动众去追求这些小利。"

王基的这段话非常重要,其不但强调了此次事件的问题,更主要的是为司马昭提供了一种思路,这便是"战术"与"战略"的区别,可以这么说,王基的潜台词就是在对司马昭说,别说这件事是假的,就算是真的也不值得,因为在不可能灭亡东吴的前提下,搞这些事只会骚扰地方,劳民伤财,没有什么好处。

司马昭接连收到了王基的几封上书,虽然内心狐疑,但出于对王基的信任,司马昭还是下令已经准备就绪的军队原地等待,等候指示。这时王基再次上书,可能是觉得司马昭对姜维的例子不感兴趣,这次王基开讲历史,他说当年刘邦要采纳郦食其的建议,封过去的六国贵族为王,印章都刻好了,还是张良出面劝阻,最终才撤销了这一决定,我王基虽然不及张良,但还是怕胡烈犯了郦食其的错。

王基所说的这件事的起因是刘邦打不过项羽,郦食其劝刘邦应该分封六国后裔,这么做可以建立统一战线,让大家都联合起来打项羽。而张良告诫刘邦的总共有8条,其中最重要的核心问题就是,想要利用对方,必须有掌控全局的实力,否则人家不听你的,你又能如何呢?

王基最后这封上书,司马昭应该是看懂了,于是借天子名义下诏,回复王基说:"人们向朝廷进言,多数是委屈自己而顺应上意,很少有人能像你这样陈述道理,对你的意见和规劝,朝廷非常感激,所以就按你的意思办,立刻停止发兵。"后来邓由等人果然没有如期投降。之后不久,王基便去世了。

这件事其实反映了几个问题:第一,曹魏在经历了"寿春三叛"和

"洮西之败"以后,很多人希望休养生息;第二,就目前的形势看,曹魏还没有灭亡东吴的实力,所以打不打没啥意思;第三,从王基的状态来看,现在的将领们思维已经和之前不同,包括我们以后要讲到的羊祜等人,这一批将领其实已经不再是三国思维,在他们的概念中,下一场大战就是灭吴之战,因此像过去那样的小打小闹,即使成功,也就是局部小胜罢了,与其劳民伤财,还不如不打。

可此时的司马昭想的并不一样,其实天子对司马昭的态度一直没变,"晋公、相国、加九锡"这套封赏也不断地给司马昭送来,六月二日,曹奂即位,之后的第一件事就是在六月四日加封司马昭,但被司马昭拒绝;景元二年(261)秋八月,曹奂特意让88岁的太尉高柔将相国的印绶送给司马昭,司空郑冲也亲自将"九锡"送到司马昭的府上,司马昭还是拒绝了;景元四年(263)春二月,再封,司马昭还是拒绝,因为司马昭和曹操不一样,此刻的他已经不想再做魏国的臣子,可是要想实行"禅让",自己就必须有点儿本钱,既然东吴拿不下来,那选择就只剩下蜀汉了。

一、诡异的前奏

景元三年(262)冬天,沉寂了好几年的姜维再次出兵伐魏,也再次被邓艾击退。虽说姜维每次出兵基本上都是骚扰为主,但司马昭还是觉得很烦。这时的曹魏朝廷,已经唯其马首是瞻,见司马昭对现状不满,官骑路遗建议,派刺客去刺杀姜维,这一招曹魏原来也用过,当年幽州刺史王雄就是用刺杀的方法干掉了柯比能。

没等司马昭表态,从事中郎荀勖站出来说:"司马公乃是天下宰辅,应该以正义之师去讨伐那些违逆之人,派人行刺实非君子所为。"司马昭认为荀勖说得有道理,不过蜀汉的问题还是需要解决,于是司马昭对大家表露了伐蜀的想法。

司马昭的话音一出，除了司马昭的亲信司隶校尉钟会无比支持以外，满朝文武大部分还是认为伐蜀难度太大，很难成功。这时，司马昭对大家说出了自己的想法，从这个想法来看，他应该已经构思了很久。

首先司马昭为大家分析了为何选择讨伐蜀汉，自从在淮南平定诸葛诞叛乱以来，朝廷已经六年没有发动战争，其间一直休养生息，训练士兵，整修盔甲武器，其最终目的，还是灭掉东吴和蜀汉两大敌国。

其次是如何灭两国。讨伐蜀汉的原因有二，一是东吴不好打，要想讨伐东吴，就得造船，光造船可能还不行，还需要疏浚河道，供战船通行，这么大的工程量，必须得发动民夫，估计十万人一起干，也得一百多天，南方卑湿水热，这么多人聚在一起，必然疾疫流行，实非上策。

这就涉及第二个伐蜀的原因，那就是为讨伐东吴做准备，只要能灭掉蜀汉，就能从巴蜀地区沿长江顺流而下，水陆并进，这是当年伐虢灭虞、吞韩并魏的形势，所以应该先打蜀汉。

吞韩并魏是秦始皇统一六国的事情，大家比较熟悉。这个伐虢灭虞指的是晋献公向虞国借路，去讨伐虢国，为了借路，晋献公给虞国送了玉璧和宝马，结果灭掉虢国之后，晋献公回头就灭掉了虞国，还留下了"唇亡齿寒""马齿徒增"这样的成语。司马昭这么说，也就是在论证"灭蜀是灭吴的基础"这一论点。

接下来，司马昭为众人分析了蜀汉的实力。根据计算，蜀汉大约有能打的战士9万人，这9万人分散在全国，成都及其他地区估计有4万人左右，也就是说，防守汉中，姜维可以指挥的军队不过5万人。不知道司马昭这个数字是怎么算出来的，根据《文献通考》中的记载，蜀汉灭亡时，共有户口28万，人口94万，士兵共计102000人，应该和司马昭算的差不多。

既然兵力都算出来了，作战方略也就不难生成。此时的姜维并不在汉中，而是在阴平郡的沓中屯田，沓中距汉中超过600里，只要能在沓中缠住姜维，使他无法回援汉中，那么魏军就可以从骆谷直出，此时汉中兵力空虚，我们便可趁虚而入。如果汉中的守军据守城池险要，以汉中那点兵力，必然首尾不能相顾。到那时，我们率大军屠城，再分兵占领城外的郊野，剑阁来不及守，白水关又不能自保。以刘禅的昏庸，加上边城被突破，蜀汉必然举国惊恐，一战可灭！

司马昭的分析，可谓鞭辟入里，而且战术设计也比较合理，关键就在于，此时的曹魏已经可以做到像王基所说的，将一切掌握在自己的手中，司马昭的计划可以说容错率相当高，很多环节都有比较大的弹性，还有一点跟之前曹爽的伐魏不同，这一战从一开始的定位，就是灭国之战，所以从规模和动员方式上，都将会有非常大的区别。

至于谁来领兵，司马昭选择了钟会。这一年钟会38岁，自从司马昭上位以来，钟会多次贡献奇谋，因此非常得司马昭的赏识，朝中的很多事务都有钟会的参与。据《世说新语》记载，钟会还向司马昭进谗言，害死了"竹林七贤"之一的嵇康。总之，司马昭此时对钟会信任有加，再加上两家是世交，此次命钟会出征，也算是情理之中。

不过，想讨伐蜀汉，最有发言权的莫过于此时征西将军邓艾，作为压制姜维多年的老对手，邓艾对于朝廷决定出征蜀汉并不认同，多次上书，强调此时的蜀汉并未出现明显的漏洞，所以出兵并不明智。

对于邓艾的态度，司马昭派主簿师纂前往雍州做邓艾的司马，并且对邓艾解释了司马昭的战略，邓艾这才接受。师纂对邓艾说了什么，史书上并无记载，但就后面的结果倒推，可以发现一些蛛丝马迹。

邓艾如此反对伐蜀，很有可能是因为司马昭没有命自己全权负责，反而是派来一个年轻书生钟会。这一年邓艾66岁，已经在雍凉地区镇守多年，并且作为司马家的嫡系，征战多年，从无败绩，此时又担任征西将军，从哪个角度说，邓艾都认为自己应该统兵出征。从后来的战局看，非常有可能师纂代表司马昭，对邓艾承诺了他可以不受钟会节制，独自领兵，这才解决了这个问题。最后的结果是钟会担任镇西将军，比邓艾的征西将军低一级，同时钟会负责接手关中地区，这样就和邓艾在不同的战场，互不隶属。

姜维在沓中（今甘肃省甘南藏族自治州舟曲县西北）屯田，其中一部分原因是他在京城得罪了宦官黄皓。就在曹魏准备伐蜀之际，姜维已经得到了消息，此时钟会还在洛阳，但是镇西将军的任命已经下达，而关中地区正在筹集粮草，明显是要进行大规模的军事行动。于是姜维上书刘禅，请求派左车骑将军张翼和右车骑将军廖化率军援助汉中，分别驻守阳安关（今陕西省汉中市宁强县西北）和桥头（今甘肃省陇南市文县东南），来防备曹魏军队突袭。

之所以要去这两个地方，是因为不知不觉间，蜀汉和曹魏之间已经由诸葛亮在时的一个战场，变成了此时的两个战场。诸葛亮时期，蜀汉进攻，曹魏防守，基本交战就在秦岭沿线，对应曹魏的就是关中，所以前期的征西将军一般都屯驻在长安。

自从姜维发动北伐以来，基本上除了一次出兵骆谷之外，都是从阴平郡和武都郡出兵，所以从邓艾开始，征西将军已经不在长安，而是在陇右，但长安作为后方，也不能不管，因此曹魏朝廷会加派一人在长安坐镇，所以姜维出骆谷，才会遭遇司马望。

因此，这次蜀汉对于北部边境的防守，就必须两手准备。姜维此时在沓中是为了防备邓艾，而汉中地区，按照之前姜维的设计，蜀汉已经放弃了原来固守汉中郡城的策略，而改成在汉城（即沔阳，在今陕西省汉中市勉县）和乐城（即成固，在今陕西省汉中市城固县）两地驻军，目的是将敌军放进来再利用其后勤不足的问题，将其全歼。

这时姜维之所以让张翼和廖化占据桥头和阳安官，就是要和两个战场形成梯次配置，一旦两个战场战事不利，这两个地方进可攻，退可守，能为后面的剑阁（今四川省广元市剑阁县剑门关）和汉寿（今四川省广元市昭化区昭化古城）多设一道屏障。

但此时的成都，早已物是人非。蜀汉景耀二年（259），陈祗去世后，樊建继任尚书令，此时的宦官黄皓，经过和陈祗十几年的"互为表里"，势力已成，连姜维都被吓得跑到沓中不敢回来，樊建更是没有能力匡正。

景耀四年（261），东吴薛综的儿子五官中郎将薛珝奉当时的吴国皇帝孙休之命出使蜀汉，回国后，孙休问起薛珝蜀汉的近况，薛珝回答："蜀主刘禅昏庸且不自知，蜀中大臣做事全都是不求有功，但求无过，目的无非就是保全身份地位，朝堂之上听不到仗义之辞。而当我路过蜀汉的郊外，沿途的百姓全都面有菜色。臣听闻燕雀在庙堂之上筑巢，自认为子母都可安乐，建筑一旦起火，燕雀仍不知祸之将至，说的就是蜀汉的现状吧。"

也就是在薛珝访问蜀汉的这一年，诸葛亮的儿子卫将军诸葛瞻和辅国大将军董厥共同担任"平尚书事"，协同樊建一起管理朝政。诸葛瞻比钟会还小两岁，可谓是蜀汉的明星，诸葛亮47岁才生下他，从小就深受诸葛亮喜爱，诸葛亮死后，诸葛瞻袭爵武乡侯，17岁就娶了公主为妻，并担任骑都尉。

延熙七年（244），刚刚成婚的诸葛瞻就被蜀汉人民寄予厚望，人们怀着对诸葛丞相的无比敬仰，把所有的希望都投射到了诸葛瞻身上，加上诸葛瞻才思敏捷，能书善画。因此蜀汉朝廷只要颁布什么好的政策，民众便会传言说这是诸葛侯爷的善政，哪怕这件事其实跟诸葛瞻并无关系。

就在姜维传来钟会治军关中的消息时，诸葛瞻正在和董厥等人联名上书，指责姜维穷兵黩武，并且要求刘禅剥夺姜维的兵权，并召其回朝担任益州刺史，不过刘禅没有理会。

当朝廷接到姜维的消息时，成都采取的方式竟是宦官黄皓主导的——占卜。黄皓特别迷信鬼神的事情，占卜之后得出的结论是曹魏大军不会自寻死路，根本不可能冒险来进攻。刘禅听了黄皓的话，竟然没有理会姜维的奏报，甚至连蜀汉的许多官员都不知道这件事。

景元四年（263）夏，曹魏的灭蜀计划正式出炉。天子曹奂下诏：命征西将军邓艾率军3万人，由狄道（今甘肃省定西市临洮县）进军蜀汉阴平郡，攻击姜维驻扎的沓中（今甘肃省甘南藏族自治州舟曲县西北）以及甘松（今甘肃省甘南藏族自治州迭部县西南），目标明确，就是牵制姜维。

雍州刺史诸葛绪同样率军3万人，从祁山（今甘肃省陇南市礼县东北）进军，先攻武都郡的治所武街（今甘肃省陇南市成县西北30里），进而攻击桥头（今甘肃省陇南市文县东南），以此来切断姜维的退路。

镇西将军钟会率领魏军主力10余万人，从关中出发，分别从褒斜谷（今陕西省宝鸡市太白县西南）、骆谷（今陕西省西安市周至县西南）、子午谷（今陕西省西安市长安区南）三路进军，目标汉中。

这么大规模的用兵，大军集结需要一定的时间，之所以选择夏季集结，就是为了秋季出兵，这样就可以避开秦岭地区夏季的大雨。就在大军集结的这段时间，钟会特意去拜访了前幽州刺史王雄的孙子王戎，目的就是请教一下此次出征的注意事项，王戎是"竹林七贤"之一，见钟会来问，便用老子《道德经》中的一句"为而不恃"作答，并解释说，战胜立功并不难，难在保持战果。

类似的话别人也说过，当时的参相国府军事刘寔被人问到对此次大军远征的看法，准确地说就是邓艾、钟会能否凯旋。刘寔回答："二人击溃蜀汉是肯定的，但此二人恐怕不会再回来了。"有人再追问为何，刘寔便笑笑，不再回答。

总之，钟会离开洛阳之前，洛阳的气氛比较诡异，很多人都认为钟会、邓艾会出问题。秋八月，大军在洛阳集结完毕，此时还有个名叫邓敦的将军发表不当言论，说出征蜀汉不可能成功，司马昭下令将其斩杀祭旗。之后，犒赏三军完毕，部队誓师出征。

当钟会大军出征之时，之前黄皓靠占卜的结果自然不攻自破，蜀汉急

统一的前夜：司马氏鲸吞三国

忙依照姜维之前的建议，派兵支援前线，但蜀汉朝廷并没有完全依照姜维的战术派兵，而是让右车骑将军廖化率军前往沓中救援姜维，左车骑将军张翼和辅国大将军董厥则率军进驻阳安关，作为支援部队。

同时，蜀汉国内大赦天下，并改元炎兴，这个年号不知道是怎么定出来的，作为蜀汉的最后一个年号，竟然可以和司马昭的儿子司马炎的名字遥相呼应，不得不说是一个很有趣的巧合。

在派军援助的同时，刘禅给前线各关口下令，所有关卡、隘口均不得出战，汉中所有在外机动的部队全部按照之前的既定计划，退守汉城（即沔阳，在今陕西省汉中市勉县）和乐城（即成固，在今陕西省汉中市城固县）两地，两地合计共有守军1万人，每城5000人。

这时，廖化、张翼、董厥这三人率领的这支军队犯了个错误，这支军队本应在阴平郡白水拐弯处的白水关（今广元市青川县营盘乡五里垭）分兵，一路向西北去援助姜维，一路去阳安关固守。但就在大军到达白水关之际，这几位得到消息，说曹魏雍州刺史诸葛绪正率军前往建威（今甘肃省陇南市西和县），于是廖化、张翼、董厥便在白水关驻扎了一个多月，等待阻击诸葛绪。

就算董厥不懂军事，可张翼和廖化都是身经百战的将领，不应该不知道阳安关的重要性，之所以他们没有分兵，估计就是因为他们的兵太少，或者在来之前有什么别的布置。但他们这一停，阳安关就危险了。

钟会这边，10余万人分两路，走褒斜道和傥骆道进军，另外魏兴郡太守刘钦从本郡出兵，走子午谷。许褚的儿子许仪此时官拜牙门将军，率军在前方为钟会开路，结果先头部队走在前方，刚搭好的浮桥被踩了个窟窿，有马脚陷了进去。钟会下令将许仪斩首。这个立威的举动马上收到效果，军中听说钟会杀了许褚的儿子，纷纷震恐。许仪事件之后，全军整肃，钟会大军全部得以顺利抵达汉中城下。

二、灭国大战

现在其实应该检讨一下姜维之前制定的新策略了。蜀汉之前在汉中的防御政策是魏延提出的，叫作"错守诸围"，意思就是在汉中与关中的诸通道上修建城池，比如乐城和汉城，建成之后将军队全都部署在城池中，这些城池可以彼此救援，而且敌军即使突然到来，整条防线也不至于马上崩溃，可以为救援赢得时间。魏延还向刘备保证，如果曹操亲自来，自己能守住；如果是别人，自己有信心击溃他，所以这是一个防守策略，魏延当时的任务是替刘备守汉中，并没有出击的打算。

而姜维的策略叫作"敛兵聚谷"，终极的目的就是要放曹魏的军队进来，只要敌人进入汉中，蜀汉在汉中的几路人马再一举出击，将其歼灭。让曹魏进军的将领体验一下自己北伐时的滋味，孤军深入，要后援没后援，要粮草没粮草，最后只能看着战果溜走，却无能为力，甚至有可能全军覆没。

可是姜维这个计划本质上就不是一个防守计划，而应该算是一个对攻计划，因为放敌人进来的目的是歼灭敌人。不过这种对攻得以实现的前提，就是曹魏大军是来"打酱油的"，这样的军队数量虽多，可战斗意志不强，来了是希望捞点儿战功，就像曹爽。

大家注意，这不是说姜维在赌蜀汉的国运，或者是曹魏实力不强，等等，而是一个经验的选择。这么多年，蜀汉对曹魏即使偶有胜负，但整个汉中依旧牢牢地掌握在蜀汉的手中，所以在姜维和一部分将领看来，曹魏似乎没有灭掉蜀汉的能力。

可是姜维这个计划有两个明显的问题，其一曹魏如果派军前来，固然会面临姜维所说的那些困难，可是姜维北伐同样有这些困难，可姜维不还是每次都能回来吗？原因也很简单，因为虽然距离远，但曹魏和蜀汉其实都无法迂回到彼此的后方，切断粮道，因此这个方案从这一点上并不成立。

其二则是更严重的问题——万一曹魏不是来打酱油的，大军多到你无法一口吃掉怎么办？这就又回到本章开始时王基的观点，作战不能想当然，而是要掌控局面，只有局面尽在掌握，才可能战无不胜。

钟会带了10多万大军，到达汉中，汉中地区全部的军队才1万多人，所以一举全歼的战略根本就无法实施。实际的情况是，九月份，钟会一到汉中，就命前将军李辅率1万人包围了乐城，护军荀恺同样率1万人包围了汉城。这样一来，蜀汉在汉中的机动部队全被曹魏看住，而钟会的真正目标，则是汉中最重要的目的地——阳安关，钟会甚至还派人去祭奠了诸葛亮在定军山的陵墓。

阳安关的位置很重要，它是整个汉中郡的后方，也是汉中军粮的主要存放地点，当年曹操打张鲁时，阳安关的位置应该在今陕西省汉中市勉县西武侯镇，汉水与咸河（古沔水，亦称白马河）交汇处的走马岭上，后来刘备集团占据汉中，在原阳安关位置的东侧，与沔水北岸修筑了汉城（即沔阳，山南水北为阳），阳安关因为地处山上，交通不便，而且也不再是战略位置，所以一度被弃守，后来在诸葛亮出屯汉中时，才又开始经营。

钟会攻击的应该就是位于勉县西侧的阳安关。此时阳安关的守将是名将傅彤的儿子傅佥，本来并没有什么问题，但坏就坏在了傅佥的副将蒋舒身上。蒋舒本来也是一方主将，负责镇守阳安关西北不到百里的武兴，在担任武兴督期间，蒋舒表现得十分平庸，看不出有什么能力，后来朝廷派人替代了蒋舒的位置，并将其调到傅佥手下做副将，帮忙守阳安关。

没想到蒋舒对此怀恨在心，此时钟会命讨蜀护军胡烈为先锋，进攻阳安关关城，蒋舒于是骗傅佥说："曹魏大军到来我们却不出击，只能在此闭关自守，这恐怕不是良策。"

傅佥回答："我们所奉的命令就是守城，如果能保证城池不失就可以，现在出征便是违命，一旦折损兵马，有负国恩，虽死莫赎。"

蒋舒继续强调："将军您认为保住阳安关城是立功，而末将认为出城杀敌是立功，我希望咱们各自去追求自我。"说罢，蒋舒率本部人马出城。

此时的傅佥还以为蒋舒是要去战场杀敌，所以城中并没有做什么防备，没想到蒋舒迎面遇上胡烈，马上向其投降。同时反身为其充当向导，趁虚袭击阳安关。阳安关被攻破，傅佥不愧为名将之后，气节上还是不含糊，奋力拼杀，激战殉国。钟会听说阳安关已经拿下，随即率大军长驱而入，这一战之后，缴获了大量的蜀汉粮草。

至于被曹魏围困的乐城和汉城何时被攻破，史书上并无明确的记载，只知道钟会曾给汉城的守将蒋琬的儿子蒋斌写信，表达了对诸葛亮和蒋琬的敬重，同时表示自己和蒋斌、诸葛瞻都是一类人，并问起蒋琬的陵墓在哪，希望去祭扫一番以示追思。

蒋斌的回信也很感人，除了礼貌性地感谢了钟会的欣赏之外，还告诉钟会，蒋琬死在涪县，也葬在涪县，并强调钟会希望为蒋琬扫墓，犹如颜回以父视孔子，更显出钟会的人格。钟会见信后很感动，后来到达涪县，也真的去祭扫了蒋琬之墓。等到后主刘禅投降后，蒋斌也来到钟会军营归降。

拿下阳安关后，汉中郡基本已经被钟会拿下。就在钟会平定汉中之际，邓艾也正在指挥军队向姜维进攻。邓艾三路派兵，天水太守王颀负责进攻姜维的大营，陇西太守牵弘在姜维前方挑战，金城太守杨欣率军进攻沓中西侧的甘松。

在沓中的姜维手下有多少军队史书上没有记载，但此时的姜维没有出战，而是选择退军，原因就是他接到了钟会已经到达汉中的消息，至于汉中有多少军队，姜维比谁都了解，所以，现在的他正在加紧向东前进，准备回军救援。

王颀、杨欣等人见姜维撤了，赶忙率军在后面追击，追到强川口（今甘肃省甘南自治州舟曲县南），终于赶上了姜维，双方在此交战，此时的姜维哪有心思在这里纠缠，双方一交战，姜维就率军撤出，继续向南靠拢，到达阴平郡郡城。

此时姜维得到消息，说雍州刺史诸葛绪此时正在自己的东侧阴平桥头一代驻守。此刻的姜维一心要去阳安关救援，所以没有与诸葛绪交战，而是率大军向北进入孔函谷，并扬言准备走北道，从诸葛绪的背后进军。

诸葛绪得到消息，害怕腹背受敌，于是就向后撤退了30里，结果姜维之前完全是为了"走位"，他向北进入孔函谷30里后，听说诸葛绪后撤，马上率军回师，从桥头通过。等到诸葛绪反应过来中了调虎离山计，再回师桥头的时候，姜维已经过去一天了。

此番将部队集合完毕，姜维准备前往阳安关救援傅佥，但刚一出发就得到消息——阳安关失守，傅佥战死。于是姜维只好退至白水关。此时遇见了在白水关观察动向的张翼、廖化、董厥等人，此时汉中已然无险可守，姜维便将蜀汉这支最后的大军带入剑阁（今四川省广元市剑阁县剑门关），准备在此抵挡钟会和邓艾的进攻。

但姜维等来的只有钟会。邓艾率军抵达阴平郡城（今甘肃省陇南市文县），追姜维已经不可能了，而诸葛绪自知中计，但为时已晚，也到了阴平。邓艾对诸葛绪说，自己准备挑选精锐士兵，南下走江油（今四川省绵阳市平武县东南江油关镇），之后直取成都。

诸葛绪也在雍州待了好几年了，当然知道邓艾说的路不好走，他也不想去，于是诸葛绪告诉邓艾，自己接受的命令乃是截击姜维，并没有收到进攻成都的任务。其实邓艾估计早就想好了自己这套作战方略，走这条路，人不在多，而在精，所以诸葛绪去不去无所谓。就这样，二人分道扬镳，诸葛绪率军前往白水关，并在此与钟会大军会合。

冬十月，蜀汉已经只剩剑门关可守，于是便派人向东吴求援。此时东吴的天子孙休接到求援的信件后，拿出看家本领，命大将军丁奉率军向寿春出击——当然，还是走水路。不过此时孙休也知道，光这样是不够的，于是赶紧派将军留平前往南郡（今湖北省荆州市江陵县），去问上大将军朱绩，应该从何处出兵比较合适。此外，又派遣孙异、丁封率军前往汉水上游的沔中救援。从这个部署就知道，蜀汉只能自己作战了。

钟会到达剑阁之前，估计心里已经有了变化。此时诸葛绪来了，钟会便给司马昭写信密报，说诸葛绪畏战，没有完成既定任务，于是司马昭派人将诸葛绪拿下，押解回京，诸葛绪的部队也就归钟会指挥了。

大军行至剑阁，钟会先是发表了一篇檄文，内容铿锵有力，慷慨激昂。文章回顾了历史，强调曹魏乃是人心所向，对蜀汉人民表示同情。接下来钟会举了唐咨、文鸯等将领都因归降获得比较好的封赏，所以劝蜀汉将领不要执迷不悟云云。这篇文章当然并未引起什么效果，最后钟会也只有命令胡烈攻城。

多年以后，李白在《蜀道难》中写道："剑阁峥嵘而崔嵬，一夫当关，万夫莫开。"剑阁果然名不虚传，钟会打了很久，但并没打下来。这个时候钟会大军的问题开始显现——补给线太长。

古代打仗绝不是人越多越好，中国古代的战争，凡是集结很久，凑齐几十万甚至上百万的大军，都有很大的概率会失败，原因也很简单，成本太高，不光是粮草成本，还有组织成本以及各部之间的协调配合。

大家可以回想一下，钟会在这次战役中，打赢每一场仗，其实动用的部队并不太多，而且他十几万大军取得的战果其实还没有邓艾的3万人大。现在剑阁打不下来，钟会军队的补给问题开始出现。

从剑阁到关中，地图上的直线距离都要600多公里，何况"蜀道之难，难于上青天"，实际运输起来非常困难，而且长距离暴露在蜀汉的地盘，随时可能被偷袭。汉中地区的驻守部队很少，所以囤积的粮草想必也不多，所以钟会见剑阁拦路，而此次战果已经足够让司马昭接受那"相国、晋公、加九锡"的封赏了，就想撤军。

统一的前夜：司马氏鲸吞三国

这时邓艾上书陈述了自己的作战思路："现在敌军先锋已折，应该乘势进击。我知道从阴平郡走小路，可以到达东汉时期的德阳亭（今四川省江油市东北），只要过了德阳亭，前方就是一片坦途，德阳亭在剑阁以西百余里，绕过此地后，再到成都只要300里，如果我军以奇兵天降的方式直插敌军后方，剑阁必定回援涪县，到那时钟会的大军便可长驱直入，沿路西进；如果剑阁守军不回援，那么涪县兵力空虚，兵法有云：'攻其无备，出其不意。'只要拿下涪县，敌军必败！"

上书之后，邓艾便进军阴平道。所谓的阴平小路，是一条传说中的路，汉代时期，这一代聚集了很多氐人，所以被称为十三氐道之一。具体的路线是从阴平郡城（今甘肃省陇南市文县）南下，翻越甘肃和四川分界的摩天岭，穿过今天的唐家河自然保护区，再经过一系列的山区，最终到达今天的四川省达州市宣汉县南坝镇，当时称为江油关，全长265公里，按照三国时期360步为一里计算，差不多就是700里。

景元四年（263）冬十月，邓艾率军进入摩天岭，一路上凿山穿崖，修桥铺路，最终到达摩天岭上。此时士兵的耐力已到极限，带的粮食也快要吃完，前方都是峭壁陡坡，根本无路可走，就在此时，邓艾身先士卒，60多岁的邓艾将毡布裹在身上，从陡坡上滚下山去。所有的士卒纷纷效仿，总算是"滚"下摩天岭，之后穿越大片的丛林，一路爬树过崖，蹒跚前进。终于穿越了阴平道，到达江油城。

关于邓艾穿越阴平道之后还有多少人，史书上没有明确的记载，倒是邓艾有个手下名叫段灼的人，此时应该是邓艾军中的司马，《晋书》中有他的传记，他在给邓艾申诉平反的上书中提到"艾步乘不满二万"，但不知道不满两万是出发前还是到达后。总之大军一到江油关，守将马邈随即投降。

此时蜀汉派来迎战的是卫将军诸葛瞻，大军驻扎涪县（今四川省绵阳市）。这支军队当中，不光有诸葛亮的儿子诸葛瞻，还有张飞的孙子尚书张遵、黄权的儿子尚书郎黄崇、李恢的侄子羽林右部督李球,这支军队,也成为蜀汉的末日大军。

其实诸葛瞻到达涪县已经有一阵了,黄崇多次建议诸葛瞻快速占领各处险要之地。邓艾从江油关到涪县,必走左儋道,所以大军应该扼守涪县,同时占据有利位置,不能让邓艾过涪水,进入平原地带。诸葛瞻就像是从小没经历过挫折的好孩子,此刻独当一面时表现得犹豫不决,黄崇痛哭流涕,言辞恳切,可最终诸葛瞻也没有听从黄崇的建议。

结果邓艾到达之后,击溃了诸葛瞻的先头部队,诸葛瞻率大军后撤,退守绵竹(今四川省德阳市北黄许镇),邓艾由此便渡过涪水,进入平原地带。到这时可能是因为兵力不足的原因,邓艾给诸葛瞻写了封信,核心内容是如果你诸葛瞻投降,我愿意上书为你请封为琅琊王。

这封信多少有点儿故意激怒诸葛瞻的意思,因为诸葛家就是在诸葛亮这一辈,为了躲避战乱,从琅琊郡(今山东省临沂市)迁到襄阳的。诸葛瞻看罢果然大怒,下令将邓艾派来传信的使者斩首。

此刻,诸葛瞻恐怕也意识到此战的凶险,仰天长叹道:"我身为丞相之子,内不能除黄皓,外不能制姜维,如今进又不能守土安民,身背这三条大罪,我还有何面目回到成都呢?"说罢,诸葛瞻率军进入阵地。

蜀汉全国的军队大概有10万人,此刻姜维和廖化、张翼等人都在剑阁,总兵力大概在四五万人,汉城和乐城各有5000人,阳安关傅佥和蒋舒就算有5000人,益州南部各郡和巴东地区加在一起至少有1.5万人,成都再留守1万人,这样估算下来诸葛诞的军队应该有两三万人,和邓艾的人马基本相当。

邓艾见使者被杀,下令攻击。首先命司马昭派来的师纂等人进攻诸葛瞻西侧,又命自己的儿子邓忠率兵从东侧攻击,两路一起猛攻诸葛瞻的两翼,但二人都没有成功,退回营寨,并对邓艾说:"贼兵不可攻击(贼未可击)。"

统一的前夜：司马氏鲸吞三国

邓艾听罢大怒，咆哮道："生死存亡之际，成败在此一举，还说什么不可以攻击！"邓艾大骂一顿之后，果然有效，二人率军再战，终于大破诸葛瞻，激战之中，诸葛瞻被杀，张遵、黄崇、李球全部力战而亡。诸葛瞻的儿子诸葛尚看大势已去，仰天长叹说："我们父子世受国恩，却没能早点儿诛杀黄皓，匡正朝纲，而让他祸乱国家，致有今日之败，使百姓蒙难，还有何面目苟活于世？"说罢，催马冲入敌阵，被杀身亡。

诸葛瞻这支军队已经是蜀汉最后的家底，而且之前整个蜀汉国内也没有人想到魏军能这么快地渡过涪水，所以大军都在前线防守。诸葛瞻一败，成都已经没有可以一战的军队。而且绵竹离京城这么近，很多成都人民非常害怕，很多人甚至拖家带口躲进山中，或逃到荒僻的沼泽地带去了，朝廷一再禁止，但也喝止不住，成都已然陷入一片混乱之中。

此时刘禅召集满朝文武紧急召开会议讨论，但此时说了算的官员几乎都不在成都，朝堂上大家也是众说纷纭。有人认为刘禅可以投奔东吴，毕竟东吴和蜀汉乃兄弟之邦，还有人认为虽然成都有可能失守，而南中还有七郡，而且那里的地势易守难攻，可以在那布防，并将都城迁到那里。

这时，光禄大夫谯周站出来，首先否定了投奔东吴的选择："自古以来，还从没有寄人篱下仍然可以做皇帝的先例，如果投奔东吴，那就是自甘为东吴臣属。"接着谯周便论述了"投奔东吴不如直接降魏"这一观点。

第一，东吴和蜀汉半斤八两，曹魏既然能灭蜀汉，就也有能力灭东吴，但吴国根本没有能力灭魏，这个道理很简单，所以投降东吴，早晚还是要被魏国所灭，到时候我们就会二次受辱，与其那样，还不如来个痛快，直接投降曹魏。

第二，迁都南中这件事，不是不可以做，但必须提前准备，现在大祸临头，小人们蠢蠢欲动，前脚出发，后脚就可能发生不测，怎么可能顺利地到达南中？

谯周的理论显然说服了很多人。于是群臣开始讨论，如果邓艾不接受我们投降该当如何？这时，谯周又说："现在吴国仍在，所以邓艾必须接受我们的投降，不光这样，还要对陛下以礼相待。如果陛下投降，曹魏不肯封地给陛下，我愿意亲自前往洛阳，与之理论。"就这样，蜀汉朝堂达成了一个共识——投降。

古往今来，很多人都认为谯周的此番言论实在是没有出息，可如果站在刘禅的角度来看，这不失为一种不错的选择。无论怎样，最终定夺这件事的还是刘禅，正在他犹豫不决之际，谯周再次上书，反对迁都，理由又新加了一条，那就是南中地区全都是些"蛮夷"，当年被诸葛丞相武力征服，如果迁都南中，那么朝廷的内政外交的费用全得靠就地解决，南中根本负担不起，所以这些蛮夷一定会叛乱。

这番话说完，刘禅便决定投降，首先刘禅派侍中张绍等人带着自己的天子印信，前去迎接邓艾投降。但此时刘禅的儿子北地王刘谌不服，劝谏刘禅说："如果真有兵临城下那一天，你我父子君臣也应该背城一战，以死殉国，这样才能到地下去拜见先帝，为何要降？"刘禅拒不接受，刘谌于是去祭奠了刘备庙，放声痛哭，回家后将妻子儿女都杀死，随后自杀了。

张绍奉刘禅之命去投降，走到雒城（今四川省广汉市），终于见到了邓艾大军，晋见邓艾之后说明情况。邓艾喜出望外，当年他上书说要走阴平道，想的就是能攻破剑阁，现在剑阁的援军没来，他这点儿兵力其实非常尴尬，成都毕竟是蜀汉的都城，哪有那么容易打。

没想到现在天上掉下来个大馅饼，成都竟然主动来降，邓艾赶紧回复刘禅，表示对其深明大义行为的赞许。于是刘禅再派太仆蒋显带着诏书，去命姜维就地向钟会投降。同时，尚书郎李虎将象征国家权力的"士民簿"送给邓艾，蜀汉共有28万户，94万人，兵102000人，吏4万人。

不久，邓艾率军抵达成都北郊，刘禅带着太子刘璿及所有皇室宗亲，文武百官共60余人，全都反绑双手，并用车拉着棺材到达邓艾大营之前，这叫作"面缚舆榇",表示愿意接受邓艾发落。

邓艾则手持曹魏所赐的符节,给刘禅等人松绑,同时将众人拉来的棺材烧毁,这叫作"解缚焚榇",表示接受投降,同时宽宥刘禅等人。之后邓艾传令,所有魏军士兵,不得随意掳掠,同时出榜安民,接受所有蜀汉民众的投降,并让其各安生业,不必惊慌,因此,蜀人很快接受了邓艾,还称赞其功德。

三、二士争功

这时,问题开始出现,当初司马昭命邓艾出击,并没有说他和钟会谁节制谁,没说的原因也很简单,这两人根本就不愿意受对方的节制。但此时问题出现了,邓艾是征西将军,朝廷命其持节都督雍凉诸军事,而钟会率大军入蜀,也需要持节调动军队,也正是因为持节,钟会才有权直接杀死牙门将军许仪。但这时,二人的矛盾开始显现,蜀汉此刻向邓艾投降,邓艾有持节的权力,当然可以作为朝廷的全权代表,接受投降。

当年刘秀的大司马邓禹治军关中,关中一片混乱,邓禹"承制"册封隗嚣为西州大将军,隗嚣接受,也就表示归顺了刘秀。此时的邓艾完全仿照邓禹当年的做法,也代表朝廷册封刘禅为假骠骑将军,太子刘璿为奉车都尉、诸王驸马都尉,原来蜀汉投降的官员根据原任职位的高低,分别得到了邓艾的册封,还有一些人被邓艾直接收编,成为其幕僚。

同时,邓艾任命师纂为益州刺史,原陇西郡太守牵弘也分别兼任蜀汉地区的一些职务。这些都算是正常,因为师纂毕竟是司马昭派来的人,而牵弘则是牵招的儿子,都是司马氏的人。

最有趣的是黄皓居然没死,本来邓艾早就听说黄皓是个奸邪小人,进入成都后便将其逮捕下狱,准备直接杀掉。但黄皓竟然靠贿赂邓艾左右官员得以不死,之后便不知所终。多说一句,历史是由文人士大夫书写的,宦官通常被描述成玩弄权术、阴险狡诈的奸邪小人，回顾蜀汉的政局，恐怕黄皓的责任应该远没有历朝历代所评价的那么大。

此时的姜维在做什么？当诸葛瞻在绵竹被击败、全军覆灭、父子身亡的消息传到剑阁，有人说后主刘禅准备死守成都，有人说刘禅要投奔东吴，还有人说刘禅已经决定迁都南中，在剑阁的都是蜀汉仅存的老将，姜维此时62岁，张翼和廖化都已经70多岁了，众人听说诸葛瞻战败，便一致决定先撤出剑阁，退守巴中（今四川省巴中市），先观察一下情况，从这个进军方向来看，这些人应该是判断刘禅最有可能去投奔东吴。

剑阁撤守，钟会便率大军推进到了涪县，同时还另外派遣胡烈继续追击姜维。姜维大军旋即又西进去救援成都，大军到达郪县（今四川省绵阳市三台县南郪江镇），姜维遇见了前来传令的太仆蒋显，姜维接受刘禅的诏令，将刘禅授予自己的符节交给追击的胡烈，命大军放下武器，自己则与廖化、张翼、董厥等人一起前往涪县，去向钟会投降。姜维的军队都是蜀汉的精锐，常年跟曹魏作战，听说要投降，很多士兵甚至拔出刀来对着石头猛砍，以此来发泄心中的愤怒。

钟会见姜维来降，问道："将军为何来得这么迟？"

姜维流着泪说："今日到来，已经很快了。"

钟会对姜维非常看重，不仅将其符节、印绶还给了他，还以朋友之礼接待姜维，出则同车，坐则同席，同时钟会还对手下长史杜预说："以姜伯约（姜维字伯约）与中原名士相比，哪怕是诸葛诞、夏侯玄也不能与之相提并论。"

此时东吴证实蜀汉已经灭亡，丁奉等人也就撤军回去了。这时，各路"大聪明"开始出现。之前曹魏伐蜀时，东吴有人问襄阳的屯骑校尉张悌，司马家自从掌权之后，不断发生变乱，现在又劳师远征，怎么可能取胜呢？

张悌就此发表高论，言下之意就是曹魏用法严苛，人民不堪重负，而

统一的前夜：司马氏鲸吞三国

司马氏执政却为了百姓考虑，选贤举能，救苦救难，虽然淮南叛乱不断，但曹髦之死都毫无波澜，足以见得其民心归附。而蜀汉宦官专权，姜维穷兵黩武，士卒疲惫，所以此战曹魏必胜，可曹魏一旦获胜，我们的忧患就来了。蜀汉灭亡后，当时的人都很佩服张悌。

从汉武帝迷信神仙方术，到王莽装神弄鬼，甚至连雄才大略的光武帝刘秀也迷信谶语。到了东汉末年，太平道、五斗米道盛行，谶语、法术等等更是层出不穷，魏晋时期，文人士大夫又兴起清谈之风，史书中像张悌这样发表高论的人不在少数，如果东吴在曹魏出兵之际就对蜀汉实施救援，可能结果会不一样，总比在这里空谈要有效得多。

蜀汉灭亡后，曹魏的京师洛阳传来了几则命令，首先是将益州分割，拿出七个郡设置了梁州。同时朝廷在益州实行大赦，益州百姓五年之内租税减半。司马昭已经在钟会占领汉中时接受了"晋公、相国、加九锡"的任命，就在景元四年（263）年底，司马昭上奏，任命邓艾为太尉，增封2万户；钟会为司徒，增封1万户，以此来表彰二人灭蜀的大功。

不过新任的太尉邓艾进入成都之后，逐渐开始膨胀，对自己建立的灭国之功沾沾自喜，经常对蜀汉原来的臣子们夸夸其谈，说多亏了我邓艾，才让各位躲过一劫，要是像当年吴汉那样，成都早已是一片血海。他又说姜维也算是个人才，但可惜遇上了我。吴汉是光武帝刘秀手下的大将，奉旨讨伐蜀地割据的公孙述，成功之后在成都屠城。

蜀汉的这些官员肯定顺着邓艾，但实际上心里都很看不起他。后来邓艾更加膨胀，开始上书给司马昭上课，给司马昭讲兵法，所谓"先声而后实者"，现在我们应该乘着灭蜀之势去攻吴，吴人必然震恐，这正是一举灭吴的大好时机。不过现在我们正值大战之后，将士们十分疲惫，不可立即用兵，应该暂缓一段时间。我准备留下陇右兵2万人、蜀兵2万人，在蜀中冶铁煮盐，来做军事和农事方面的后援。同时制作战船，为攻击东吴做准备。

一旦我们做好准备，作出大举进攻的态势，只要派个使者前去游说，东吴必定投降。另外我们还要善待刘禅，给东吴的孙休做个样子，让他知道投降之后也可以得到善待，可封王赐爵。再开放广陵、城阳二郡，等待东吴归顺。东吴的人必会因为畏惧我们的威严而投降。

以上两段文字，大家不难发现，邓艾明显有些"上头"了，这些话说得看似有逻辑，实际上基本实现不了。此时的司马昭倒也没说什么，只是通知监军卫瓘，让他转告邓艾："无论任何事情，做之前都应该先请示朝廷，而不能随心所欲，想到哪做到哪。"其实司马昭这话已经在提醒邓艾，之前你在蜀汉大肆封官我已经知道了，现在讨伐东吴的事更不是你一个人可以决定的。

但此时的邓艾不服，再次上书说："奉命出征，依计而行，此刻刘禅已然归服，至于之前授予他们官职，我认为也算是合情合理，如今蜀汉已经臣服，其国土离东吴这么近，当然应该使其尽早安定。如果凡事都等朝廷命令，必然会耽误许多事，况且《春秋》之义讲求，'大夫出疆，有可以安社稷、利国家，专之可也'。今东吴尚未屈服，离蜀汉又这么近，我们当然不能拘于常理，坐失良机。兵法有云：'进不求名，退不避罪。'我邓艾虽不才，也不敢自我怀疑，从而误了国家大事！"

这两封信如果真的全部出自邓艾之手，那么邓艾可谓是情商堪忧，司马昭已经为其请了功，而且无论是官位和封地都压过钟会一头，这其实既是封赏，也是警示，钟会这些年一直是司马昭眼前的红人，此次出征司马昭很明显已经给了邓艾一次面子，毕竟看在邓艾是老爷子司马懿提拔起来的份上。

可回头想想司马昭的用人，要么是钟会这样的干练名士，要么是陈泰那样的世家子弟。其实邓艾在司马师和司马昭的手下，升官都很慢，而且邓艾是第一个征西将军不管关中的。所以，邓艾更应该明白自己所处的位置，这时应该尽可能把钟会推到台前，但很可惜，邓艾没有那么做。可是钟会却有他自己的想法。

钟会现在手握近20万大军,现在又在蜀地天险,便产生了叛魏自立的想法。最早看出钟会有这个想法的就是姜维,姜维当然有自己的打算,他想让钟会早日将想法付诸实践,于是便挑拨道:"我曾听说,自淮南诸葛诞之变以来,您为晋公谋划之事从未有过差错,晋公能有今日,全赖阁下之谋,而今平定蜀汉,威震寰宇,百姓都知道您的功绩,但晋公却对您有所戒备,在这样的情况下,哪里还有您的安身之处呢?我看您不如范蠡,泛舟于江湖,这样才能保全您的身家性命。"

范蠡是当年卧薪尝胆的越王勾践的谋臣,后来勾践灭吴之后,范蠡选择急流勇退,并写信给老搭档文种,邀请他一起走,但文种拒绝。之后勾践对文种说,您教我七个办法,我用了三个就灭了吴国,还剩四个,您准备对谁用呢?文种听罢只好自杀,而范蠡却因为急流勇退,而成为天下富商。

姜维举这个例子,其实就是想激将钟会,钟会听罢姜维的话后,说:"您所言的境界太高,恐怕我此时难以达到,而且时代毕竟不同了,现在应该还有别的办法吧?"

姜维一听钟会接招了,便说:"您口中别的办法,以您的能力,就不需要我来担心了。"这番话说完,二人心中芥蒂更小,钟会也更加欣赏姜维。其实最让钟会不满的,就是邓艾的所谓"承制"封官,既然姜维已经点出此事,钟会便和监军卫瓘联名上书,指责邓艾有谋反的可能。

为了刺激邓艾,钟会又拿出看家本领,祖传的书法手艺——模仿笔迹。邓艾在成都,钟会驻军在剑阁,邓艾与朝廷的书信来往都要经过钟会这里,钟会就借机篡改邓艾的信,倒是也不大改,主要是以改动措辞为主,经过钟会的"润色",邓艾显得既自负又狂妄,而司马昭的语气,则变得既严厉又刻薄,这样一来,司马昭和邓艾都开始恐惧和提防对方。

一来二去,景元五年(264)春正月,朝廷下诏,逮捕邓艾父子,押送回京。此时的邓艾已经不是原来的邓艾了，司马昭也怕邓艾真的直接反了，于是就命钟会率大军向成都方向前进，以防不测。

同时，司马昭也带着曹奂御驾亲征，进驻长安。随后派中护军贾充率军从褒斜道进入汉中。自从司马昭接班时那次危机以后，司马昭去哪都带着皇帝，主要是怕京城生变。其实司马昭想多了，曹魏的所有亲王全被圈在邺城，由行军司马、名士山涛看着呢，而京城中根本没有听命于曹家的人了。

司马昭之所以要御驾亲征，就说明他不但怀疑邓艾，也怀疑钟会。其实钟会的问题比邓艾严重得多，连司马昭的夫人都对他说过，钟会为人，总是好生事端，你现在对他这么好，早晚会出问题，千万不要把重要的职位交给他。司马昭的夫人是王肃的女儿，也是有见识的人，可是司马昭之所以会选择钟会，也有他自己的考虑。

当时钟会率军出征之际，司马昭手下的西曹属邵悌就对司马昭表达过钟会有问题，他说："钟会此次出兵有十余万人，这么大规模的用兵，钟会一无正室妻子，二无亲生的儿女，京城连个人质都没有，恐怕钟会也不值得信任，不应该让他率军出战。"

对此，司马昭只是一笑了之，说："攻取蜀汉已经尽在掌握，将领带兵打仗，首先得有信心，其次得有勇力。可是朝中众人却都不同意，只有钟会和我意见一致，派钟会出征，必定马到成功。等到真的灭蜀了，哪怕是发生变化，也很难成功的，因为我们的将士那时必然思乡心切，而蜀汉的败军也一定惊恐万分，纵然钟会有谋反之心，恐怕到那时也做不了什么了。"

等到这次司马昭出发去长安之前，邵悌又问："钟会手下大军，是邓艾的五六倍之多，只需让他去讨灭邓艾不就行了，您又何必亲自去呢？"

司马昭此时还很谨慎，回答说："先生忘了之前对我说的话了吗？现在怎么又问我为何出征？虽然此时我的心情如你所言，不过还请先生保守我们之间的秘密。现在一切未知，还是要把人往好处想，我待之以诚心，自然认为对方不会负我，不能在没有根据之时怀疑别人。之前我派贾充出击，贾充问我是否怀疑钟会。我曾反问他，我派他出征是否也该怀疑他呢？贾充也没话说，一切等我到达关中再行处理。"对比之下，大家就可以看出司马昭对钟会的偏爱，邓艾可没有这样的待遇，直接就被拿下了。

此时的钟会接到了司马昭命其前往成都的命令。经过思考后，钟会想到一个"一石二鸟"的方法。此时钟会身边最讨人厌的就是朝廷派来的监军卫瓘，于是他派卫瓘去逮捕邓艾。卫瓘的身份是监军，手下只有1200人，钟会的目的就是想让邓艾杀掉卫瓘，这样也就可以坐实邓艾的谋反之罪。

此时的卫瓘可谓哑巴吃黄连，明知道这是钟会的圈套，但钟会让他做这件事可谓合情合理，他根本无法拒绝。不过卫瓘也是世家子弟，家中历代为官，现在事情来了，只能硬着头皮解决。

于是卫瓘连夜进了成都，并瞒着邓艾，给其手下的各路将领发消息，消息的内容是：奉天子诏书，只抓捕邓艾一个人，其余所有人均不会遭到株连，所有接到通知的将领，必须在天亮之前，到监军卫瓘处集合，只要奉命前来，之前所有的赏赐，包括官职待遇，全都保持不变；如果抗拒命令，则夷灭三族。

大家可想而知，伴随着传令，必然有人监视，这些将领不明所以，既然跟自己没有关系，还是先听听再说，而且邓艾是要押送回京，不是就地处决，所以将领们也就乖乖就范，鸡鸣之前，全部赶到卫瓘处报到。

破晓已至，天色渐明，卫瓘乘坐使者专车，带人进入邓艾的住处，此时的邓艾还在床上未起。卫瓘一声令下，逮捕了邓艾父子，返回大营，并马上将其装入囚车。此时邓艾手下的将领情绪开始激动，纷纷前来找卫瓘讨要说法，叫嚷着要集合军队，将邓艾劫走。

为平息众怒，卫瓘身着便服，从容地出营来见这些激动的军官，并对大家表示，自己也知道邓艾冤枉，相信这其中必有误会，他只是奉命行事，但也一直在努力上书为邓艾作证其绝无反意！这样一来，卫瓘总算将各路将领劝退，稳定住了局面。

当年，邓艾出兵伐蜀之前，曾有一次偶然梦见了自己坐在山上，而且山上还有流水经过。于是邓艾就去问精通占卜的殄虏将军爰邵，爰邵为他解释说："如果按照《易经》的卦象来解，山上有水为蹇卦，蹇卦的爻辞说的是'蹇利西南，不利东北'。孔子也曾说'蹇利西南，往有功也；不利东北，其道穷也'。这大概是说，您去西南讨伐蜀地，定会成功，但很难再返回东北的朝廷了。"邓艾听后很不高兴。在卫瓘抓他时，邓艾高呼："我邓艾是忠臣啊，当年白起之事，今又重现矣！"

正月十五，钟会率大军到了成都。其实对于钟会来说，这个一石二鸟之计也并不是一定要执行，钟会最忌惮的人只有邓艾，卫瓘当时和自己联名说邓艾谋反，也算半个自己人。于是钟会命人将邓艾父子送往京城，同时，又接收了邓艾的军队。

邓艾字士载，钟会字士季，二人可以说是曹魏末期最重要的两位英才，这一场发生在蜀汉灭亡之后的政治斗争，被人们称为"二士争功"，此刻看来，似乎邓艾失败了，但其实，钟会也没有赢得最后的胜利。

四、曹魏的宿命

当年高平陵之变后，夏侯霸投奔蜀汉，姜维接待他时，曾向他问起曹魏的情况，夏侯霸除去讲了司马家的情况以外，还特别提到了钟会，当时夏侯霸告诉姜维，如果有一天钟会管理朝政，恐怕会是吴、蜀的大患。但夏侯霸也说了，一般人可能也不会用钟会这样的"非常之人"。

就在夏侯霸说完这话的15年后，看着邓艾的囚车远远地离去，钟会的计划也慢慢地浮出水面。此时的钟会威震巴蜀，天下闻名，风头一时无两，他已经不想再向别人称臣，而是想靠着自己这支军队夺取天下。

钟会的计划是这样的：首先命姜维率5万蜀军为先锋，走褒斜道，钟会自己率大军跟随，直取长安。占领长安后，再派骑兵走陆路，步兵坐船走水路，沿着渭水进入黄河，只需5天，就可以到达洛阳北侧的孟津，之后再下船与陆路而来的骑兵会合，一举攻下洛阳，则天下可定。

钟会这个计划可以算是个战略构想，如果客观条件符合的话，是可以实行的，但钟会要马上实施这个计划，这就有问题了。其实古往今来的军队都存在这样一个问题——为何而战？我们现代的军队，都是为了国家和人民自主选择的生活方式而战，所以不存在这个问题，但在古代，这个问题很重要。

邓艾的兵可以跟着邓艾从摩天岭上滚下来，九死一生，但卫瓘抓邓艾时，大家也没有马上起事谋反，因为大家都是魏军；可邓艾毕竟是治军多年的将领，还是有很多人愿意在不谋反的情况下，为邓艾而战，所以卫瓘才用了各种手段，总算是全身而退地把邓艾带走。

钟会是个书生，在此之前从来没有领军作战。他可以在刚入蜀时杀掉许褚的儿子许仪，并不是因为他在军中有威严，而是因为他的背后是司马昭，是朝廷，他是朝廷派来征讨蜀汉的镇西将军，手上有符节，他就有权力这么做，但此刻，大家冲的不是你钟会，而是朝廷。

因此，钟会此时手下的大军是朝廷的大军，不是你想做什么就能做什么的。当年司马懿在朝中的影响力根本不是钟会能比的，就这，高平陵之变靠的也是司马师的三千私兵，靠的是太尉蒋济多年在禁军的人脉，靠的是曹爽的胸无大志，所以是有运气成分的，而钟会，不要说班底，就连姜维和他都不是一条心。

就在钟会还在脑海中畅想美好未来的时候，忽然收到了司马昭的来信，信上说：“我实在是对邓艾不放心，怕他不服从征召，现特派中护军贾充率步骑兵一万，已入褒斜谷，现已屯驻乐城，而我也亲率十万大军进驻长安，你我相见之日，就在眼前了。"

钟会见信大惊，对身边的亲信说："如果只是为了邓艾一人，有我就够了，这一点司马昭也清楚，现在他亲率大军到长安，一定是觉得有问题，我们应该马上行动，如此一旦事成，天下可平，即便不成，我们也可拒守蜀汉故地，也不失为刘备那样的英雄。我自淮南以来，算无遗策，天下皆知，我有这样的才能还能屈居人下吗？"

不知道大家看了钟会的话会不会想到诸葛恪。其实到这时，钟会已经败了，司马昭给他的信中，已经给他留足了面子，并且还叙了叙交情，如果钟会此时回去，可能仍然会获得应有的高官厚禄，可钟会已经铁了心要反，这一点不知是不是他出发时就想好的。

从战略上来看，司马昭一到，他占领长安的目标基本就实现不了了，他手下的这些兵都是从中原带来的，谁会愿意抛家舍业，跟他留在蜀地？再说贾充虽然只有一万人，可钟会手下的军队会对贾充开战吗？那可是朝廷派来的。

正月十六，就在钟会到达成都的第二天，钟会召集手下的护军、郡守、牙门等全部将领以及原蜀汉在成都的官员，就在蜀汉原来的朝堂之上，发布了郭太后的死讯，同时钟会还伪造了郭太后的遗诏，说自己受太后遗命，讨伐司马昭！郭太后去世是在景元四年（263）的十二月，距此时还不到一个月。之前司马家不管做啥都打着郭太后的旗号，但郭太后恐怕自己都没想到，死后还能被人利用。

这封假的遗诏在诸将手中传阅，众人看罢无不惊骇，然后面面相觑，此时钟会让所有同意起兵的人在盟誓的宣言上签字画押，所有人签完字之后，便被解除了兵权，并分别关押在蜀汉原来在成都的官舍之中，成都的城门和原皇宫的大门全部关闭，各地都有军官严密把守。

之前在商量时，姜维就曾建议钟会，将这些人抓起来之后一律处死。诸葛亮当年说姜维"心存汉室"真是没说错，都到了这个时候，姜维还打算在钟会大开杀戒时将其杀掉，然后再把曹魏的大军全部坑杀，同时再次拥立刘禅为帝，复辟蜀汉，为此姜维还秘密给软禁之中的刘禅写信，宽慰刘禅说，陛下只需再坚持几日，我姜维便可起死回生，扭转乾坤。

钟会对姜维的建议很犹豫。就在钟会囚禁各位将领后不久，就像司马昭说的，曹魏大军早就人心思归，听到将领们被撤换，非常的不安。此时在蜀汉的朝堂之上，钟会将卫瓘留下，在随身的笏板上写下"欲杀胡烈等"给卫瓘看，卫瓘看后摇头，表示不同意，二人便开始互相不信任，僵持着一夜未睡，都把刀放在膝上。

中途卫瓘起身如厕时，在厕中碰到了钟会的帐下督丘建，丘建过去曾是胡烈的部下，后来被胡烈推荐给了司马昭，之后钟会向司马昭要来了丘建，对其非常信任，卫瓘就对他说，让他将钟会造反的消息通报三军。

丘建没有这么做，而是以可怜胡烈为由，请钟会允许一个亲兵为胡烈送饭，钟会同意后，胡烈借机通过丘建给他的儿子胡渊送信，说丘建已经秘密告知了他，钟会已经准备好了一个大坑，又准备了许多棒子，官兵被叫进去，会被赐一顶白帢（初级军官戴的白色帽子），之后宣布擢升其为散将，等到叩拜谢恩之时，就会被棒子打死，直接扔到大坑里！这很明显是胡烈编的，但经过散播，很快就传入军中。

此时宫外的军队在外面蠢蠢欲动，钟会便让卫瓘前去安抚，卫瓘当然想走，又怕钟会反悔，于是便欲擒故纵，说钟会才是主帅，军队还是要主帅亲自安抚。卫瓘越是这么说，钟会越是心生疑窦，便坚持说："你是监军，还是你去，我随后便到。"卫瓘便借机出了朝堂。

卫瓘刚出门，钟会就后悔了，赶紧派人去叫卫瓘回来。卫瓘这人本来身体就不好，于是以眩晕症发作为由，坚称不能回去，而且还直接摔倒在地，被架着到了外面，服了汤药，便开始剧烈呕吐。

我们插一句，卫瓘有个孙子叫卫玠，是中国古代所谓"四大美男"之一，每次出门狂热的粉丝们都会争先恐后地看他，但卫玠的身体太弱，人一多，卫阶不堪其扰，竟然得病去世了，也留下了"看杀卫阶"这个典故。

看来卫家人身体不好是遗传的，此刻卫瓘本就呕吐不止，这可能也不是装的，再加上身体不好，看着就更加凶险，钟会派去查看的人回来都说，卫瓘已经下不了床了，钟会因此更加有恃无恐。

胡烈的儿子胡渊此年刚刚18岁，估计是因为官职太低而没有达到被软禁的标准。接到父亲的指示后，便与各营诸军联络，相约正月十八日清晨，共同起兵攻击钟会。但由于没有将领指挥，各营又都害怕背上叛乱的罪责，于是都不敢出击。一直到中午，胡渊终于按捺不住，率领父亲的军队，擂鼓出营，有人领头，各军便都予以响应，各路大军开始向蜀汉的皇宫进发。

此时的城中，钟会正在给姜维的军队发放兵器盔甲。此时有人报告外面吵闹不堪，说是有地方失火。过了一会儿，士兵又来通报，说许多军队正向皇城赶来。钟会一听，大惊失色，忙问姜维如何是好。姜维回答也很简单，打，只有暴力才能对抗暴力。

这时，钟会才意识到，如果这些军队把自己软禁的将领救出去，那恐怕就真的完了，于是便派人去诛杀胡烈等人。幸好这些被软禁的官员都在官署之中，墙也高，门也坚固，这些人赶紧用顶门杠和几案等物品顶住大门，虽然钟会派来的士兵在外面用刀挥砍，但一时间无法破门。

就在此时，胡渊等人已经用攻城的云梯爬上宫城，入城之后开始点火烧房，成都城中的部队由于没有主将，混乱不堪，一小股一小股地犹如"蚁附乱进"，宫墙之内箭如雨下，所有被软禁的将领此时趁乱逃出，纷纷找到自己的部队，这下钟会大势已去。

姜维带着钟会的卫士，保着钟会出了宫，马上被大军包围，姜维上前格杀几人之后，被乱军杀死，钟会带着剩下的几个卫士绕着大殿逃走，最终被魏军追上斩杀。激战之中，死的最多的就是跟随钟会的蜀汉旧臣，刘禅的太子刘璿，左车骑将军张翼，蒋琬的儿子蒋斌、蒋显，都死在乱军之中。

战事结束后，本来被邓艾保护得很好的成都城已经到处起火，最终还是靠卫瓘来主持局面。这时，卫瓘听说在成都混乱之际，有邓艾的部下趁乱追上了押送邓艾的队伍，已经将邓艾救下，现在正要返回成都。

这件事让卫瓘觉得比较不安，因为毕竟邓艾是他抓的，现在钟会谋反，蜀中无将，一旦邓艾回来，恐怕会发生变化，而且卫瓘还想独占消灭钟会集团的大功。于是他找来将军田续。

田续本是邓艾的部将，当年在阴平小道，田续曾因抗命被邓艾处罚，本来邓艾要杀他，但最后还是宽恕了他，田续对此事一直怀恨在心。卫瓘对他说："现在是你报之前在江油受辱之仇的时候了。"就这样，田续率军从成都出发，在绵竹西侧的"三造亭"将邓艾及其子邓忠袭杀。

当卫瓘这么做的时候，镇西长史杜预当着很多人的面公开指责卫瓘，说卫瓘身为名士，地位显赫，却不能以身作则，成为三军表率，反而要用权力为自己报私仇，实在是没品至极。卫瓘听说后，赶紧去拜会杜预，并承认错误。但不管怎样，邓艾已死，邓艾留在京城的几个儿子均被处死，邓艾的妻子和孙子都被流放到了西域。

至于钟会，本该被夷灭三族。钟会无妻无子，景元四年（263）冬天，钟会的哥哥钟毓已经去世，钟毓的儿子钟邕也在钟会的军中死去。当年钟会风光之时，钟毓就曾对司马昭建言说："我这兄弟很有才华，但总是喜欢玩弄权术，谁也不知道他将来会做出什么，您不能不防。"司马昭当时还笑着说："如果真有那一天，一定不株连你就是了。"

此刻面对钟会的反叛，司马昭还是念及钟繇当年安定关中的功劳，以及司马家和钟家的交情，上奏赦免了钟毓的三个儿子钟毅、钟峻和钟辿，并让其担任原来的官职。之后，二月二十六日，司马昭带着天子曹奂，率大军返回洛阳。

回到洛阳以后，一切都不一样了，司马昭这次灭掉蜀汉，建立起了前所未有的功勋。回国后不到一个月，三月十九日，司马昭就被册封为晋王，封地增加十个郡，加上之前的十个郡，此刻他已经拥有20个郡了。

之前由于成都陷入混乱，刘禅及全家和许多蜀汉大臣是分批前往洛阳的，右车骑将军廖化在途中病故。刘禅的身边只有原秘书令郤正和殿中督张通二人随行。刘禅到了洛阳，一应规制、礼仪都是靠郤正教导，刘禅还感慨自己太晚才发现郤正的才能，后来郤正被赐爵为关内侯，很受晋武帝司马炎的赏识。

景元五年（264）三月二十七日，曹魏朝廷下旨，封刘禅为安乐公，刘禅的儿孙、部属共计50多人，都得到了封赏。后来司马昭为了羞辱刘禅，特意在宴请蜀汉旧人之时，命乐师演奏巴蜀之音，舞姬跳起蜀地的舞蹈，刘禅左右的樊建、董厥等人无不垂泪，但刘禅却嬉笑如常，毫不挂怀。司马昭对身边的贾充感叹道："一个人没有心肝，可以到这样的程度吗？以刘禅之资，恐怕即使诸葛亮还活着，也救不了他，何况是姜维呢！"

又有一次，司马昭问刘禅是否想念巴蜀，刘禅贡献了那一句著名的回答："此间乐，不思蜀！"回到住所，郤正对刘禅说："以后晋王再问巴蜀之事，请您一定要流泪回答说：'先人坟墓，远在岷、蜀，想起西方，心中悲切，没有一天不思念蜀地。'说完，您还要闭上眼睛，作出思念的表情。"

后来司马昭果然又问起此事，刘禅照葫芦画瓢，说完之后，紧闭双眼，司马昭说，你这番话太像是郤正之言了。刘禅听罢，睁开双眼，问司马昭，晋王是怎么知道的？确实如您所言，是郤正教我的。左右听罢皆笑。

刘禅在洛阳住了7年，于泰始七年（271）去世，司马炎给他上了"思公"的谥号。永嘉五年（311），匈奴大军攻破洛阳，刘禅的几个儿子全都死于这场动乱之中。

时间再回到曹魏末期的洛阳。

受封晋王之后，刚刚晋升的"三公"——太尉王祥、司徒何曾、司空荀𫖮，前来晋见。进去之前，荀𫖮对王祥说，相国获封晋王，身份尊贵，之前何曾等人全都下拜行大礼，我们二人也应如此。但王祥认为，相国虽然尊贵，但我们身为三公，与王爵只差一级，不必下拜，如果拜了，反而有损晋王的威名。所以王祥只是作揖。司马昭对王祥说，没想到先生对我如此爱重。

每当禅让之时，总是有这些小故事出现，内容真真假假，目的无非就是显示出司马昭此时的谦卑退让、品德高尚，因此，禅让是有道理的。可实际上禅让本身就是人对于权力的追逐，本身并没有道德性，这位王祥就是"卧冰求鲤"的主人公，"二十四孝"之一，不管是在曹魏，还是后来的西晋，官都做得四平八稳，最终80多岁寿终正寝，可谓人生赢家。

接下来，"禅让"这辆车已经正式开动。

五月十五日，曹魏改年号为咸熙；

五月二十四日，曹魏追封司马懿为晋宣王，司马师为晋景王；

八月三日，司马昭的长子司马炎被任命为相国司马昭的副手。

司马昭的妻子王元姬一共给司马昭生过五儿一女，有三个儿子都没有成年就夭折了，司马炎和司马攸得以长大。当年司马师没有儿子，倒是和夏侯徽生过五个女儿。于是司马昭将二儿子司马攸过继给了大哥做世子。

司马攸从小就非常聪明，深得祖父司马懿的喜爱，很有才华，声望也超过司马炎。司马昭经常对周围人说，司马氏的天下是司马师打下来的，现在虽然我担任相国，但一旦我死后，位置应该交给司马攸。

司马炎和司马攸的风格并不一样，司马炎外表非常独特，据说是"发可垂地，双手过膝"。可能是不如司马攸受宠，因此司马炎跟裴秀交谈，问道："人之贵贱是否能从外表看出来呢？"说罢向裴秀展示了自己的特点。

裴秀认为司马炎这是富贵之相，因此开始成为司马炎的支持者。此时羊琇担任左卫将军，跟司马炎关系很好，也常替司马炎做事帮闲。经常设计一些问题，再设计好回答，让司马炎背下来，准备随时应对司马昭的提问。

后来司马昭准备用司马攸为世子，山涛出面说："废长立幼，有违礼法，乃不祥之兆。"之后贾充也向司马昭举荐司马炎，说司马炎有为君之德，不应该换人。后来，司马昭又问裴秀，裴秀本就偏向司马炎，借机说道："中抚军（司马炎）聪慧英武，能力超凡，深负人望，发可垂地，双手过膝，这可不是做臣子的相貌。"听到大家众口一词，司马昭也就下定了决心，十月二十日，便指定司马炎为晋王世子。

咸熙二年（265）春二月，祥瑞再次出现，巴东郡朐䐡县向晋王进献灵龟。

五月，曹奂下旨，命晋王的冠冕可以和天子一样，有十二旒，并且准许晋王建立天子仪仗，出警入跸，王妃称王后，世子称太子，一应礼法全都和天子一样。至此，禅让已经进行到了最后一步，但自从司马懿去世后，司马家的长寿基因似乎不再奏效了。

八月九日，司马昭突然去世，太子司马炎继承晋王的位置，仍担任相国职务。

十二月十三日，天子曹奂下诏，将皇位禅让给了晋王司马炎，并接受了食邑万户的陈留王封号，迁居邺城。就像之前汉献帝禅位时一样，司马炎特别准许曹奂使用天子旗帜，在封国之内使用曹魏年号等一系列待遇。

就在曹奂的车驾离开洛阳之际，太傅司马孚还亲自送别，此时可能也只有他敢送曹奂。86岁的司马孚拉着20岁的曹奂，流着泪说，自己愿永为魏臣。至此，曹魏成为三国中第二个灭亡的国家，从曹丕称帝到今年曹奂退位，共计存在了46年，从汉献帝禅让而始，从曹奂禅让而终，这便是曹魏最终的宿命。

第十一章

东吴覆灭

统一的前夜：司马氏鲸吞三国

我们好像已经很久没有单独说过东吴的事情了。原因其实也很简单，在三国时期的末尾，东吴已经早没有了孙权时期的志气，或者说，在诸葛恪以 20 万大军伐魏失败后，东吴已经伤了元气，随着名将、名士的日渐凋零，东吴已经连像样的人才都没有了，而东吴朝廷内部，却还在不停地倾轧和内耗。

东吴的衰落其实在孙权时期就已经埋下了伏笔，从储位之争，到废长立幼，最后再托孤给刚愎自用的诸葛恪。孙权似乎是想给后世留下一本"帝王晚年错误指南"，可是这些都不是孙权最糟糕的地方。

孙权晚年最让人唏嘘的就是用人：陆逊被他逼死；张昭的儿子张休被流放，后来被赐死；朱桓的弟弟朱据被发配，被中书令孙弘害死。而他选择的辅政大臣却自相残杀，中书令孙弘本想杀诸葛恪，却被诸葛恪反杀；伐魏失败后，不可一世的诸葛恪又被孙峻诛杀。

等到五凤三年（256）孙峻突然去世的时候，他将东吴的政权交给了自己的堂弟孙綝，任命他为侍中、武卫将军，都督中外诸军事，孙綝这一年才 26 岁。

本该领导北征的吕范之子骠骑将军吕据，听到是孙綝接管了朝廷，怒发冲冠，与众将联名上书，要求将朝政交给司徒滕胤，并推荐其担任丞相。

滕胤和吕据目前是孙权托孤的四位大臣中"唯二"还健在的，滕胤的家族是北海人，南渡之后本来是依附扬州刺史刘繇，后来才归附了孙权，滕胤家里是祖传的美男子。仪表不凡，在魏晋时代，相貌可以看作才华之一,再加上滕胤为人持重、谨慎,做事也比较踏实,虽然娶了孙权的公主为妻,但基本上从来没有骄纵的神色。可从滕胤做过的事来看,他最多算是个循吏,并没有力挽狂澜的能力。

孙綝在接到吕据等人的上书后,将滕胤改任为大司马,在东吴,大司马就意味着要去武昌(今湖北省鄂州市),这个任命一出,吕据下令大军班师,并派人告知滕胤,要求滕胤和自己联手,罢黜孙綝。

就这样,东吴又将陷入一场杀戮,又有许多功臣宿将,要死于无意义的内耗之中。

一、自毁长城

五凤三年(256)冬,得知吕据要班师回朝对自己不利之后,孙綝大为恼火。不管怎样,毕竟孙峻、孙綝兄弟都姓孙,而且当初诛杀诸葛恪是受到皇帝孙亮首肯的,吕据和滕胤还是把事情想简单了。

孙綝开始反击,首先他命堂兄孙虑北上,率军去把守江都(今江苏省扬州市邗江区西南瓜洲镇),因为吕据等人是从中渎水北上,所以回程必须得经过江州,才能进入长江。

同时,孙綝又派宦官手持皇帝孙亮的诏书,命与吕据一同出征的镇北大将军文钦、车骑将军刘纂以及前将军唐咨共同起兵,对抗吕据。这时,东吴的问题开始显现,孙綝为何传旨给这几位?

文钦和唐咨是曹魏降将,刘纂是孙权的女婿,算是半个孙家人,因此,吕据不管出于什么目的,对东吴国家是否有利,对于这几个人来说,吕据的行为无疑就是叛乱,所以他们当然愿意听从孙綝的命令。况且文钦这人贪婪跋扈,投降东吴之后,又不能入乡随俗,遵守东吴的礼仪,吕据等人早就对他看不上眼,双方还颇有些矛盾。

另外,孙綝向他哥哥孙峻学习,还算比较给滕胤面子,派出侍中华融和中书丞丁晏去劝滕胤,希望他能立即离开建业,去武昌接替刚刚去世的吕岱,担任大司马。此时滕胤这老实人也知道,这次事情真的躲不过去了,于是直接扣留了华融和丁晏,并亲自率亲兵防守,同时召集典军杨崇和将军孙咨,并告诉众人孙綝谋反。

从这个选择就可以看出,滕胤从来就没有想过要走到这一步。在整个事件中,滕胤所召集的将领,根本没有听命于滕胤的人,此刻滕胤竟然想让孙綝派来的华融写信去宣布孙綝的罪状。

孙綝当然不会接受滕胤安排的罪名,于是便上奏孙亮,反告滕胤谋反。虽说这几年,孙亮基本是孙峻、孙綝兄弟的橡皮图章,但此时的孙綝能有孙亮的支持,可就大不一样了,因为有了皇帝的支持,就有了一切行为的正当性。

接着孙綝找来将军刘丞,告诉他滕胤要谋逆,并且孙綝以天子的名义,许给刘丞爵位,之后,刘丞便率人直接来攻击滕胤。这时滕胤再出昏招,又强迫华融、丁宴等人伪造圣旨,征召军队,这次华融和丁宴没有接受,滕胤下令将二人斩首。

就在建业一片混乱之际,前方的吕据返回得并不顺利,文钦、刘纂和唐咨几人都在奋力阻拦。京城的滕胤还在等着吕据来清场,这时有人建议滕胤,应该率军占据东吴皇宫东侧的苍龙门,只要让禁军将士们看到您,大家一定会抛弃孙綝,站在您这一边。

此时已经到了半夜,滕胤听完部署的建议后心中犹豫不决,他毕竟是个老实人,现在要包围皇宫,滕胤还是胆怯,现在他心中唯一的依凭,就是和吕据约定好的时间。所以此刻他对部下说:"吕据的大军很快就到!"部下们看滕胤镇定自若,谈笑如常,纷纷表示愿意为滕胤赴汤蹈火,在所不辞。

其实就在这天夜里,吕据已经战败,手下人建议他投奔曹魏,但吕据严词拒绝,表示自己绝不悖逆,随后自杀身亡。当夜建业城刮起了大风,

第十一章·东吴覆灭

滕胤等人一直等到天亮，吕据的大军也未赶到，而孙綝征召的军队已然尽数开到，一举击破滕胤的防御，滕胤及部属几十人被杀，之后，孙綝下令，夷灭滕胤、吕据等人三族。

一切尘埃落定，又有两大家族在东吴消失。十一月，孙亮任命孙綝为大将军，正式全面接过了孙峻的权柄。除了大将军的身份，孙綝也继承了孙峻的残暴，而且还变本加厉。因为滕胤、吕据等人都已被自己干掉，所以孙綝十分傲慢，将谁也不放在眼里。

孙綝升任大将军之后，又获封永宁侯，且被授予符节，根本不顾礼法规制。这次到江都狙击吕据的孙虑是孙峻的堂弟，当初在宴席上刺杀诸葛恪的人中也有他。孙峻在世时，非常重视孙虑，对他也很好，孙虑的官职也升到了右将军，无难督，并赐予符节车盖。孙峻在很多朝廷事务方面都和孙虑商议，但孙綝上台之后，根本不把孙虑放在眼里，孙虑心中不满，于是他与将军王惇商议，要杀死孙綝，结果事情败露，孙綝下令将王惇处死，孙虑被迫服毒自杀。

此外，孙綝连同宗的人都不放过。夏口督孙壹的两个妹妹分别嫁给了吕据和滕胤，孙綝此时派镇南将军朱异从虎林（今安徽省池州市贵池区西）向夏口（今湖北省武汉市）进军，孙壹无法抵挡，于是便率手下亲兵投奔曹魏去了。

对于孙綝来说，此时的朝堂，对他能构成威胁的只有一个人，那就是皇帝孙亮。孙亮是孙权最小的儿子，他是赤乌六年（243）出生，到此时太平二年（257），也已经15岁了，到了该亲政的年龄，于是在四月份，孙亮临朝亲政，大赦天下。

孙亮亲政后，难免和孙綝产生矛盾，他经常有意无意地查阅孙綝的奏章以及孙权时代的档案。查阅之后对左右人讲，看过去先帝处理朝政，许多大事都有手诏亲自过问，而近日之事，许多大将军的决定，不过就是让我批准罢了。慢慢地左右都能感受到孙亮对孙綝的不满。

统一的前夜：司马氏鲸吞三国

同时，孙亮还自己训练亲兵，挑选的都是跟自己年龄相仿的年轻壮士，共3000多人，再选择年轻有为的将领作为将官，每天在皇宫的花园中训练。并且孙亮表示，自己要跟这些壮士一同长大。

随着年龄增长，孙亮也表现出了自己的聪明才智。一次孙亮吃梅子，梅子太酸，孙亮就让身边的黄门去中藏取蜂蜜，"中藏"即宫中的仓库。结果取来的蜂蜜中有一粒老鼠屎，孙亮便召来中藏的负责人问话，结果这负责人只顾磕头谢罪，口不能言。

孙亮又问，是否有黄门向你要过蜂蜜？该官员口中称是，同时强调自己并未给对方，但孙亮身边的黄门却坚决否认，最后孙亮命人将老鼠屎取出切开，发现中间还是干燥的，于是孙亮就对周围人笑着说，这老鼠屎如果早就掉进去，一定已经浸透了，这中间干燥，说明是刚放的。后来盘问宦官，果然是他干的，因此左右都很佩服孙亮。

可是孙亮毕竟还是个15岁的少年，虽然对孙綝不满，但并不足以威胁他的地位。真正让孙綝遭遇人望"滑铁卢"的，就是诸葛诞的叛乱。诸葛诞的事情前文我们已经详细说过了，在那一战中，孙綝表现得几乎一无是处。

之前文钦和毌丘俭叛乱的时候，孙峻也不敢出兵，最终"捡"回了一个文钦，还算是有点儿战果。可诸葛诞的叛乱却是在孙綝的"英明"指挥下损兵折将，文钦战死，唐咨、全端、全怿投降，全氏家族几乎又被"一锅端"——全氏可是孙亮的皇后家族。仗打到最后，朱异孤军作战，连连失败后退回大营，孙綝自己不敢出战，还将朱异杀死，当时很多东吴将领都因为怕被杀而投降了曹魏。这次战争打完，结果一无所获不说，还自毁长城，损失了许多兵将，东吴的百姓也因此开始怨恨孙綝。

孙綝大概感觉到了气氛紧张，开始害怕，最后干脆称病不上朝，自己回到镬里（今安徽省巢湖市西北）的军中暂住，然后派他的弟弟威远将军孙据进入皇宫，在苍龙门宿卫，实际是看着孙亮，同时命另一个弟弟孙恩、偏将军孙幹以及长水校尉孙闿直接住在军营之中，想用这种方法来稳固自己的地位。

这段时间，孙亮和孙綝的矛盾已经逐渐明朗。孙亮心中对孙綝更是恨得牙根儿痒痒，于是他决定先试探一下，找的借口是当年朱公主孙小虎被孙峻杀死这件事。孙亮命丁奉在虎林杀掉朱熊，又在建业杀死朱损，虽然孙綝回京后多次劝阻，但孙亮态度坚决，最终将二人杀死，这两人都是孙峻的亲信，孙亮见孙綝的反应不太大，便起了更为激进的想法。

孙亮和姐姐全公主孙大虎、丞相刘丞几人秘密谋划，准备诛杀孙綝。此时全氏在建业还有全皇后的父亲全尚这一支，现在全尚担任太常、卫将军，是有兵权的。于是孙亮找来自己的舅哥黄门侍郎全纪，对他摊牌说：" 孙綝专政，目无君王。之前淮南之事，我多次下令命其率军去解救唐咨，可他却一直在后方的船上，不敢上岸半步，最后还将过错全都推给朱异，不经请示就妄杀大将。现在他在朱雀桥兴建府邸，连朝都不上了，我已经忍无可忍。"

在表达完自己的愤怒后，孙亮对全纪阐述了夺权策略："你父亲全尚主管京城的卫戍部队，你让他秘密集合队伍，到时候我亲自去朱雀桥，率宫中的虎骑禁卫和左右无难军包围孙綝的府邸，再下诏命孙綝的部属投降，如果真能做到，我们定能成功。"

同时，孙亮还特别嘱咐全纪："今日之事务必严格保密，回去告诉你父亲，跟谁也不能说，特别是你母亲，她是孙綝的堂姐，一旦泄露消息，你我都没有好果子吃。"全纪倒是不错，将命令原封不动地转告给了父亲，但全尚为人非常粗疏，竟然对妻子和盘托出，最后消息走漏，事情被孙綝知道。

太平三年（258）九月二十六日，孙綝开始反击，连夜突袭了全尚的军营，将其生擒，同时派弟弟孙恩在苍龙门外斩杀刘丞。九月二十七日清晨，孙綝手下人包围皇宫。此时孙亮怒发冲冠，上马背弓，准备出去决一死战,并大声喊道:"我乃是先帝嫡子,已经在位五年,谁敢不从?"

皇帝身边的侍中、宦官以及孙亮的乳母一齐上前,抱住皇帝,失声痛哭,不让他出去。孙亮此时已经情绪崩溃,一边挣脱众人,一边指着皇后大骂:"尔父昏聩,坏我大事!"之后,叫人召全纪晋见,但全纪说都因为自己不够谨慎,才酿成大祸,无颜再见天子,遂自杀身亡。

此时的孙綝已经掌控住了局面,于是命光禄勋孟宗,前往天子宗庙,上奏自己的决定——废除孙亮,将其改封为会稽王。之后,孙綝召集百官,宣布自己的决定:皇帝已经得病糊涂了,不再适合为君,我已禀告宗庙,将其废黜,各位如果有不同意见,可以提出。

此时的东吴朝堂早已不是当初的景象,大家听孙綝介绍完情况,都很震惊,但还是很快地恢复理智,赶紧表示一切全听大将军的。就这样,孙綝派中书郎李崇,进宫夺了孙亮的天子印信,同时将孙亮的罪状公布,昭示天下,群臣签名时,尚书桓彝不肯,被孙綝斩首。

群臣商议皇位继承人选,典军施正提出,应该立琅琊王孙休即位。这也符合礼法,因为孙亮是被废的,所以要重新选择先帝孙权的子嗣优先即位,孙权的儿子现在还在世的,除了孙亮之外,只有孙奋和孙休,孙奋之前已经被废为庶民,虽然孙亮后来又赐给他侯爵的封号,但显然他已经不可能有机会即位,这样一来,就只剩下了琅琊王孙休。

孙綝接受施正的建议,派皇族宗政孙楷、中书郎董朝,前往孙休的驻地会稽郡迎接。与之同去的还有将军孙耽,他负责护送孙亮前往会稽郡。同时,全尚被贬到零陵郡,之后被孙綝派杀手刺死,参与密谋的全公主孙大虎也被放逐到豫章郡。至此,全氏家族基本也退出了东吴的权力核心。

琅琊王孙休接到消息后启程前往建业,十月二十七日,一行人到达曲阿(今江苏省丹阳市),一位老者突然拦住队伍,并拜见孙休,老者说:"事久变生,天下喁喁。"这"喁喁"是天下景仰期盼的意思,孙休这一年

第十一章·东吴覆灭

26岁，不知他心里是否已经想好对付孙綝的办法。

在等待孙休进京的这段时间里，孙綝更加肆意妄为，而且近乎到了荒唐的地步。不仅放火烧了伍子胥的庙，还对民间信仰的神灵百般侮辱，甚至破坏寺院，庙中的道士也在劫难逃。孙綝这还不过瘾，最终他决定，要住进皇宫。孙綝把大臣们都叫来，宣布他的想法，结果百官震惊，整个朝堂鸦雀无声，大家都不敢说话。

虞翻的儿子、尚书选曹郎虞汜站出来，先是捧了孙綝一番，将其比作伊尹和霍光，接着指出，如果天子未到，你却住进皇宫，恐怕并非忠孝之举。言下之意就是，此乃乱臣贼子的做法。孙綝虽然很不高兴，但最终还是没有那么做。

孙休离京城越来越近，孙綝便命孙恩为代理丞相，率百官前去迎接，之后引天子法驾到永昌亭。孙恩献上天子印信，孙休按照惯例，推辞三次后接受，接着依次接受百官的参见。孙綝率禁军千人，在半途迎接，之后在路旁，君臣互相行礼，当天，孙休正式即位，宣布大赦，并改元永安。

之后基本上就是惯例的戏码，孙綝先是上书，并交还印信、符节等物，要求辞职。而孙休也是照例予以挽留。这样的戏演完后，就要晋封孙綝的地位。于是孙休下旨封孙綝为丞相、荆州牧，封地增加五个县；孙恩升任御史大夫、卫将军、中军督，封县侯，此外孙綝的党羽孙据、孙干、孙闿等皆封将军、侯爵。可就在这份封赏名单中，孙休夹杂进了一个人——他的老部下长水校尉张布被封为辅义将军、永康侯。

这个封赏很微妙，辅义将军是个杂号将军，没有实权，但张布的爵位很高，是县侯，这么做无非是为了避嫌，但永康侯这个爵位可以让张布比较容易见到孙休，而不至于引起怀疑。

刚即位的孙休表现出了异常的隐忍和克制。孙休已经26岁，文武百官上奏，请孙休选立太子和皇后，孙休推辞说自己德行不足，即位的时间也很短，还没有对百姓施加恩惠，这些问题并不是最迫切的。有关部门一再要求，但孙休终究没有同意。

一次孙綝带了酒和牛肉，进宫觐见孙休，但孙休没有接受。于是孙綝就把东西带到了张布家中，与张布喝酒，孙綝喝醉之后，对张布抱怨说："当初废黜少帝，大家都劝我登极，我认为陛下聪慧贤明，才立他为帝，如果没有我，如何轮得到他？现在送他礼物他都不收，看来天子也没觉得我有何了不起，看来我是选错了。"

孙綝之所以来找张布，想必就是想让张布把这些话说给孙休听，言外之意就是别给脸不要脸。张布也确实将这些话如实转告给了孙休，孙休心里虽然愤恨，但也怕孙綝真的再废黜自己，于是就开始玩了命地对孙綝好，一再下恩赏给孙綝。

其实朝中的风向很多人都在观察，有人向孙休举报，说孙綝对天子心存怨怼，出言不逊，还密谋造反。孙休将告密者交给孙綝，孙綝虽然将其杀死，但心中也害怕起来。于是孙綝决定离开建业这是非之地。

他暗示光禄勋孟宗，让其转呈天子，说自己准备到武昌区镇守。孙休同意后，孙綝开始准备，首先就是把直属于他的一万精兵全部带走，并且发给武器，准备坐船离开。不光这样，他还要求两名中书郎和他共同前往，这明显是要另立朝廷，中书令上奏，认为此举有违法度，但对于孙綝的要求，孙休全部给予满足。

此时，将军魏邈对孙休讲，如果放孙綝去驻守武昌重地，其定会谋反。将军施朔也密报孙休，说孙綝欲反。这时，孙休下定决心，准备除掉孙綝。

于是，孙休找来了自己最信任的辅义将军张布商议，张布想必是早有准备，回禀说："左将军丁奉是个人选，此人虽目不识丁，却很有智谋。"孙休没有多问，直接召见丁奉，并将自己的决定和盘托出。丁奉认为可行，但不能轻举妄动，因为孙綝党羽众多，真要乱起来不好控制，最好是等到"腊八"的祭祀酒会上,让皇帝身边的卫士在孙綝措手不及之际将其诛杀。孙休认为合理,遂开始准备。

十二月七日,就在腊八的前一天,东吴的都城建业开始流传一则谣言,内容是在明日腊八的酒会上,将有大事发生。孙綝也听到了这个消息,心中开始打鼓。腊八前夜,屋外狂风骤起,直吹得沙尘漫天,树倒屋塌,孙綝开始害怕起来。

所以在腊八当天,孙綝称病不愿出席。孙休前后十多次请他前往,孙綝实在是无法推辞,只好起身进宫。孙綝身边的人都认为不该去,孙綝于是吩咐道:"主上多次催促,我不得不去,你们可在宫外准备,算着时间,等我进去一会儿,你们就在我家中放火,这样我就可以借口家中失火,提前离席。"

说罢,孙綝入宫。刚坐了一会儿,果然朱雀桥的方向起火,孙綝马上起身告辞,孙休说:"今日宫外军士众多,小小明火,何足挂齿。"但孙綝已经离开座位,坚持要走,这时丁奉、张布见阻拦不住,便用目光示意提前动手,孙休左右卫士一见指令,马上上前将孙綝拿下,并用绳索捆绑。

孙綝知道大势已去,赶忙磕头求饶,哀求说:"我愿流放交州。"

孙休怒斥:"你为何不将滕胤、吕据流放交州?"

孙綝见不行,赶紧再说:"我愿没入官府为奴。"

孙休再问:"你为何不将滕胤、吕据二人没入官府为奴?"说罢,孙休直接命人斩杀孙綝,并将其人头砍下,之后向孙綝的部下展示,并宣布:"凡孙綝的党羽,只要投降,皆可免罪。"一时之间,有五千余人投降。

孙綝的党羽孙据、孙恩、孙干等人都在席间被处决,只剩孙闿,准备乘船逃亡曹魏,但被孙休派人追上诛杀,之后孙休下诏,夷灭孙綝三族。此外,已经死了几年的孙峻也被挖出,没收其随葬的印信,再以薄棺下葬。

十二月九日，孙休下诏，命张布为中军督，同时将之前无罪而死的诸葛恪、滕胤、吕据等人改葬。凡因之前诸葛恪被杀而受株连的流放者，全部予以召回。此时有人建议，应该为诸葛恪立碑，以示纪念。

对此，孙休特别下达了一份为诸葛恪盖棺论定的评价，此事以后便无人再提：

> 盛夏出军，士卒伤损，无尺寸之功，不可谓能；受托孤之任，死于竖子之手，不可谓智。

到这里，东吴朝廷总算是初步稳定下来，要知道此时距离孙权去世只有7年，7年之间，孙权托孤的辅政大臣已经团灭，其中诸葛恪、滕胤、吕据还遭灭族之祸，诸葛恪和孙綝两次用兵，损兵折将，东吴至此已经对曹魏毫无反击的能力，这一切，其实都与孙权晚年的昏暴脱不开干系。

而东吴从孙坚到孙策，再到孙权，三代英豪之后，则迎来了一系列不肖子孙。就在孙休诛杀孙綝、夺回大权之后三年，蜀汉灭亡了，之后短命的孙休去世，东吴也迎来了自己的末日暴君——孙皓。

二、昏君与暴君

在中国历史上评价帝王的时候，不好的皇帝一般有两种，一种叫昏君，比如周厉王、周幽王；一种叫暴君，比如夏桀和商纣。东吴经过了8年的混乱，其实已经错过了曹魏和司马家的危急时刻，可是等到孙綝覆灭、孙休掌权时，才发现，上天可能早已收回孙家"英武"的基因。

孙綝被杀之后的第二年（260），会稽郡就传出"谣言"，内容也非常直白：会稽王孙亮很快就会复辟，再次出来做皇帝。孙亮王府的宫女也出来首告，说会稽王在府内行巫蛊之术，祈祷之间，言语颇为邪祟。

就这样，朝廷出手了，孙休将孙亮贬为候官侯，并要求其马上到封地就藩，这候官县的具体位置略有争议，大体应该在今天的福建省福州市境内，在当时可谓"天涯海角"了，就这样，孙休还在孙亮就藩的途中将其毒死。

孙綝死后，孙休最信任的人无疑就是张布了，孙休将其封为中军督。除此之外，他还提拔了另一个自己的旧交濮阳兴，濮阳是个复姓，濮阳兴的父亲叫濮阳逸，本是陈留人，也是在东汉末年天下大乱之际，逃难到了江东。

永安五年（262），孙休将卫将军濮阳兴任命为丞相。濮阳兴并没有什么能力可言，两年前都尉严密要开凿浦里塘（今安徽省马鞍山市当涂县东），目的是要在丹阳郡开垦"湖田"，孙休让百官讨论，当时所有人都觉得很难成功，只有濮阳兴觉得可行，最后的结果是兴师动众，劳民伤财，士卒民夫多有死亡，百姓全都怨声载道。

但孙休却依然信任濮阳兴，原因就是孙休在做会稽王时，濮阳兴对他多有照顾，其实张布被提拔，也是因为这个原因。此刻二人执掌朝政后，张布主内，主管宫廷事务，濮阳兴主外，掌握朝廷政务，二人的奸诈本性开始暴露，狼狈为奸，互相包庇。东吴的百姓本来以为孙綝死后终于有好日子过了，但见到朝政如此，纷纷大失所望。

博士祭酒韦昭和博士盛冲都很有学问，孙休经常召见他们给自己上课，主要讲解一些经典著作。但这读书人嘛，难免心直口快，张布听说后害怕自己的种种行为被告发，便劝孙休不要接近二人。

孙休说："书我都读过，韦昭是来为我讲解的，有何不可？你们是怕韦昭把朝中惹是生非之人告诉我吧？这些事端我都知道，用不着等韦昭开口。"

张布听罢非常惶恐，赶忙说不是因为这些，只是害怕耽误天子的时间，妨碍孙休处理国政。

孙休说："政务与学问，相辅相成，互不冲突，你劝阻我，是怀疑我对二人另有任用，想不到你们今日竟这般对我。"这话一出，张布已经被吓得无话可说，只好接连磕头谢罪。

孙休见张布真的怕了，竟然又来安抚，说张布忠心，朕有今日，全靠你们这些人效力。要说孙休的书也没白读，引用《诗经》说："靡不有初，鲜克有终。"之后还勉励张布，希望他能忠心到最后。此事之后，孙休竟然因为害怕张布等人恐惧，就不再召韦昭等人入宫。

如果大家熟悉历史，皇帝因为身边的人亲近，而不能明辨是非，这基本就是昏君的典型特征。当年汉元帝用宦官石显，汉灵帝宠幸宦官张让，很多时候史书上记载的内容，已经清楚地说明皇帝意识到了这些宦官在用心机、耍手段，却不能及时纠错，最后被这些人成功混过去。孙休上面说的话已经非常明白，他其实了解这些勾当，但最后不但宽容了张布的行为，反而还处处考虑张布的感受，这就是昏君不分是非的表现。

就在曹魏大举发兵攻灭蜀汉之前，东吴也发生了一次比较大规模的叛乱。事情发生在交趾郡（今越南北部），主要的导火索是交趾太守孙谞征调郡中工匠千余人，前往建业做工。后来东吴朝廷派察战官邓荀来到交趾郡，交趾郡的百姓害怕再次受征调，于是郡吏吕兴等人借着大家的恐惧情绪，煽动众人起兵造反，杀掉孙谞和邓荀后，投降曹魏。

这件事情对东吴的震动很大，但此时的东吴没有能力去征讨交趾，于是就将交州分割，增设了广州，将叛变的交趾郡划了出去。所以从此时开始，东吴虽然少了交趾，但区划则由原本的三州（荆州、扬州、交州）变成了四州。

就在这之后，31岁的孙休突然发病，无法言语，只能用手书的方式，他诏丞相濮阳兴入宫，握着濮阳兴的手臂，指着自己的太子孙𩅦，示意将太子托付于濮阳兴。永安七年（264）七月二十五日，孙休去世。

孙休刚一去世，他的托孤大臣就违背了他的遗诏。当时东吴朝中的官员们都因为蜀汉的灭亡人心惶惶，再加上交趾郡去年刚发生过吕兴的叛乱。所以大家纷纷表示，太子孙䨒年纪尚小，朝廷还是应该有个年长一些的君主。

此时左典军万彧表示，自己做乌程县（今浙江省湖州市）县长时，跟乌程侯孙皓关系不错，孙皓时年已经23岁，符合朝廷的要求，又是故太子孙和的儿子，为人聪明博学，很有见识，文韬武略可以和孙策相比，所以万彧推荐孙皓为皇帝。

濮阳兴和张布不知道做没做过调查，孙皓的一切似乎都符合标准，甚至万彧说的聪明博学也不见得是假的。濮阳兴和张布拿着这个人选去问孙休的妻子、此时的朱太后。朱太后说自己是妇道人家，不能决定国家大事，只要国家无恙、宗庙平安就可以。

就这样，濮阳兴和张布做主，迎接孙皓来建业登极，改年号为元兴，并大赦天下，孙皓七月底进京，九月就将朱太后贬为景皇后，并将自己的母亲何氏尊为何太后，同时追尊父亲孙和为文皇帝。

孙皓刚登极时，对朝廷官员进行了一番册封，上大将军朱绩和大将军丁奉，分别被任命为左右大司马，张布担任骠骑将军，兼任侍中。朝廷百官都得到了应有的封赏。十月，孙皓将孙休的四个儿子全部封王，同时立自己的王后滕氏为皇后。

孙皓做这些事，还都算是正常的，特别是贬黜太后一事，足以显示他的聪明。具体这件事情的操作过程如何，史书上没有明确的记载，但这应该并不是孙皓容不下这位朱太后，因为他毕竟封了孙休的四个儿子，表明孙皓也没打算马上就翻脸。

回顾北方司马懿的政变，恰恰是利用了郭太后的影响，而且此后司马家干的所有事，几乎都是打着太后的名义。所以，太后必须是自己的亲娘。

统一的前夜：司马氏鲸吞三国

孙皓刚刚登极的时候，也确实干了许多好事，包括发诏书抚恤百姓、开仓放粮、将宫女奴婢送出宫，同时还把御花园中的珍禽异兽都放归山林。一切似乎都预示着，东吴将会再次出现一位明君圣主，东吴的百姓也都欢欣鼓舞，等待着孙皓有所作为。

可当孙皓真正掌权后，事情发生了变化，这位皇帝开始变得粗暴而霸道，嗜酒好色。当孙皓本性暴露之后，东吴百姓都非常失望，就连迎立他的濮阳兴和张布都很后悔，但他们的态度，被人告诉给了孙皓。于是孙皓下令将濮阳兴和张布二人下狱，后又流放广州，走到一半，就被孙皓派去的人诛杀，并将二人三族夷灭。

孙皓统治东吴的特点，就是杀人。蜀汉灭亡后，在晋国主动求和的情况下，东吴开始和刚刚完成禅让的晋国交往，元兴二年（265），光禄大夫纪陟、五官中郎将洪璆，与徐绍、孙彧等人一起去洛阳送礼，几人刚走到濡须口（今安徽省芜湖市无为县东南一带），就有人向孙皓进谗言，说几人对晋国多有赞美之辞，要知道几个人还没到晋国呢，就这也能惹得孙皓大怒，下诏命几人返回建业，徐绍因此被杀。

此时西晋刚刚完成禅让，有人向孙皓建议应该攻打北方的边境，趁着西晋没有防备，至少可以占领弋阳（今河南省信阳市潢川县）。孙皓询问百官意见，陆逊的侄子、镇西大将军陆凯强调，晋国和我们求和，并不是要向我们求援，只是为了养精蓄锐而已，现在晋国刚灭了蜀汉，恐怕没有便宜可占。孙皓于是也就打消了出兵的看法，但同时也中断了之前和晋国的官方往来。

七月，孙皓实在是容不下景皇后朱氏了，于是就逼其自杀，并将孙休的四个儿子全部流放到吴郡（今江苏省苏州市）。不久之后，又下令杀了前太子孙𩅦。之后，孙皓听说荆州有王气，对建业不利，于是接受西陵督步阐的建议，迁都武昌（今湖北省鄂州市）。

此时的孙皓开始暴露他变态的本质。东吴的散骑常侍王蕃为人正直，而且仪表堂堂、道德高尚。孙皓对王蕃很不满,觉得他很傲慢。另一位散骑常侍万彧及中书丞陈声发现孙皓讨厌王蕃,便趁机诬陷王蕃。

此时东吴和晋国尚有往来,一次丁忠出使归来,孙皓召集百官为丁忠接风。席间,王蕃醉倒在地,孙皓饮酒的习惯和孙权一样——必须喝醉,见王蕃倒下,孙皓就怀疑他是不想喝酒装醉的,于是先用车把王蕃送走。

过了一会儿,孙皓命人前去召见王蕃。王蕃面色如常,衣服整洁,拜见时神态从容,孙皓一见勃然大怒,命左右卫士将王蕃拖下去斩首。之后,孙皓还率领群臣登上武昌的来山(今湖北省鄂州市西3公里),命手下亲信来了一个"动物模拟",分别扮演虎狼一样的猛兽,然后将王蕃的人头抛入其中,让这些"虎狼"踢来咬去。

对于东吴来说,迁都武昌本就是个非常仓促的决定,而且南方的经济中心就在扬州一带,武昌地处长江中游,所有的皇家用度要从扬州逆流而上,才能运抵武昌。而且孙皓本人的生活非常奢靡,对民间的财富极尽搜刮。对此,陆凯多次上书,指出孙皓的问题,而且给他讲了当今的形势,三国已经灭了两国,希望孙皓能珍惜,民间童谣唱道:

宁饮建业水,不食武昌鱼。宁还建业死,不止武昌居。

同时,陆凯还指出孙皓后宫的人数太多,孙皓的亲信也不是贤达君子,希望孙皓能够体恤民力,不要再做有损国家之事。孙皓对这类言论非常不耐烦,但考虑到陆凯毕竟是德高望重之人,所以没有发作。

就在这一年的十月,吴兴郡永安地区的山贼在首领施但的带领下,劫持了永安侯孙谦,后来被留守建业的诸葛靓和丁固等人击败。孙皓在武昌得到消息后,顿时觉得自己迁都的决定无比正确,于是命几百人敲锣打鼓地进入建业,并将反贼施但的妻儿杀死,并宣称是因荆州的王气才击破扬州之贼。折腾一番之后，年底，孙皓便将都城迁回了建业。

这里也可以看出，孙皓是个十分迷信的人。想当年他在做乌程侯的时候，就有个叫景养的人给孙皓相面，说他有富贵之相，前途无量。那时的孙皓心中非常高兴，却不敢与人分享。而今做了皇帝，孙皓的迷信可谓变本加厉。

孙皓启程返回建业，命自己的岳父、滕皇后的父亲滕牧留守武昌，很多人有什么话不敢对孙皓讲的，都由滕牧转达。孙皓这人最听不得别人教训他，于是对滕牧十分反感，下令将其流放到苍梧郡（今广西壮族自治区梧州市一带），滕牧于半路上幽愤而死。

因为滕牧的关系，孙皓对滕皇后也百般刁难，还是孙皓的生母何太后百般保护，滕皇后才得以幸免。后来太史上奏，称通过占卜，皇后不可换，孙皓的迷信本质发作，这才没有废黜滕皇后，但从此除了例行朝见之外，二人不再相见，并且让滕皇后住在何太后的宫中。至此，孙皓基本集齐了一个暴君的所有特点。

孙皓好色，派手下黄门、宦官到各州各县去网罗美女，供自己淫乐。与此同时，郡守以下官员家有女儿的，必须上报家中女孩的姓名，而且名单每年更新，一旦到了十五六岁时，就要让孙皓先行挑选，只有没选上的才被允许嫁人，以至于孙皓后宫中的美女人数飙升，达到千余人，但东吴全国还是不停地在选美女。

暴君标配，除了选美女，还有修宫殿。天玺元年（276），孙皓下令兴建明宫。郡守以下的官员，必须上山监督工人伐木。同时皇家的猎场、花园全部都要扩大，整个宫中的装饰，可谓到达了顶峰，修建工程的费用动辄数亿钱。左丞相陆凯、中书丞华覈相继上书，孙皓完全置之不理，东吴社会的财富几乎被消耗一空。

好色、奢侈、建宫殿都有了，宠幸奸佞当然也不能少。孙皓即位时，有个叫何定的人声称自己在孙权手下当过差，孙皓便让何定做了楼下都尉、典知酤籴事，酤是卖酒的意思，籴是买米的意思，顾名思义，这个官职的主要职责就是采购。

这样的肥缺在手，再加上何定本就是投机之徒，于是何定开始贪赃枉法，偏偏孙皓还十分信任他。陆凯曾当面斥责何定说："如你所见，自古以来，像你这样的奸邪小人，有几人能得善终？为何你非要作恶，来蒙蔽天子的耳目？"何定也因此对陆凯怀恨在心。

可还没等何定陷害他，建衡元年（269），陆凯病重卧床，孙皓派中书令董朝去看望陆凯，并借机请陆凯交代一些话，陆凯说道：

> 何定不可信用，宜授以外任。奚熙小吏，建起浦里塘，亦不可听。姚信、楼玄、贺邵、张悌、郭逴、薛莹、滕修及族弟喜、抗，或清白忠勤，或资才卓茂，皆社稷之良辅，愿陛下重留神思，访以时务，使尽其忠，拾遗万一。

陆凯这番话中提到的人物，基本就是东吴能用的最后一批人才。但别说这些人还没有来得及被任用，就是陆凯，孙皓也怀恨在心。孙皓恨陆凯正直，恨陆凯教训自己，恨陆凯那一副总是正确的样子，于是在陆凯去世后，他越想越生气，下令将陆凯一家全部放逐到建安郡（今福建省建瓯市）。

陆凯死后，何定变本加厉，不光迫害朝廷大臣，还想出各式各样的招数来讨好孙皓。他命那些有权势之人为孙皓挑选"御犬"，一时之间，狗价飞涨，一条狗价值绢帛数十匹，就连牵狗用的一条狗绳，也要卖到一万钱之多。这些狗进了宫，就被安排去皇家猎场狩猎，捕到野兔之类的猎物直接送到厨房做菜。天下人皆知这是何定给孙皓出的主意，对何定恨之入骨，但孙皓却认为何定乃一代忠臣，还赐封何定为侯。陆逊之子镇西大将军陆抗上书劝谏，但孙皓完全置若罔闻。

统一的前夜：司马氏鲸吞三国

孙皓的暴虐最后已经到达了让人闻风丧胆的程度，孙皓的堂弟孙秀此时担任前将军、夏口督，孙皓对这个弟弟也不喜欢，孙秀心里也知道，二人的矛盾逐渐公开，以至于民间传说，孙皓早晚要对孙秀动手。

有一次孙皓派何定率5000人去夏口打猎，孙秀听说后害怕得不得了——也不怪孙秀害怕，哪有打猎带这么多人的。于是就在知道消息的当夜，孙秀带着妻儿老小和几百个亲兵卫士，投降了晋国。晋国一看来了个姓孙的，非常高兴，任命其为骠骑将军、开府仪同三司，并加封其为会稽公。

建衡三年（271），东吴著名占卜大师、星象学家刁玄拿出了自己的法宝。据说当年他出使蜀汉之时，曾得到过水镜先生司马徽的著作《论运命历》的残篇，于是他在上面加了几句话，其内容为："黄旗紫盖，见于东南，终有天下者，荆扬之君。"

改好之后，刁玄将此书呈现给了孙皓。说实在的，刁玄这几句编得水平不高，这种东西叫作谶语。谶语的特点就是不明不白，需要人去解读，比如东汉末年让袁术称帝的那条著名的谶语——"代汉者，当涂高也"。这东西根本就看不明白，意思都是猜出来的，比如袁术自己说这"涂字，途也"，就是道路之意，而袁术的术字也有道路的意思，袁术的字又叫公路，所以袁术认为这就是在说自己，他就这样称了帝。

所以大家明白了吧，谶语都是不太好懂的，哪有像刁玄编的这几句这么露骨的，就差把孙皓的名字编进去了。但就这样的谶语，孙皓也深信不疑，于是决定干一件大事——北伐晋国。

建衡三年（271）正月三十日，孙皓决定发兵。此次孙皓不但征发大军，还要亲自出战。大军在建业城西的华里誓师出发。不知为何，孙皓此次出击竟然带上了何太后、滕皇后以及后宫美女数千人，大军先到牛渚（今安徽省马鞍山市西南），之后继续西进。

孙皓出兵非常另类，有别于东吴之前的做法，不走水路，而是选择陆

第十一章 · 东吴覆灭

路出击,而且拉了几百辆皇家的车乘——得装那些女眷啊,这一辆车就需要上百人拉,也就是说光拉车的将士,就有数万人。

这还不算,队伍刚从牛渚出发,就遇上了大雪,道路完全崩溃。士兵们身披铠甲,手持兵器,还要给皇家拉车,天寒地冻,冷风刺骨,士兵们苦不堪言,纷纷大骂:"如果遇敌,我们马上倒戈造反!"这些话传到了孙皓的耳中,孙皓这才下令班师,本次出征闹剧才告一段落。

之前在出征的途中,推荐孙皓即位的右丞相万彧,与右大司马丁奉及左将军留平商议,如果走到建业城西的华里皇上还不肯回京,我们不得不以国家为重,自己先回京。这件事后来被孙皓知道了,但这几人都是股肱老臣,所以孙皓并未当场发作。

不过就在本年,孙皓还是咽不下这口气,决定动手。于是趁着宴饮的时候,孙皓给万彧上了一杯毒酒,但是传酒之人手下留情,没有下够药量,所以万彧没死。后来孙皓照猫画虎,又对留平下毒,但被留平及时发现,服了解药,最后也没死。然而后来二人发现想让他们死的人是孙皓,于是万彧自杀,留平在家中忧愤而死。万彧的家族,也被孙皓流放。

这场伐晋就是一场闹剧,可晋武帝司马炎听说孙皓出兵,还挺给面子,命义阳王司马望率禁军两万,外加骑兵3000人,进驻寿春,全面戒备。后来听说孙皓撤军,这才班师回朝,回朝后不久,67岁的司马望就去世了,当然司马望的父亲司马孚还活着。

凤凰元年(272)八月,孙皓下诏,征召昭武将军、西陵督步阐回京。从步阐的父亲步骘接替陆逊开始,到后来传给长子步协,最后又传到步阐,步氏家族已经在西陵镇守几十年了。此次命令如此突然,步阐非常害怕,也不知道是有人进了谗言,还是自己做错了什么事。

考虑了一个月,联系孙皓的行事风格,步阐害怕回到建业后被杀,于是决定归降晋国。决定之后,步阐马上派儿子步玑、步璿出使洛阳,顺便就在洛阳做人质。司马炎听到消息后大喜,下诏封了步阐一堆头衔:

都督西陵诸军事、卫将军、开府仪同三司、侍中、兼交州牧，加封宜都公。

西陵就是刘备兵败的夷陵，其位置在今天的湖北省宜昌市附近，此地扼守三峡出口，地理位置十分重要。因此，对于东吴来说，西陵不能丢，此时负责这一地区防御的是陆逊的儿子陆抗，这也是东吴的最后一位名将。而陆抗的对手，名叫羊祜，陆抗曾评价羊祜说："祜之德量，虽乐毅、诸葛孔明不能过也。"这一战，也将是东吴最后一次取得胜利。

三、羊祜与陆抗

建衡二年（270），镇守江陵十多年的大将军朱绩去世，跟步阐一样，朱氏家族也是世代镇守江陵（今湖北省荆州市江陵县西南），朱绩接的就是他父亲朱然的班。不过朱绩并非朱然亲生，早年朱然无子，领养了姐姐的儿子，朱绩本姓施，大约在五凤年间（254—256），为朱然守丧结束后，朱绩就改回了本姓"施"，因此，史书上有的也叫他施绩，本书为了称呼连贯，还是一直称呼他为朱绩。

镇守江陵十余年，朱绩虽然没有打过什么像样的胜仗，但好在也没有出过纰漏，在他去世之前，已经是东吴的武将之首。在他去世之后，孙皓便任命镇军大将军陆抗都督信陵、西陵、夷道、乐乡、公安诸军事。陆抗的防区基本是长江南侧，从今天湖北省宜昌市秭归县，一直到湖北省荆州市公安县这些地区，驻地位于乐乡（今湖北省荆州市下辖的松滋市）。

步阐九月谋反，十月，陆抗在得到步阐降晋的消息后，马上集结部队，做出反应，命将军左奕、吾彦、蔡贡等人前往西陵讨伐步阐，同时命几人于安营扎寨之时，在西陵的外围从赤溪到故市这段区域，再多修一道防线，对内用来包围步阐，对外也可以防御晋国的援军。

第十一章 · 东吴覆灭

陆抗的命令下达还不算完，他日夜催促，要求尽快完工，关键当时还没有晋国来援助的消息，士兵们干活干得怨声载道，各位将领也劝陆抗，应该趁现在三军刚到，士气正盛，马上围攻步阐的西陵城，等晋国的军队赶到时，我军早已将步阐拿下，为何非要让士兵累死累活地挖这战壕，修这营垒呢？

陆抗回答，西陵城地势险要，城池坚固，而且粮食储备充足，城中的防御设备都是我当年规划的，现在如果我们一味地攻城，一旦攻不下来，晋国援兵赶到，我们必将被内外夹击，到时候我们怎么办呢？

部下们一再请战，要求攻城，陆抗坚决不准，后来宜都太守雷谭再次请求出战，言辞非常恳切，陆抗也想要用实践让众将闭嘴，便允许雷谭攻一次，结果果然失败，部队这才老老实实地把防线筑成。陆抗的这个"以事实说话"的做法可以说和当年他父亲陆逊如出一辙。就在防线基本建立之后，陆抗准备亲自去西陵督战。

此时晋国援助的消息传来，荆州刺史杨肇，正率军前往西陵增援；车骑将军羊祜率军5万人，目标应该是江陵，除此之外，晋国灭掉蜀汉之后，又多出一条进攻路线，巴东监军徐胤，也率军沿江而下，攻击建平郡，从西侧向步阐靠拢。

此时东吴众将都认为晋国三路大军前来，羊祜这一路兵马最多，而且兵锋直指江陵，陆抗作为统帅，不应该离开乐乡去西陵，毕竟乐乡离江陵更近。

而陆抗认为，江陵城防坚固完整，兵力、粮草也都很充足，不必过分担忧。而且陆抗还向众人进一步阐述了自己的思路——宁丢江陵，也不能丢西陵。江陵就算被羊祜攻破，这个地方深入吴地，羊祜根本守不住，未来我们再夺回来，损失还可以承受。但西陵一旦失守，长江以南山区中的山民必然叛乱，一旦那种情况发生，后果将不堪设想，所以我宁可放弃江陵，也要亲自前往西陵，何况江陵城防坚固，也不一定会被

统一的前夜：司马氏鲸吞三国

攻破。

陆抗离开乐乡之后，江陵地区的防务就由江陵督张咸接任。江陵以北是一片开阔地，地势平缓，不利于防守，之前陆抗命张咸在各条河间修筑水坝，将河水引入平原，将道路淹没，以此来隔绝晋国的攻击，一是能发挥水军优势，二是防止有叛徒逃亡北方。

羊祜大军南下，想利用水路运粮，但又害怕东吴破坏水坝，于是使出一招欲擒故纵，主动宣扬要进攻水坝，破坏后再以陆路运粮。这其实是个并不高明的谎言，而且一看就是不懂水战的将领想出来的，因为不懂水战的人会想当然地认为水干了，水底下就是陆地，其实并非如此，水干之后，水底应该是泥泞的沼泽。

陆抗听到羊祜放出来的消息，马上命令张咸赶紧将水坝破坏，连陆抗手下的将领都很不理解，接连劝谏陆抗，但陆抗这次理都没理。而羊祜听说水坝被拆毁，只好将军粮从船上搬到了车上，改走陆路，结果满地泥泞，大费周章。其实陆抗并没有指望通过这些办法打败羊祜，陆抗要的只是拖延时间罢了。

另外两路，巴东监军徐胤到达建平郡，而荆州刺史杨肇也已赶到西陵，陆抗命张咸继续在西陵抵御羊祜，公安督孙遵率军在江陵城外逡巡配合。同时命水军督留虑和镇西将军朱琬去抵御水路来的徐胤，陆逊自己则统帅主力，在之前修好的营垒固守，迎战荆州刺史杨肇的军队。

正在紧张作战之时，发生了叛逃事件，东吴方面的将军朱乔、营都督俞赞临阵脱逃，投降了杨肇。此时陆抗与部下商议，说："俞赞是我军中最知道我军虚实部署的旧部，他知道我经常担忧军中那些夷人士兵的训练水平，所以他一定会建议杨肇攻击那些夷人士兵。"

就这样，当夜，陆抗安排将这些夷人士兵撤换，全都换上精锐之师，后来杨肇果然从此处进攻，陆抗命令部队还击，一时之间，飞石满天，箭如雨下，杨肇所部伤亡巨大，之后一个月，杨肇想尽了各种办法进攻，但都攻不动陆抗的营垒。最后无计可施，只好连夜撤军。

陆抗的兵力很少，按照事后晋国的说法，羊祜的总兵力大概有8万人，而陆抗只有3万人，这是总兵力，考虑到江陵等地还要有人防守，所以陆抗在西陵的总兵力估计不会超过2万人，因此面对杨肇的逃亡，陆抗本想追击，但考虑到城中步阐还在以逸待劳，万一其趁着陆抗追击杨肇之时出击，就会前功尽弃。

于是陆抗只派小部队追击，但依然擂鼓助威，作出要追击的态势，杨肇的部下吓得脱掉盔甲拼命逃窜，最后崩溃大败。羊祜和徐胤两路大军也并未取得什么战果，最后也只好撤军。

援军全被击退后，陆抗又攻破了西陵城，步阐等同谋数十人，都因谋反而被夷灭三族。之后，陆抗上奏，请求将其余的数万将士和民众尽数赦免。陆抗在西陵将城防修缮一番后，便率军返回驻地乐乡，从始至终，陆抗的脸上没有过一丝得意的神色，所有的将士都很佩服他。

孙皓在此战之后，为陆抗加上了"都护"的头衔。这只是东吴对晋朝的最后一场大胜，按照孙皓的性格，当然不会把功劳全算在陆抗的头上，他认为之所以此战能胜，更多的还是仰赖上天保佑，既然有上天保佑，那就不能局限于一个小小的西陵。

于是孙皓命一个叫尚广的江湖术士帮自己占卜，主要算自己什么时候能统一天下，做那种真正的皇帝。尚广装神弄鬼地占卜之后，告诉孙皓占卜的结果是吉兆，卜辞为"庚子岁，青盖当入洛阳"。所谓庚子年，按照天干地支来计算应该是公元280年，也就是说距当时还有8年，孙皓非常高兴，整天研究如何进攻晋国，其实占卜的结果也没错，公元280年，正是东吴灭亡的那一年。

羊祜回去之后，可就没那么好过了，此时的羊祜官拜车骑将军、开府仪同三司，是整个荆州全境的统帅，这次战争明明是晋国占优势，最后却打成这样。于是有人上奏，说羊祜明明兵力占优，但在江陵前线却调度迟

统一的前夜：司马氏鲸吞三国

缓，导致敌军设防完毕，而杨肇更是以偏师入险境，最后损兵折将，如此没有为将的节操，应该将羊祜免官，准其以侯爵之身回乡。后来晋武帝司马炎将羊祜降职为平南将军，杨肇则被贬为庶人。

作为三国时代最后一位名臣、晋国灭吴的总设计师，羊祜是谁，还是需要介绍一下。

羊祜字叔子，是泰山羊氏出身，家里世代都是二千石以上的高官，到羊祜这一代，已经是第九代了，羊祜的祖父羊续是东汉末年的南阳太守，外祖父是东汉名臣蔡邕，羊祜的亲姐姐羊徽瑜则是司马师的正妻。

羊祜少年时就展现出非凡的才能，不仅仪态不凡，风度潇洒，还能写善辩。更重要的是，羊祜的人品非常好，后来在兖州刺史夏侯威的介绍下，羊祜娶了夏侯霸的女儿为妻。夏侯霸叛逃蜀汉之际，所有人都和夏侯霸划清界限，只有羊祜待妻子一如当初，虽然没有孩子，但二人感情却非常和睦。

此外羊祜为人还有一个特别的地方，就是不愿结党，朝中如果有谁炙手可热，羊祜就会远离他，比如钟会。后来钟会去世，羊祜成为相国司马昭的从事中郎，与荀勖一同辅佐太子司马炎，并掌管机密，司马炎非常信任他，就在接受禅让之前，司马炎将羊祜调任为中领军，在宫内统领禁军，以防万一。

司马炎禅让之后，羊祜作为"扶立功臣"，被任命为中军将军、散骑常侍，并加封公爵，食邑三千户。但羊祜怕引起贾充、裴秀等人的嫉妒，便推辞了爵位，后来在封地不变的情况下，司马炎将其由子爵晋升为钜平侯。

羊祜到达荆州任职，是在晋泰始五年（269），因为司马炎一直有灭吴的想法，所以羊祜的到来主要是负责勘查并制定计划。可羊祜来到荆州之后，发现荆州的情况和预想的并不相同，首先是缺粮，而且百姓的生活也不好。

第十一章·东吴覆灭

于是羊祜开始在荆州搞起了建设。首先是节约政府的开支，荆州地区有个习惯，就是前任官员如果死在任上，继任者通常会将官府拆毁，并重新建造，羊祜认为死生有命，和房子无关，命令对此行为加以禁止。而羊祜自己的侍卫也只有十几个人。

其次，羊祜更为重要的措施就是屯田。羊祜刚到荆州时，作为重要的战备区，荆州只有大军100天的存粮，羊祜给很多驻守的士兵分地屯田，前后共800多顷，几年的时间，荆州已经储藏了能供给大军10年的粮草。

除此之外，羊祜还在荆州开办学校，安抚流民，同时还向吴人展示出友好的一面，投降的人如果想离去，羊祜都予以批准。以至于不光是荆州百姓，就连吴人也对羊祜印象很好。

泰始六年（270），羊祜的对手换成了陆抗。陆抗到来后，注意到了羊祜的动向，马上上书给孙皓，对荆州一带的防守状况表示担忧，还将自己的想法总结为17条，告诉孙皓不要以为有长江天堑就可以高枕无忧。

羊祜见陆抗来到，也非常警惕，并且通过自己几年的观察，羊祜认为，如果要灭吴，必须利用晋国占据长江上游的优势，要在益州造船，之后沿江而下，方可成功。

就在羊祜和陆抗都在各自盘算时，西陵之战爆发，战争结束之后，陆抗回到乐乡，之后就不停地给孙皓上书，劝谏孙皓种种荒唐悖逆的行为，当然并没有什么用。而羊祜则总结了经验教训，羊祜的结论是：东吴虽然已经大不如前，但还是有相当的实力，特别是陆抗用兵，出神入化，所以灭吴的时机尚未到来，因此，羊祜认为还是应该采用以德服人的办法，以此来瓦解东吴的抵抗意志。

自此之后，每次羊祜要与东吴交战，全部派人事先打好招呼，约定日期之后再战，绝不搞偷袭那一套。晋军将领凡是贡献奇谋，准备偷袭的将领，羊祜就灌他喝酒，直到让这些人无法再提建议。

有晋军在晋、吴边界地带抓到两个孩子，经询问是东吴将领之子，羊祜得知后便命人将二子送还。很快,东吴将领夏详、邵颉来投降晋国,同来的队伍中就有这两个孩子的父亲及其家眷。

东吴将领陈尚、潘景来攻击晋军营垒,羊祜将二人斩杀,但同时又下令厚殓,以表彰二人死得壮烈。之后二人的家属前来迎丧,羊祜也依照礼节将二人的灵柩归还给家属。

吴国将军邓香攻击夏口(今湖北省武汉市),羊祜派人出击,要求活捉邓香,之后不但以礼相待,还释放了他,邓香感激羊祜的大恩,于是率领本部人马前来归降。

不光是对东吴将领,对东吴百姓,羊祜也予以尊重。每次出兵到吴国境内抢收稻谷,羊祜一定会命人称重,最后按照稻谷的价值,赠送绢帛予以补偿。打猎之时,也将游猎范围全部限制在晋国境内,就算是逮到被吴人射伤的猎物,羊祜也会派人将其送还。因此,吴国人都对羊祜心悦诚服,称呼其为羊公。

面对羊祜的"道德攻势",陆抗经常敲打手下的将士,让他们要以德服人,因为羊祜的行为如此,如果东吴的将士总是用暴力解决为题,那样就会不战而败。因此,陆抗命部下只守住两国边界即可,吴国也不再出击骚扰。

就这样,羊祜和陆抗维持了双方很长时间的边境和平。其间双方互通使者。有一次陆抗生病,羊祜得知消息后,马上派人送药来,并对陆抗说是自己配的新药,还未来得及服用,听说陆抗身体不好,就送来给陆抗先服。

陆抗的手下都怕药中有毒,况且是羊祜自己配的,也没有验证过药效,不能吃,但陆抗却坚持认为,羊叔子怎会用毒药来害人呢?于是将羊祜送来的药仰头喝下。当时的人们对两位的心胸都很佩服,他们的关系在历史上也被称作"陆羊之交"。

后来孙皓听说这件事情,派人去质问陆抗,陆抗说,一邑一乡,尚且要讲信用，何况一个大国呢？如果我不讲信用，那不就更加显示出羊祜的道德高尚了吗？

但这样的局面没有维持几年，凤凰三年（274）七月，陆抗最后一次给孙皓上书，反复强调了西陵的重要性，认为一旦西陵丢失，整个荆州就保不住了，所以应该为西陵增加兵力。当时孙皓的皇子们手下都有军队，陆抗希望将这些军队都派到西部，以此来增加整个江陵地区的防御能力。并表示如果有八万精兵，即使敌军有韩信、白起在世，也休想染指江陵。最后，陆抗一再要求孙皓仔细思考自己的计划，在自己死后，一定要重视西部的防守。

但孙皓终究是没有同意，而且在秋天，陆抗去世之后，孙皓还下令：陆抗的军队由陆抗的五个儿子陆晏、陆景、陆玄、陆机、陆云分别率领，这样的安排至少说明，孙皓对陆抗也并不信任。

可是陆抗死后，他的长子陆晏才不过25岁，东吴再也没有能拿得出手的武将了。

就在这一时期，虽然东吴和晋国的边境并没有发生过大规模的战事，但实际上晋国早就开始准备攻灭吴国最大的秘密武器——战船。

晋国造船这件事开始在羊祜调任荆州的几年后。羊祜最早向晋武帝司马炎推荐了自己的参军王濬，羊祜的侄子羊暨曾出言提醒，说王濬这个人非常奢侈，虽然志向高远，但不足以任用，反而应该加以限制。但羊祜认为王濬的才能足以满足其欲望，于是举荐他做益州刺史。

泰始八年（272），司马炎和羊祜计划灭吴，羊祜又举荐了王濬来负责最核心的内容——造船，司马炎同意，并任命王濬为龙骧将军，都督益州诸军事。根据司马炎的指令，王濬将益州屯田的军队全部用于制造船舶。

益州刺史别驾何攀向王濬建议，屯田之人不过五六百，造船之事并非一朝一夕可成，如果人数太少，后一艘船还没造完，前一艘已经泡烂了。

统一的前夜：司马氏鲸吞三国

所以何攀建议，应该征召益州各郡士兵，弄上一万人，人多力量大，一年就能造完。

王濬觉得有理，就想着上奏皇上请求批准。何攀又说，朝廷一旦听说要动用上万人，肯定不会批准，不如我们先干，万一皇上不允许，文书往来之际，我们已经动工了，怎么可能停下呢？王濬又接受了何攀的建议，并且命其主导造船事宜。就这样，西晋的造船计划正式开始。

这批战船中，规模最大的长120步，单艘就能载士兵2000多人，不仅有船，船上还有像阁楼一样的舱室，上设瞭望台，甲板极宽，可供战马奔驰。但何攀说是1年造好，实际上这批楼船先后共造了7年，等这些船载着士兵从长江顺流而下之时，也就是东吴的末日来临。

其实早在步阐降晋之前，东吴就对晋国在巴蜀造船有察觉。因为造船的木料要靠江水运送，所以许多碎片和短的木材在江面之上随处可见，位于东吴最西侧的是建平郡，建平太守吾彦将这些木头收集起来，之后派人向建业报告，说晋国必然有攻吴的计划，希望朝廷能增加建平郡的守军，争取在上游截住敌军。但孙皓对此明确表示拒绝，于是吾彦便将铁索在江面横住算作封锁，这也是吾彦能做的全部了。

晋咸宁二年（276），司马炎下诏，再封羊祜为征南大将军，恢复之前的全部待遇，并准许羊祜自行征召官员。对于灭吴，羊祜的观点跟之前一样，那就是必须借助益州地处上游的优势。

就在陆抗去世后的这两年，羊祜在荆州有了一些新的发现。当时吴地有一首民谣，唱的内容是："阿童复阿童，衔刀浮渡江，不畏岸上兽，但畏水中龙。"羊祜认为这便是一条谶语，说明从水路征讨东吴，定可成功，现在就是不知道这"阿童"指的是谁。

此时正赶上王濬被朝廷任命为大司农，羊祜忽然发现，原来王濬的小名就叫阿童。这样一来，一切都完美地印证了那则如谶语般的童谣。不过王濬这个人在朝中的名声一般，很多人对他非常反感。最后是在羊祜的极力推荐下，司马炎才将王濬又派回了益州。

此时，所有的拼图都已凑齐，羊祜于是上了那篇著名的《请伐吴书》，书中陈述了伐吴的迫切性，列举了吴主孙皓的残暴，而此时的晋国国力强盛，只要沿江的部队大举进攻，再配合王濬的楼船从益州顺流而下，平定东吴一定很快就可以完成。

奏疏上达司马炎，司马炎非常高兴，但朝中只有度支尚书杜预和中书令张华等少数人支持，更多的大臣还是认为应该先平定近些年来崛起的鲜卑。后来羊祜再上书，强调东吴一旦平定，胡人自然不敢再与朝廷为敌。不过最后，这件事还是没有通过。于是羊祜说了那句著名的话：

天下不如意，恒十居七八，故有当断不断。天与不取，岂非更事者恨于后时哉！

四、荆州易主

陆抗死后，东吴的朝廷陷入了更加荒唐的地步，孙皓迷信，于是所有的人都要陪着他胡闹。东吴天册二年（276）秋七月，有人告诉孙皓，临平湖（今浙江省杭州市余杭区）淤积多年，已经成了沼泽地。民间传说有言："此湖塞，天下乱；此湖开，天下平。"最近此湖忽然自己通了，这正是当年谶语"青盖入洛"的祥瑞啊。不过当时就有人说，"青盖入洛"其实预示着"衔璧之事"，是投降的象征，并不吉利。

东吴自从孙皓登极以来，国力每况愈下，但各种"祥瑞"却层出不穷。一会儿有人挖地得到一把银尺，上写：吴主大赦，改元天册。这边刚改了年号，过了年又有人发现一块刻着"皇帝"字样的小石头，孙皓再次大赦，并又改元天玺，总之是天下一片祥瑞，可孙皓的暴虐嗜杀却日甚一日。

中书令贺邵中风,口不能言,于是只好去职居家数月,但孙皓却怀疑贺邵是装病,他的做法不是派人查验,而是直接将贺邵抓起来,并押到酒窖里头毒打,用刑上千次,打得贺邵面目全非,最后也没说出一句话——中风者不能说话是大脑损伤,是不可逆的,当然说不了。可最后,还是发生了血腥的一幕,孙皓命人用烧红的锯条,将贺邵的脑袋锯了下来。之后还流放了贺邵的全家。

湘东太守张咏不交财产税,孙皓下诏将其诛杀,并把他的头颅在各郡展览;

会稽太守车浚为官清廉,能力很强,态度也端正,赶上大旱,车浚上书请求孙皓开仓赈济百姓,但孙皓认为车浚此举就是要收买人心,于是派人将其杀死;

尚书熊睦,只不过规劝了孙皓几句,孙皓便用刀钚(指的是刀上的铁环)将其砸死,最后砸得熊睦全身没有一块完整的皮肤。

此时的孙皓已经完全成了一个怪物,他憎恨劝谏他的人,憎恨说实话的人,憎恨一切能力超过他的人。侍中、中书令张尚颇有辩才,反应快,平时说话时总能出人意料,所以大家认为他非常幽默。就这孙皓也要嫉妒。

有一次孙皓问张尚自己的酒量如何,可以和谁相比,张尚回答,陛下有百觚之量。结果孙皓大怒,骂道:"孔子连个王都不是,你却将朕比作他!"这个酒量之说出自《孔丛子·儒服》:"尧舜千钟,孔子百觚,子路嗑嗑,尚饮十榼。"就因为这点事,张尚就被下狱,整个朝堂近百位大臣为之求情,最后张尚总算得以不死,被发配到建安郡的船厂做工,不过以孙皓的风格,张尚不久也就被杀死在了船厂。

孙皓越来越暴戾,但此时的东吴已经虚弱不堪,就在这一年的十月,东吴准备在庐江郡的皖城(今安徽省潜山市)屯田,进而北伐攻晋,被扬州方面的负责人王浑派扬州刺史应绰击溃，5000多人被杀，东吴的存粮被烧毁180万斛，农田被毁4000多顷，船只被烧毁600余艘。现在东吴军的战力早已如风中之烛。

这一年，羊祜病了，病得很重，奏请之后回到了洛阳。就在羊祜到达之前，他的姐姐羊徽瑜去世，羊祜到达洛阳之日，正赶上姐姐出殡，望着灵车，羊祜悲痛欲绝，病体也更加沉重。司马炎知道羊祜回京，便下旨召见，命车辆一直将羊祜载至殿前，见面之后，君臣都认为，此刻，伐吴的时机已到。

不过羊祜的身体已然不适合经常入宫，司马炎便派赞同伐吴的中书令张华，前去问计。羊祜说："陛下受禅让以来，还未建功业，吴主孙皓残暴，无以复加，我们此时出兵，可不战而胜。如果一旦孙皓有个好歹，东吴再出现一位英主，我们即使有百万之众，也无法再窥视江东，那样就会留下无穷的后患。"

两年前羊祜提出的灭吴计划，张华就是同意的，此刻听羊祜说完，张华立即表示赞成。羊祜便说："成全我志向之人，便是您了。"司马炎本想让羊祜领衔做监军，讨伐东吴。

对此，羊祜还是坚持了他一直以来低调谦逊的风格，对司马炎说："伐吴之事，不需要我去，只希望成功之后，陛下能考虑一下，我不愿处于功名利禄之间，至于我的职责，还请陛下谨慎择人。"羊祜的病越来越重，死前向司马炎推荐杜预接替自己的位置，之后不久，58岁的羊祜与世长辞。

司马炎听说羊祜去世，穿上了素服，痛哭流涕，十一月的天气极寒，司马炎的鼻涕眼泪流到了胡子上，都结成了冰。荆州百姓听到羊祜的死讯，纷纷歇业闭市，街巷中到处可以听到哭泣的声音。甚至连荆州边境上的吴国将士也泪下沾襟。司马炎下诏，追封羊祜为太傅。

羊祜在襄阳驻守时，很喜欢游览岘山（今称岘首山，位于湖北省襄阳市南4公里），后来襄阳人在山上立下一座石碑，并修建了羊祜的祭庙，每逢佳节祭日，时时祭扫，所有见到此碑之人，无不为之垂泪，于是当地人将其称为"堕泪碑"。今日岘首山仍存此景，为襄阳市政府（原称襄樊）1982年于原址重立，其碑文为《陈情表》，是李密之子李兴所作。

羊祜去世之后，杜预继任为镇南大将军，都督荆州诸军事。杜预一到任，就袭击了西陵督张政的军队，张政大败，后来又被杜预用离间计挑拨，张政被孙皓免职。可这些都是小胜，本来已经决定的讨伐东吴，羊祜死后似乎又被搁置了。

此时益州刺史王濬坐不住了，上书司马炎，说了三个条件，第一孙皓暴虐，现在东吴民不聊生；第二我造战船已经7年了，大船每天都有烂的；第三我今年70岁了，随时可能死亡。这三个条件只要有一项缺失，伐吴的时机可能就会错过。

可就在这时，安东将军王浑也上书，说东吴打算北上攻击，扬州已经准备迎战，于是司马炎又准备第二年再出兵。此刻当年替王濬监督造船的参军何攀就在洛阳，他上书强调，东吴绝不可能出兵，此时出击必能取胜。

杜预到荆州也几个月了，打了几次，发现吴军根本不堪一击，于是上书分析了一下东吴的形势，现在东吴看着守得挺紧，但下游根本没有来上游的援兵，想必敌军已是强弩之末。现在伐吴计划已经十分成熟，一旦成功，天下太平，即使不成功，不过就是再拖几年罢了，为何不放手一试？况且眼下的时机最好，如果错过，恐怕以后再打就困难了。

杜预的上书送达一个月，还没有任何批示，杜预便再次上书，这次说的话已经很重了：之前羊祜没有和大臣商议，这就是今日朝堂反对的原因。凡事都要讲个利害关系，现在伐吴，利占八九成，害不过一二，最坏的结果也不过就是徒劳无功罢了。就算是让那些反对的人说出战败的原因，他们也说不出啥，这些人之所以反对，不过就是因为计划不是他们出的，功劳也不是他们的，明知自己说得不对，也得硬着头皮坚持。近来朝中风气如此，很多人依仗陛下恩宠，不顾后果，总是随意反对国家大事。

杜预这话说得很不客气，就差点贾充和荀勖等人的名了，而贾充等人为何嚣张跋扈，还不是因为你司马炎吗？之后杜预又说了一下战争的时机问题：自从入秋以来，我们对战争的准备已经逐渐明朗，如果现在终止，孙皓一旦反应过来，迁都武昌，修缮沿江防线，到时候城不可破，野无可食，那明年也不用打了。

杜预的奏书送达之时，司马炎正与中书令张华下棋，司马炎看罢奏书，递给张华，张华看完，推开棋盘，拱手劝谏道："陛下圣明神武，国家富强，我军兵强马壮，而孙皓暴虐，残害忠良，现在讨伐东吴，定可不战而胜，希望陛下不要再犹豫了！"司马炎这才下定决心，任命张华为度支尚书，负责筹划粮草，制定运粮方案。

事情到了朝堂之上，贾充、荀勖、冯紞几人坚持反对——西晋初年，这几人可以说是一组朋党。就像杜预说的，这几人也说不出什么理由，就是强调东吴不可能被一举攻灭，所以不能出兵，后来说来说去，司马炎大怒，贾充等人这才脱帽谢罪。散朝之后，仆射山涛对朋友说：

自非圣人，外宁必有内忧，今释吴为外惧，岂非算乎！

晋国的朝廷总算是达成一致，灭吴大战即将开始，由于是灭国之战，晋国也是倾巢而出，总共派出六路大军：

镇军将军、琅琊王司马伷率军从下邳（今江苏省徐州市下辖邳州市）出发，攻涂中（今安徽省滁州市东南），目的是牵制建业的东吴军主力；

安东将军王浑从寿春（今安徽省淮南市寿县）出发，攻江西（今安徽省马鞍山市和县附近），王浑是扬州战场总指挥，这一路兵力也最多，有

统一的前夜：司马氏鲸吞三国

近10万人，目的应该是与建业主力决战，之后再与司马伷、王濬联手，进攻建业；

豫州刺史、建威将军王戎由安城（今河南省汝南市），攻武昌（今湖北省鄂州市），目的应该是占领武昌，并尽可能扩大战果；

平南将军胡奋自新野（今河南省南阳市新野县）出兵，攻夏口（今湖北省武汉市），目的应该是占领夏口，并尽可能扩大战果；

镇南大将军杜预从襄阳（今湖北省襄阳市）出发，攻江陵（今湖北省荆州市江陵县），杜预是荆州战场总指挥，这一路需要和王濬一起，歼灭在乐乡、江陵一线的东吴水军主力，之后向南扩大战果；

益州刺史、龙骧将军王濬和巴东监军唐彬从巴蜀出发，顺长江而下王濬这一路，人马也不少，有7万人左右，终极目的是去建业与王浑会合，进攻建业，这支军队从进入晋、吴两国的边境线后就听命于杜预，大军抵达建业后，听命于王浑。

六路大军，总计20多万人，沿长江一线，发起进攻。

这么大规模的作战，肯定得有一个中枢，司马炎本来想让羊祜来当这个角色，但羊祜已死，司马炎便命贾充使符节、假黄钺，担任大都督，进驻襄阳。同时命冠军将军杨济作为副将，协助贾充。

贾充的这个大都督是临时职务，相当于战时总指挥，至于这个"使持节"，则是魏晋时期最高等级的授权，其下依次为持节、假节。"使持节"的官员有权不经请示，直接诛杀二千石以下的官员；持节者可斩杀无官位之人，如果作战时，则职权与使持节一致；假节则只能斩杀违反军令者。不过到了《晋书》编纂的唐代，持节啥的都变成了虚衔，所以《晋书》中并未严格加以区分。

这时，贾充还在陈述伐吴是没有好处的，而且说自己老了，难堪大任，怎么能承担元帅重责呢？司马炎直接下了一道诏书给贾充，内容是："君若不得，吾便自出。"贾充最后没有办法，这才接受符节，率军屯驻襄阳。他这个职务基本就是负责协调，同时处理一些突发问题。

西晋咸宁六年（280）正月，几路大军同时发动攻击。

二月一日，王濬、唐彬的大军进入吴国边境，生擒东吴的丹阳监盛纪。之后，就来到了当年吾彦布置的"铁索横江"的地点。这里不仅有吾彦当年布置的铁链，还有后来在江中放入的一丈多长的铁锥，战船难以通过。

之前羊祜曾抓住过东吴间谍，因此王濬对这一情况早有准备，他事先造了数十个大木筏，每一个木筏都有长宽各百步，这木筏主要的作用就是"排雷"，王濬命擅长游泳的人驾驶这些木筏走在队伍前面，一旦遇到江中的铁锥，其就会插在木筏上，之后被木筏带走，向下游漂去。

同时面对江面的铁索，王濬对此制造了许多巨型火把，长十几丈，有几十围粗，再将这些火把淋上蓖麻油，之后将这些火把放置在船的前方，遇到铁索就将这些巨型火把点燃，铁索很快被熔断。

障碍全部扫清之后，王濬的楼船大军顺流而下，势如破竹。二月三日，攻克西陵，西陵督留宪、征南将军成据等人被俘；二月五日，又占领了荆门（今湖北省宜都市西北）、夷道（今湖北省宜都市），陆抗的儿子、此年31岁的夷道监陆晏被杀；二月八日，王濬大军又大败西线的东吴水军，陆抗的另一个儿子、水军都督陆景被杀。连打几个胜仗，司马炎下诏加封王濬为平东将军、假节，都督益州诸军事。

就在王濬大军以摧枯拉朽之势全速推进时，杜预也率军向江陵出击，杜预自己率军攻江陵，派牙门管定、周旨等率八百精兵，趁夜渡江，奇袭乐乡（今湖北省松滋市东北），周旨虽然人数少，但在沿途插了许多晋国的旗帜，同时还在乐乡西边的巴山上放火，以此来壮大声势，吴国投降的百姓多达万人。

吴都督孙歆此时已是惊弓之鸟，写信给江陵督伍彦，说晋军就好像飞过了长江一般，突然出现在我的眼前。周旨只有800人，此刻已经达

统一的前夜：司马氏鲸吞三国

到目的，虽然没有足够的兵力攻城，但周旨没有撤退，而是选择在城外埋伏。

后来恰好遇到陆机的水军残部被王濬的水军击败后回城，周旨尾随败兵进了城，孙歆还一无所知，最后周旨直接带兵杀入孙歆的府邸，将其俘虏后扬长而去。因此军中传开了一句歌谣："以计代战一当万！"

二月十七日，杜预终于攻占江陵，江陵督伍延战死。江陵失守，整个荆州南部门户大开，湘水以南，直到交州、广州的许多地区，官员们纷纷上缴印信，以示归降。杜预利用自己持节的权力，纷纷予以安抚。此战东吴被俘和战死的都督、监军共14人，牙门、郡守一级的官员达120多人。

上报战功之后，司马炎下诏，命荆州方面全力支援王濬和唐彬的部队，继续向前拿下巴丘（今湖南省岳阳市），并且与胡奋和王戎共同进击东吴在荆州的老巢夏口和武昌，之后顺流而下，直取建业，具体事宜，诸将自行商议。

司马炎将荆州的后续事宜交给杜预，命其镇守零陵（今湖南省永州市）和桂阳（今湖南省郴州市）。同时，司马炎认为朝廷大军一到，荆州南部必然"传檄而定"，所以荆州、豫州方面的几位将领应该分兵给王濬，其中杜预拨付1万人给王濬，7000人给唐彬；夏口平定之后，胡奋分兵7000人给王濬；武昌再克，王戎再增加6000人给唐彬。

接到诏书之后，王濬的大军沿江而下，豫州刺史王戎遵诏，派参军罗尚、刘乔，率军接应王濬，并与之会合，共同进攻武昌。和蜀汉灭亡时一样，作为东吴曾经的首都，武昌此时的守将也是一位功臣之子——虞翻的儿子虞昺，不过虞昺没有像诸葛瞻一样战死，而是和江夏太守刘朗一起，选择了投降。平南将军胡奋此时也已攻克江安（今湖北省公安县）。

至此，当年陆抗负责防守的地区已经全部失守，作为东吴另一个中心的武昌地区全线投降，荆州地区的战事基本结束。作为"总指挥"的贾充奉命开拔，转移到项县（今河南省周口市沈丘县），继续作为扬州战场的后援。

此时杜预的部下中有人认为，这一战的战果已经非常可观，东吴毕竟已经经营多年，不太可能被一举消灭。而且随着三月将至，春水已经上涨，大军行动困难，还是应该等到冬天再继续进军。

但杜预认为，我军已经胜利在望，大军士气高涨，正是一鼓作气，拿下建业的时候，"今兵威已振，譬如破竹，数节之后，皆迎刃而解"，前方已经没有阻碍了，如此慷慨激昂之时，杜预也贡献了"势如破竹""迎刃而解"两个成语。

此时的建业，早已在风雨飘摇之中，这六路大军，东吴哪路也打不过。三国时代，也终究迎来了"分久必合"的结局。

尾声

建业降帆

统一的前夜：司马氏鲸吞三国

之所以整个荆州全线崩溃，建业却没有任何反应，是因为西晋之前的战术成功，王浑的10万大军给孙皓带来了致命的压力，此时的东吴，当年陆凯去世时说的一连串可用之人，只剩下了丞相张悌一个。

张悌就是当年蜀汉灭亡之前出来强调蜀汉必败的"大聪明"，他本是襄阳人，在孙休在位时期，担任过屯骑校尉。可是当年颇有建树的少年，在孙皓在位时，成了一个曲意逢迎之辈，虽然在天纪三年（279），张悌终于熬到了丞相之位，但还是免不了受到东吴百姓的耻笑。

在这生死存亡之际，孙皓命张悌及丹阳太守沈莹、护军孙震、副军师诸葛靓率领东吴最后的3万大军去迎战王浑。战船载着大军到达牛渚（今安徽省马鞍山市西南采石矶），此时的他们还不知道荆州一线的防御已经全线崩溃。

沈莹建议说："晋国在巴蜀造船，训练水师，已经很久了。我们荆州地区的守军向来守卫不严。且名将凋零，执掌军权的都是一些少年，恐怕守不住荆州。依我之见，不如我们就守在牛渚，以逸待劳，晋军如果顺流而下，必经此地，到时我们再与之决一死战，如果万一能胜，江北的敌军还有退却的可能。如果我们此时弃舟登岸，北上决战，一旦失利，后果不堪设想。"

沈莹的建议非常合理，已经是此时东吴最好的选择。可张悌毕竟是预言过蜀汉灭亡之人，此刻他的心中早已有了答案，因此，张悌回答沈莹说："吴国将亡，天下尽人皆知，已非一日。只恐怕巴蜀的水军真的到了，我们就会军心动摇。现在部队渡江，尚可一战。如若兵败，你我当与社稷

尾　声·建业降帆

同亡；如若得胜，敌军败逃，我军就会士气高涨，之后便可乘胜追击，不愁敌军不破，如果如先生之计，恐怕士卒逃散，等敌军到来，君臣同降，无人为社稷而死，必然为天下所耻笑。"

张悌这么说，众人便不再说什么，其实大家心里都明白，这一战很难获胜。三月，东吴众将带着为吴国而死的决心渡过长江，在杨荷（今安徽省马鞍山市和县北）包围了王浑手下的城阳都尉张乔，张乔手下有7000人，被包围之后，城门紧闭，马上派人请降。

面对张乔请降，诸葛靓为鼓舞士气，准备屠城。此时张悌认为，强敌在前，张乔所率只是偏师，不应在此损耗兵力，而且出兵打仗，杀降乃不祥之兆。诸葛靓说："敌军只因孤立无援，不能抵挡我军才投降，目的无非是拖延时间，如果我们放任杨荷不理，必有无穷后患。"但张悌没有理会，只是派人安抚张乔，并命其仍守杨荷。

接着，东吴军继续前进，这下遇上了硬茬，前方营垒中的就是战后安抚东吴百姓、以宾客之礼敬老、让吴人心悦诚服的扬州刺史周浚，东吴军见晋军营垒坚固，于是也驻扎下来，之后丹阳太守沈莹亲率精锐5000人出战。

由于战马缺乏，东吴的水军士兵上了岸就是普通步兵，战斗力有限，沈莹不可谓不勇，但连冲三次，晋军的营垒依旧完整，兵力损失，沈莹只好撤军，但此时的吴军军心已乱，撤退时阵型松散。晋将薛胜、蒋班见有机可乘，加紧追击，吴军不敌，连连后撤，最后士兵们已经不听指挥，沈莹军刹那间溃散。

张悌此刻估计已经一心求死，不然哪有将7000降军放在后方的道理。就在东吴军一片混乱之际，之前投降的张乔叛变，从杨荷杀来，攻击东吴军后方，最后，东吴这最后的大军在板桥（今江苏省南京市江宁区长江东岸）灰飞烟灭。

诸葛靓率数百亲兵杀出重围，派人去接张悌逃走，却遭到张悌拒绝。

统一的前夜：司马氏鲸吞三国

诸葛靓见请不动，便自己去接，并对张悌说："国家存亡，自有天数，非您一人可定，明公为何非要为之陪葬呢？"

张悌终于迎来了这一刻，他流着泪对诸葛靓说："仲思（诸葛靓字仲思），今天就是我死之日了！当年我还是少年之时，便受到你家丞相（指诸葛瑾）赏识提拔，我常恐不能死得其所，有负圣贤的眷顾。今日以身殉社稷，还有何话说！"诸葛靓再三请张悌和自己一起走，都没有成功。于是诸葛靓只好流着泪，放手离去，百步之后，诸葛靓回头望去，张悌已然冲入敌阵，被晋军士兵所杀。同时被杀的还有沈莹、孙震等七八百人，这一战之后，东吴震动，大家终究感受到了国之将亡的气氛。

诸葛靓是诸葛诞的小儿子，当年诸葛诞降吴，将其送往东吴为质，诸葛诞死后，诸葛靓便留在东吴为官。晋武帝司马炎和诸葛靓从小就在一起玩，感情极好，等到吴亡之后，诸葛靓始终没有消息。

诸葛靓的姐姐是琅琊王司马伷之妻，司马炎便亲自去司马伷家看他，诸葛靓不想见，最后司马炎将其堵在厕中，对他说："没有想到今日你我以如此方式相见。"

诸葛靓流着泪对司马炎说："臣不能如豫让漆身，聂政皮面，却再次见到圣颜，实在是惭愧。"豫让和聂政都是古代刺客，豫让为智伯复仇，不惜将身体涂上漆，让皮肤溃烂，以此易容；聂政刺杀韩相侠累，之后剥掉自己的面皮，为了能不连累姐姐，诸葛靓这么说，其实就是不想见司马炎，后来司马炎征召他做侍中，他也没去，而且终生不愿面向洛阳就座。

回到战场。

张悌大军覆灭之后，扬州别驾何恽对周浚建议，既然东吴主力已被尽数歼灭，此时东吴上下震恐。听说王濬已经攻陷武昌，正扬帆起航，顺流而下，前往建业。吴军此刻正呈土崩瓦解之势。我军应乘胜渡江，直取建业。我军一旦进击，犹如神兵天降，定可不战而胜，生擒吴主。

周浚觉得何恽所言有理，便让其上报王浑。但何恽认为王浑乃是个不

尾 声·建业降帆

求有功，但求无过之人，跟他说了也是白说。但周浚当然不能抗命出击，于是坚持让何恽必须请示王浑，王浑果然表示，陛下给我的任务就是让我在江北与吴军作战，可没有让我自己渡江。周浚虽然厉害，但也不能自己平定江东吧？此时渡江，胜则无功，败则获罪。我们还是应该再次等待王濬，你们将船准备好，到时我们一起过江。

何恽说："陛下固然是命王濬归您节制，但此时王濬出征万里，连克强敌，攻取建业就在眼前，面对这样的功业，他还能受您节制吗？况且您位居上将军，自然应该当机立断，哪能啥事都请示天子？此刻渡江，十全必克，您到底有何顾虑，为何停滞不前？实在让我们扬州上下抱憾！"不管怎么说，王浑就是不听，非要等着王濬来跟他会合。

王濬的大军从武昌出发，沿江而下，此刻正朝着建业进发。王濬攻克西陵之际，杜预就曾给他写信，鼓励他说："足下您已将敌军的西侧藩篱摧毁，应该直取建业，去讨伐江东盗匪，解救东吴百姓于水火之中，到时再整顿军容，还于洛阳，定可建不世之功。"王濬看罢非常兴奋，还上表和司马炎"分享"了一下信的内容。

眼看着王濬大军离建业越来越近，孙皓再派游击将军张象率1万水军西进，去迎战王濬。张象远远地望见王濬楼船的旗帜，便吓得马上投降。此时王濬的军队有近10万人，船队浩浩荡荡，整个长江的江面上，晋军将士盔明甲亮，旌旗蔽日，规模之大，令吴人震恐。

此时东吴的国内已经无人可用。眼看着晋军逼近，吴国宫廷中的人还惦记着泄私愤，孙皓宠幸的宦官岑昏平素里喜欢大兴土木，人们对其恨之入骨，便借机对孙皓说士兵们不愿出战，都是因为岑昏的原因。孙皓于是下诏，命岑昏去向百姓请罪。孙皓转念就后悔了，派人去追，岑昏早已被愤怒的百姓击杀。其实就如之前张悌预料的一样，此时的吴军早已没有了抵抗的勇气和信念。

在西晋发兵灭吴之前，东吴的徐陵督陶濬率军去平定合浦（今广西壮

统一的前夜：司马氏鲸吞三国

族自治区北海市）郭马的叛乱，陶濬手下有 7000 人，大军刚刚走到武昌，就听说晋国大军南下，于是赶紧领兵返回。见到孙皓后，陶濬请求出战。

陶濬还没有见到巴蜀来的楼船，还以为蜀地造的都是些小艇，所以请求孙皓为其派大船若干，外加两万士兵，自称可以击破晋军。可此时东吴的士兵早就无心再战，陶濬这两万大军刚集结起来，准备第二天发兵，但当天夜里，士兵就跑光了。

面对王浚、王濬、司马伷的三路大军，东吴朝廷分崩离析，司徒何植、建威将军孙晏都已各自送出符节印信，投降了王浑。这一刻，孙皓知道大势已去，已经没有人愿意为他而战，只好听从光禄勋薛莹和中书令胡冲的建议，派出使者，给三路大军送去降书，其中，东吴的天子印信被送到了琅琊王司马伷的大营。

三月十五日，王濬紧赶慢赶，总算来到南京西南方向的三山（今江苏省南京市江宁区），王浑见王濬终于来了，便派人命王濬停船，来自己的大营共商大计。此时王濬大军好似离弦之箭，正在全速赶往建业。于是王濬以"风太大，船停不下来"为由，忽略了王浑的命令。

就在当天，王濬大军数万人，船队绵延上百里，击鼓摇旗，进入建业西北的石头城。跟刘禅一样，孙皓也"面缚舆榇"——手背后捆绑，抬着棺木，赤裸上身，到王濬的军门请降。王濬一如当年邓艾，解开孙皓的绑绳，并焚烧了棺木，将其请进军营，收下了东吴的版籍地图，其地共 4 州（扬州、荆州、交州、广州），43 个郡；其民 523000 户，士兵 23 万余人。

王濬进入建业受降第二天，作为扬州战区最高长官的王浑才来到建业，王濬擅自接受孙皓投降之事，让王浑怒火中烧，甚至想率军攻打王濬。后来还是王濬的别驾何攀建议王濬送出孙皓，交给王浑，再加上周浚听了何恽的建议加以劝阻，这才避免了重蹈"二士争功"的覆辙。

孙皓投降的消息传回京城洛阳，司马炎大会百官，接受祝贺，之后不禁悲从中来，端起酒杯，流着泪说："此羊太傅之功也！"

尾声·建业降帆

之前因为害怕被孙皓诛杀而降晋的孙秀，没有参加朝贺，而是面向南方，哭着说："过去讨逆将军孙伯符不过是一校尉，开创江东基业，而今后主孙皓却将江南之地抛弃，宗庙山陵，从此将为废墟，悠悠苍天，这是何人之过啊！"

就在孙皓投降的前夕，贾充等人还在劝司马炎罢兵，只有度支尚书张华支持继续打。贾充上表强调，东吴地区此时即将迎来夏季，江东地区卑湿水热，必会滋生瘟疫，应该将大军召回，另行打算，若有闪失，腰斩张华也不足谢罪于天下。

贾充上表，荀勖马上跟进。司马炎没听，并指出张华不过是与天子意见相同罢了。杜预听说这几人又要罢兵，上书反对，只是没等到他的上书送达，孙皓已经投降。之后贾充非常羞愧，自己到司马炎面前请罪，司马炎好言劝抚，没有深究。

之后，司马炎封孙皓为归命侯，大赦天下，特准天下民众大饮五日，改年号为太康。同时派人前往东吴各地，安抚百姓，并表示东吴原有官员，一律予以保留。

东吴的广州牧滕修之前也奉命讨伐郭马，还没等打下来，就听说朝廷出事了，滕修马上率军回师救援，但为时已晚，走到巴丘（今湖南省岳阳市），就听到了孙皓出降的消息。滕修身着素服，痛哭流涕。

回到广州之后，滕修联合广州刺史闾丰、苍梧太守王毅，交上印信。交州牧陶璜也收到了自己儿子陶融送来的孙皓手谕，同样痛哭数日后，也将印信上交。这些人归降之后，司马炎并没有改变他们的职位。

那位采取铁索横江的建平太守吾彦是唯一抵挡住王濬大军的东吴将领。王濬就是在建平郡没打下来的情况下，才去进攻西陵。听到东吴灭国的消息后，吾彦出城投降。司马炎将其任命为金城太守。

投降的孙皓和诸多孙姓皇族，连同吴主的印信，都被司马伷送往洛阳。五月一日，孙皓终于来到了洛阳，第一件事便是和太子孙瑾一起"泥

统一的前夜：司马氏鲸吞三国

首面缚"——将泥涂在头上，并倒绑双手，以示自己乃戴罪之身。孙皓一行来到洛阳东门后，司马炎下诏，解开孙皓及孙瑾的绑绳，并赐予其车马衣服及土地30顷，东吴百姓免除赋税20年。

太康元年（280）五月四日，司马炎召见孙皓，百官及各国使臣，太学学生悉数到场。像当年刘禅投降时一样，归命侯孙皓率东吴归降的百官觐见，磕头完毕，司马炎指着身边的座位，对孙皓说："朕设此座位，等待你很久了。"

孙皓回答道："臣在南方，也设置了这样的座位等待陛下。"

此时贾充开口道："听说你在南方挖人的眼睛，剥人的皮，这是哪国的刑法？"

孙皓回答："为人臣子，有弑君及奸邪不忠之臣，就要用这样的刑罚。"贾充被怼得哑口无言，与刘禅不同，孙皓在晋国朝堂之上，始终表现得非常自如。此后，孙皓便住在洛阳，四年之后去世。

之后论功行赏之时，王浑和王濬再次起了争执，王浑指责王濬抗命，并在进入建业城中时抢掠财宝；王濬则坚称是因为船停不下来，同时自己也将孙皓及其版籍地图等物全数上交，王浑不依不饶，这分明是想争功。两人从南方一直闹回了朝堂。司马炎派廷尉刘颂调查，刘颂认为王浑为上功，王濬为中功，此时就能看出司马炎的态度，他将刘颂贬为了京兆太守。之后不久，封赏下达：

> 庚辰，增贾充邑八千户；以王濬为辅国大将军，封襄阳县侯；杜预为当阳县侯；王戎为安丰县侯；封琅琊王二子为亭侯；增京陵侯王浑邑八千户，进爵为公；尚书关内侯张华进封广武县侯，增邑万户；荀勖以专典诏命功，封一子为亭侯；其余诸将及公卿以下，赏赐各有差。帝以平吴功，策告羊祜庙，乃封其夫人夏侯氏为万岁乡君，食邑五千户。

封赏结束后，或许才能看出每个人的追求，王濬愤愤不平，认为自己受到打压，后来司马炎迫于舆论压力，加封其为镇军大将军。王浑去见王濬，王濬都要命卫士全副武装战备，才和王浑相见。

而杜预回到襄阳以后，认为全国虽然统一，却应居安思危，所以每日仍率军训练，督促各城防守不应懈怠。他还将滍水（沙河）、淯水（白河）的水引入，灌溉了万顷良田，开凿通往桂阳和零陵两郡的水道，用以运送粮食。

至此，三国时代宣告结束，根据太康元年（280）的统计，统一后的晋朝共有19州，分别为：

司州（治洛阳）、兖州（治廪丘）、豫州（治安城，后迁陈县）、冀州（治信都）、并州（治晋阳）、青州（治临淄）、徐州（治彭城）、荆州（治襄阳，后迁江陵）、扬州（治寿春，后迁建业）、凉州（治姑臧）、雍州（治长安）、秦州（治冀县）、益州（治成都）、梁州（治南郑）、宁州（治滇池）、交州（治龙编）、广州（治番禺）、幽州（治涿县）、平州（治襄平）。

19州有封国和郡共173个，人口计2459840户。

参考文献

[1]（晋）陈寿撰,（南朝宋）裴松之注：《三国志》,三秦出版社,2021。

[2]（晋）陈寿撰,（南朝宋）裴松之注；卢弼集解；钱剑夫整理：《三国志集解》,上海古籍出版社,2009。

[3]（南朝宋）范晔编撰：《后汉书》,中华书局,2012。

[4]（唐）房玄龄等撰：《晋书》,汉语大词典出版社,2004。

[5]（北宋）司马光著：《资治通鉴》,中华书局,2011。

[6]（北宋）司马光著,柏杨译：《柏杨白话版资治通鉴》,东方出版社,2022。

[7]（南宋）袁枢撰：《通鉴纪事本末》,中华书局,2018。

[8]易中天著：《易中天中华史》,浙江文艺出版社,2016。

[9]饶胜文著：《大汉帝国在巴蜀：蜀汉天命的振扬与沉坠》（修订本）,北京联合出版公司,2022。

[10]王保顶著：《士仕之间：汉代士人与政治》,江苏人民出版社,2018。

[11]栾保群著：《中国古代的谣言与谶语》,江苏凤凰文艺出版社,2018。

[12]马长寿著：《氐与羌》,崇文书局,2022。

[13]葛剑雄著：《统一与分裂：中国历史的启示》,商务印书馆,2013。

[14]谭其骧主编：《中国历史地图集》，中国地图出版社，1996。

[15][日]西嶋定生著，顾姗姗译：《秦汉帝国：中国古代帝国之兴亡》，社会科学文献出版社，2017。

[16][日]金文京著，何晓毅、梁蕾译：《三国志的世界：后汉三国时代》，广西师范大学出版社，2014。